古典文獻研究輯刊

三七編

潘美月・杜潔祥 主編

第18冊

程鉅夫研究（上）

劉 潔 著

國家圖書館出版品預行編目資料

程鉅夫研究（上）／劉潔 著 -- 初版 -- 新北市：花木蘭文化
事業有限公司，2023〔民112〕
目 4+176 面；19×26 公分
（古典文獻研究輯刊 三七編；第 18 冊）
ISBN 978-626-344-481-2（精裝）
1.CST：（元）程鉅夫 2.CST：學術思想 3.CST：文學評論
4.CST：傳記
011.08   112010521

ISBN-978-626-344-481-2

9 786263 444812

古典文獻研究輯刊
三七編 第十八冊   ISBN：978-626-344-481-2

程鉅夫研究（上）

作 者　劉潔
主 編　潘美月、杜潔祥
總 編 輯　杜潔祥
副總編輯　楊嘉樂
編輯主任　許郁翎
編 輯　張雅淋、潘玟靜 美術編輯 陳逸婷
出 版　花木蘭文化事業有限公司
發 行 人　高小娟
聯絡地址　235 新北市中和區中安街七二號十三樓
　　　　　電話：02-2923-1455／傳真：02-2923-1452
網 址　http://www.huamulan.tw 信箱 service@huamulans.com
印 刷　普羅文化出版廣告事業
初 版　2023 年 9 月
定 價　三七編 58 冊（精裝）新台幣 150,000 元

程鉅夫研究（上）

劉潔　著

作者簡介

劉潔，女，博士畢業於北京師範大學古籍與傳統文化研究院，現為首都醫科大學教師，研究方向：
醫學人文學、中國古典文獻學。

提　　要

　　本書是關於作家作品的個案研究。程鉅夫程鉅夫作為元代重要的政治人物，在政治、文化
方面頗有建樹，其詩文創作及文學活動在當時都有一定的影響。

　　論文分為上、下兩編。

　　上編四章，全面論述程鉅夫的政治成就及其在文學史和文化史上的地位。下編為《程鉅夫
年譜》。

　　第一章分析宋元易代之際入元士人面臨的新處境並對程鉅夫生平、交遊進行考證。包括封
建一統與大元氣象、漢法的推行與蒙古舊俗的延續、儒吏關係與科舉取士、史學與理學的發展。

　　第二章討論了程鉅夫的政治作為，包括：江南訪賢、倡導元代科舉與關心民瘼。作為程鉅
夫江南訪賢影響的結果和餘緒，南方士人被逐漸接受，元廷對南方的政策逐漸放鬆。

　　第三章分析程鉅夫在文化建設方面的成就，包括其學術思想與文化涵養、興建國學、修繕
學校、建藏書閣。程鉅夫的學術思想表現為具有濃厚的理學涵養。

　　第四章主要分析《雪樓集》中詩文詞創作，包括其詩文觀與其「平易正大」的詩文風格；
俊偉詩風和具有氣格的詩歌創作；雪樓詞五十五首內容及風格。詩文觀包括：文章雖要學古但
不必一味泥古。

　　下編為《程鉅夫年譜》。本年譜旨在系統考述程鉅夫的家世、行歷、仕履、交遊及文學等
情況，揭示程鉅夫對元代南北統一和扭轉元代文風的重大影響。

目

次

緒　論

一、研究對象

　　本文的研究對象是程鉅夫，研究內容分為兩個部分：上編全面論述程鉅夫的政治成就及其在文學史和文化史上的地位。下編為程鉅夫年譜。

　　程鉅夫本名文海（1249～1318），字鉅夫，因避元武宗海山諱，改以字行。有《楚國文憲公雪樓程先生文集》[註1]三十卷。在蒙元一代，程鉅夫是弭除南北隔閡、促使南方士人進入元廷、從而加強南北文化互通的重要人物。程鉅夫以質子身份被元世祖賞識並委以重任，從此歷仕四朝（世祖、成宗、武宗、仁宗朝），參與朝廷大政方針的擬定。在此期間，他得以將自身的政治思想、儒學修養、文學觀念貫徹到對朝政的建議和為官時的身體力行中，從而其行為對國家的用人政策、南北互通、儒家經學的實行、科舉制度的推動、文學風氣的轉化，以至國家真正的統一都起到了巨大的促進作用。具體而言，存在下面幾個方面：

　　世祖朝，程鉅夫曾上條陳五事，涉及各方面政事。用人方面，建議取會江南士人、通南北之選；考核官員方面，建議置考功歷；提高官員待遇方面，建議提高江南官吏俸祿；懲治官吏方面，建議置貪贓籍。之後程鉅夫又陳述利害，建議御史臺、按察司參用南人。在程鉅夫一系列建議的推動下，元世祖終於下詔搜賢江南。

〔註 1〕程鉅夫《楚國文憲公雪樓程先生文集》卷末，《元代珍本文集彙刊》據臺北圖
　　　　書館所藏清宣統二年陽湖陶氏涉園影明洪武二十八年與耕書堂刊本影印。下
　　　　簡稱《雪樓集》。本文所引《雪樓集》中詩文皆出自該版本。

程鉅夫在彈劾宰相桑哥時，認為目前尚書省將殖貨置於進賢之上，是一種失職。進賢應該為第一要務。並提出：「清尚書之政，損行省之權，罷言利之官，行恤民之典」〔註2〕的措施。

在推動元代科舉制度、建立科舉考核的具體內容方面，程鉅夫主張以朱熹《貢舉私議》作為科舉考試的依據。並且建議優先蒙古、色目人，目的是勉勵他們勤於學問。取士應該以「經學、行義」為指導思想和依據，唐宋辭章的弊端是不應該因襲的。之後，程鉅夫與李孟、許師敬議行貢舉法。《科舉詔》中論及科舉的目的是「經明行修，庶得真儒之用。風移俗易，益臻至治之隆」〔註3〕，結合程鉅夫在推動科舉時的行為，可推測出仁宗朝程鉅夫在推動科舉中所起到的重要作用。仁宗肯定了程鉅夫提出的建議，隨即命令其草擬詔書並實行。

在關心民生、體恤民情方面，程鉅夫在赴福建任閩海道肅政廉訪使之時，告誡下屬要自律；〔註4〕遷江南湖北道肅政廉訪使時，懲治家奴，張榜公告。大旱之時，舉「成桑林六事」自責；任福建閩海道肅政廉訪使之時，實施「首治閩海、彌災賑民」的措施；任江南湖北道肅政廉訪使之時，程鉅夫用自己的俸祿，賑濟貧病的災民。對於彌災，他提出敬天、尊祖、清心、持體、更化的對策。〔註5〕

程鉅夫不僅在政治方面提出有建設性的意見，而且在詩文詞方面亦有成就。他的詩文以《雪樓集》〔註6〕結集行世。

不論是在政治作為還是文學成就方面，程鉅夫都是開風氣之先、扭轉時局、促進南北一統的重要人物，所以本書將程鉅夫作為研究對象，較為詳細記錄程鉅夫的行年軌跡、交遊、唱和以及文學觀念、文學作品、政治思想、政治行為，同時將程鉅夫還原到時代潮流之中，重點考察其在任上的行為以及所產生的影響。

二、選題意義

元代初期，蒙元統治者壓制、排擠南方士人，對南方地域也不夠重視，導

〔註2〕揭傒斯《元故翰林學士承旨光祿大夫知制誥兼修國史雪樓先生程公行狀》，《雪樓集》卷末，下簡稱《行狀》。

〔註3〕《雪樓集》卷1。

〔註4〕《行狀》。

〔註5〕《行狀》。

〔註6〕關於《雪樓集》的版本情況，詳見本書18頁《雪樓集》的結集及刊刻、版本情況。

致了南方社會的不穩定和南方士人與北方朝廷的隔閡。在此微妙而關鍵的時刻，程鉅夫以南人身份進入元廷，得到統治者的信任。他又刻意提攜南方士人、著意建議重新啟動科舉，並批判以往南宋文風，倡導「平易正大」之學，種種舉措，彌合了南北的敵對狀態，打開了南人進入元廷之門，對於促進蒙元大一統的形成具有重要作用。

程鉅夫是元廷奏章的草擬者，從《雪樓集》前九卷可以窺到程鉅夫在政治、經濟、文化方面的諸多建議和建樹。

程鉅夫的政論文全部收集在《雪樓集》卷十「奏議存稿」中。

程鉅夫政治方面的文章包括：《置考功歷》、《置貪贓籍》、《給江南官吏俸錢》、《論時相》、《論行省》、《公選》；經濟方面的政論文涉及到錢幣的使用、商船與官船使用中存在的問題、地方雜稅的減免等方面的內容：《江南買賣微細宜許用銅錢或多置零鈔》建議：江南的普通百姓很多，錢幣應該多用「細錢」、《江南和買對象及造作官船等事不問所出地面一切遍行合屬處處擾害合令揀出產地面行下》認為各地有各地的特色物品，有使用物品即可，而不必強求。斥責了「緣木求魚，鑿冰求火。無益國家徒擾百姓」的行為、《江南諸色課程多虛額妄增宜與蠲減》揭露了課程官虛報賦稅項目和額度、諂媚上司、將收來的捐稅中飽私囊的惡劣行徑，奏議「課額」應「並行蠲減，從實恢辦」才能夠「不致陷失歲課，亦不致重困民力」、《銅錢》建議權衡之後，將「銅錢」與「寶鈔」政策同時實行。

軍事方面的文章評判了軍隊的失職、規範了軍用器械的管理：《軍人作過甚者責其主將仍重各路達魯花赤之權》批判了當時的社會現實「江南諸路達魯花赤固多失職」，提出解決的具體辦法「若十人以上同罪，罪其主將。事體重者，奏裁。」只有這樣，才能夠軍民相安無事；《百姓藏軍器者死而劫盜止杖百單七故盜日滋與藏軍器同罪》認為應該處以搶劫案犯與藏軍器的人同樣的罪行。

文化方面的建議包括議通南北之選、取會江南士籍：《通南北之選》提出目前面臨的問題：一為北方之人認為南方偏遠，不屑前往任職；二為南士被人所譏諷，故北方之地，無南士。解決的措施應該是參用南人，懲治不赴南方任職的北人；《取會江南仕籍》陳明吏治之弊，論及解決的辦法：南北不應區別對待，正確的做法是每省派遣兩名官員，同按察司一起到江南，深入城郭、鄉村，細緻查找想要求仕的人員。先調查清楚出身「根腳」，再登記在冊；《學校》

則駁斥了「視學校為不急」的言論，上疏目前急需開國學、選良才、并給以優渥厚待和尊重；《好人》中先分析了目前人才的標準是「止以卜相、符藥、工伎為好人之尤」，而真正的人才是「大而可以用於時，細而可以驗於事，蓋無所不該矣」，並以「江南百餘州縣之廣袤，數百餘年之涵養，豈無一二表表當世，不負陛下任使者？」來勸說世祖重視江南人才，請求江南訪賢，並且預測了江南訪賢的效果，此種舉動作為一種信號，使得天下士人都知道當權者唯賢才是舉，紛紛躍躍欲試，即會出現才人輩出，不遠數千里為朝廷所用的局面。

從以上政論文中可見，在提出問題之時，程鉅夫有著宏觀視野，皆能切中時弊；在提出對策之時，針對現實問題，更利於政策的實施和問題的解決。

元廷統治者面對程鉅夫所倡導的思想及所提建議，大多都予以肯定，因而很多措施都能得以推行。

程鉅夫上條陳五事，元世祖認為陳情具實，且勢在必行，所以對這些建議予以採用。他又進一步建議御史臺、按察司需參用南人，並陳述厲害。元世祖終於下詔搜賢江南。

關於科舉取士，程鉅夫主張以朱熹《貢舉私議》作為科舉考試的依據。要以「經學、行義」為指導思想，認為應徹底廢除對唐宋辭章之弊的因襲。仁宗肯定其建議，隨即命其草擬詔書並實行。

韓儒林的《元朝史》〔註7〕根據程鉅夫的《行科舉詔》〔註8〕來說明仁宗即位後，重視人才的選拔。仁宗頒《行科舉詔》〔註9〕，規定了考試的重點和錄取的標準，詔書說「舉人宜以德行為首，試藝則以經術為先，詞章次之。浮華過實，朕所不取」。詔書又明確規定科舉的目的是：「經明行修，庶得真儒之用；風移俗易，益臻至治之隆。」表明仁宗決心利用儒術進行統治。在他統治期間，曾分別於延祐二年（1315）和五年（1318），通過廷試，共得進士 106人。與《行狀》中所記載程鉅夫對待科舉的主張一致，由此可見，程鉅夫對於科舉的推行、在影響科舉的導向方面起到了非常巨大的作用。程鉅夫建議取會江南仕籍、實行科舉考試，並從四書五經中命題，以朱熹集注作為標準答案，由此理學成為官學。

在修史方面，程鉅夫參與修撰《成宗實錄》（至大元年1308）和《武宗實

〔註7〕韓儒林主編《元朝史》（修訂本），北京：人民出版社，2008年4月，第421頁。
〔註8〕蘇天爵《元文類》卷9，四部叢刊景元至正本。
〔註9〕蘇天爵《元文類》卷9，四部叢刊景元至正本。

錄》（皇慶元年 1312）。

　　元代初期文壇，文學風氣受到南宋文壇的影響而呈現出繁複和浮華之氣，程鉅夫倡導「平易正大」、「文歸於厚」〔註 10〕的文風，多被時人所稱讚。虞集盛讚程鉅夫引領文壇的作用「古文之盛，實自公倡之」〔註 11〕，危素認為程鉅夫開啟的平易正大的文風，開一代風氣之先，影響到了全國各地，對於整個國家文風的轉變及統一都具有奠基作用「公在朝，以平易正大之學振文風，作士氣，詞章議論為海內所宗尚者四十年」〔註 12〕。這些評價一致肯定了程鉅夫文章的風格、程鉅夫在文壇上產生的重大影響，及其「平易正大」文風在扭轉元初文風、奠定蒙元新文學氣象中所起到的重要作用。

　　從以上論述可見，從政治策論的擬定到實行，從奏議文章的建議到身體力行，從文風的開風氣之先到所起到的實際效用，程鉅夫都起到了重要的作用。程鉅夫入元廷於元代開國之初，歷仕四朝，在提攜南方士人、推動科舉、祛除南宋文風的弊端等諸多方面都發揮了重大作用。可以說有了程鉅夫這樣對於時局起到關鍵作用的人物，整個元代才真正實現了南北一統。程鉅夫留在歷史上的印記值得我們去逐一發現和探索。

三、研究現狀

（一）程鉅夫生平經歷的研究

　　關於程鉅夫的生平經歷，以揭傒斯所作的《元故翰林學士承旨光祿大夫知制誥兼修國史雪樓先生程公行狀》〔註 13〕、危素所作《大元敕賜故翰林學士承旨光祿大夫知制誥兼修國史贈光祿大夫司徒柱國追封楚國公諡文憲程公神道碑》及程世京所作《楚國文憲公雪樓程先生年譜》〔註 14〕較早且較為系統，初步勾勒出程鉅夫的行年事略，但顯得粗略而簡單。目前還缺乏論及程鉅夫生平經歷的專著，也少見集中而全面論述該方面的論文。

　　《行狀》為程鉅夫的學生揭傒斯所作。開篇是對程鉅夫的字、諱名，父輩、先祖譜系的講述；還涉及程鉅夫出生時的情狀、授業情況，其中尤其對其授業情況進行重點考察；也記載了程鉅夫晚年生活的情形。在篇末，《行狀》對程

〔註 10〕　《行狀》。
〔註 11〕　虞集《題雪樓先生詩文卷》，《雪樓集》卷首。
〔註 12〕　《雪樓集》卷末，下簡稱《神道碑》。
〔註 13〕　《雪樓集》卷末，下簡稱《行狀》。
〔註 14〕　《雪樓集》卷首，下簡稱《程譜》。

鉅夫的一生做出了評價：程鉅夫一生，潛心於理學，而又頗有天賦，凡事身體力行。並且將自己的學養和才能運用到作文章和治國方面。所以，程鉅夫在職四十多年以來，能夠果斷決絕地處理大事，而其文章流傳至今，對後世都具有啟迪意義。

　　關於程鉅夫的交遊，通過程鉅夫與時人的唱和，可以得知程鉅夫當時的交往情況。此方面的作品有：張伯淳《題程雪樓黃庭經》〔註15〕、《題程雪樓雅嘯圖》〔註16〕、《壬辰九月十日謝程雪樓宴集》〔註17〕、王奕《次韻上雪樓程侍御》〔註18〕、燕公楠《摸魚兒·奉題雪樓先生鄂憲公館歲寒亭詩後》〔註19〕、姚燧《感皇恩·捧贊雪樓憲使歲寒記擊節之餘攀疏齋例亦賦樂章姚燧再拜》〔註20〕、陳宜甫《舊扇吟寄程雪樓廉使》〔註21〕、袁桷《壽程內翰二首》〔註22〕、吳澄《賀程雪樓生日啟》〔註23〕，從這些唱和可得知程鉅夫與趙孟頫、張伯淳、王奕、燕公楠、姚燧、陳宜甫、袁桷、吳澄等人有交遊往來，也為本文研究程鉅夫交遊提供了線索。

　　陳海銀《程鉅夫生平行事考略》〔註24〕一文，對史書、方志等材料中記載不一致的地方，進行了系統考訂和梳理，並根據相關史志和文集對其生平事蹟作考證。分為籍貫考、家世考和行事考。籍貫考中提出不同典籍中的四種說法：「南城」說（《江西通志》卷八三，《中國文學家大辭典·遼金元卷》）、「廣平說」（《書史會要》卷七）、「吳城說」（《宋元學案》卷八三《文憲程雪樓先生鉅夫》）、「京山說」（《人物研究年譜索引》、《湖北歷史人物辭典》）。後據危素《神道碑銘》得出結論：程鉅夫的籍貫為建昌路南城縣更加合理一些。而所謂「南城」、「吳城」者，不過一稱其縣一稱其鄉而已。謂其「京山人」，乃是以其先徙居地指稱其籍貫。至於「廣平」之說，據《年譜》，其先祖程元譚西晉時曾做過廣平持節，乃知是以其先祖守官之地指稱。關於家世考，作者據《年譜》

〔註15〕張伯淳《養蒙文集》卷7，清文淵閣四庫全書本。

〔註16〕張伯淳《養蒙文集》卷8，清文淵閣四庫全書本。

〔註17〕張伯淳《養蒙文集》卷7，清文淵閣四庫全書本。

〔註18〕王奕《玉斗山人集》卷2，民國刻沈碧樓叢書本。

〔註19〕《雪樓集》卷30。

〔註20〕《雪樓集》卷30。

〔註21〕陳宜甫《秋巖詩集》卷上，清文淵閣四庫全書本。

〔註22〕袁桷《清容居士集》卷32，四部叢刊景元本。

〔註23〕吳澄《吳文正集》卷14，清文淵閣四庫全書本。

〔註24〕陳海銀《程鉅夫生平行事考略》，《現代語文》，2013年第3期。

及危素《神道碑》考證出：程鉅夫以後家族人丁眾多，有世昌、世臣、世延、世忠、世京、世良、世師、世郢、世德、世宏、世祿、世哲、世濟孫男十三人。其中世昌，奉直大夫，揚州路崇明州知州兼勸農事；世臣，進義副尉，武岡路武岡縣主簿；世延，國子生。有嗣光、嗣英、嗣祿、嗣乂、嗣原、嗣遠、嗣淳、嗣真、嗣德、嗣晉、嗣城、嗣肅、嗣陽、嗣良、嗣畏、嗣賢、嗣應，曾孫男十八人。

這篇文章，對程鉅夫的讀書遊學、出仕、致仕都有所考證和總結，是研究程鉅夫生平事略很有價值的參考資料。

學界對程鉅夫的生平經歷沒有太大的爭議，但還有學者對程鉅夫行事經歷中存在歧義和訛誤的地方做了考訂。

比如李夢生的論文《〈元史〉正誤二例》〔註25〕指出了《元史》、《新元史》所記載程鉅夫召拜翰林學士之年皆誤。李夢生在考證揭傒斯《揭文安公全集》（豫章叢書本）卷七《病中初度……呈諸君子》詩的自注：「大德五年夏，同臨川樓道與叔侄始拜文憲公（程鉅夫謚號）武昌憲府。……予自大德七年冬還自長沙，公亦自武昌謝病歸。明年，留予訓子大本。九年春，室人李氏沒；秋，公入為翰林學士、商議中書省事」，得出結論：程鉅夫被召在大德九年。而非《元史》卷一七二《程鉅夫傳》所說的「八年，召拜翰林學士、商議中書省事」，以及《新元史》卷一八九《程鉅夫傳》「八年，召為翰林學士……明年，加商議中書省事」。後又用揭傒斯《遊麻姑山》小序來佐證上述記載的訛誤之處。

綜上所述，學術界對於程鉅夫的出生、經歷都進行了初步的探討，並給予評價，使得本文有可能對程鉅夫的生平經歷進行深入研究。

（二）《雪樓集》的結集及刊刻、版本情況

目前對《雪樓集》的結集、版本情況及特點的研究，為研究其中詩文詞內容打下了基礎，有助於本文更深入瞭解雪樓集，進而分析其中詩文詞的內容和特點。

據喬衍琯《影印本雪樓集洪武刻本敘錄》〔註26〕，《雪樓集》為程鉅夫第三子程大本所編，門人揭傒斯校正，共四十五卷。元至正六年（1346）歐陽玄、至正十四年（1354）李好文各撰序文。至正十八年（1358），《雪樓集》被程鉅夫之孫程世京攜帶至閩，與揭傒斯之子揭泛將其重訂為三十卷。至正二十三年

〔註25〕 李夢生《〈元史〉正誤二例》，《杭州大學學報》，1984 年第 2 期。
〔註26〕 《雪樓集》卷首。

（1363），《雪樓集》刊刻於建陽書市，但僅成《玉堂類稿》十卷。《玉堂類稿》刊行後，刻板毀於至元二十八年（1368），即明洪武元年。洪武三年（1370），程鉅夫子程大本攜三十卷《雪樓集》歸旴江，未暇再刻。洪武二十七年（1394），郡邑奉禮部勘合書籍，以《雪樓集》補書序之闕。洪武二十八年（1395），朱自達刊成《雪樓集》全集，程滸為其作跋。洪武二十九年（1396），熊釗為其作序。於是，《雪樓集》續行四方。

自洪武間刊行後，《雪樓集》未經重刻。直到清末，陽湖陶湘得善化王氏舊藏本，影寫精刊，至民國十四年刻成。後章鈺取文津閣本，訂訛補缺，手寫跋文，《雪樓集》得以流傳。

關於《雪樓集》版本的記載，還見於揭汯《題雪樓先生詩文卷後》〔註27〕、李好文《雪樓先生文集序》〔註28〕、歐陽玄《雪樓集元至正本序》〔註29〕、程滸等《雪樓集明洪武刻本校刊後記》〔註30〕、章鈺《影刻洪武本程雪樓集跋》〔註31〕

周秋芳《楚國文憲公雪樓程先生文集》〔註32〕對《雪樓集》版本做出考釋，依據上海圖書館藏的另一影抄明洪武刻本真正解決了《雪樓集》最早版本的疑問。前人將三十卷本著錄為元刻本，是存在訛誤的。從彭從吉跋中可以得知，《雪樓集》元時僅刻了前十卷，三十卷本元刻根本不存在。經查閱各家目錄記載，元至正二十三年（1363）刻於建陽的前十卷印本，已不存於世。現有《雪樓集》清抄本除上海圖書館藏有以外，還有二部清抄本流於世。一部為清觀稼樓抄本，現藏南京圖書館，舊藏於丁丙善本書室；另一部也是清影抄洪武刻本，現藏臺灣圖書館，舊藏於歸安陸心源處。南京圖書館藏清觀稼樓抄本，卷內有呂公忠校刊並跋文，及丁丙題識。臺灣藏清影抄洪武本，係陸心源於光緒十四年捎送國子監匱藏南學之書。

綜上所述，各本序跋對《雪樓集》的刊刻結集以及版本的流傳情況都有涉及，對版本流傳的訛誤也做出了訂正，為進一步研究《雪樓集》中的詩文詞內容、特點提供了依據。

〔註27〕《雪樓集》卷末。
〔註28〕《雪樓集》卷首。
〔註29〕《雪樓集》卷首。
〔註30〕《雪樓集》卷末。
〔註31〕《雪樓集》卷末。
〔註32〕周秋芳《楚國文憲公雪樓程先生文集》，《圖書館雜誌》，2000年第7期。

（三）《雪樓集》中詩文詞三十卷的收錄與評價

有關《雪樓集》中詩文詞及其風格的記載散見於程鉅夫同時代或相近時代之人為《雪樓集》作的序跋之中。

虞集《題雪樓先生詩文卷》〔註33〕明確了程鉅夫文章的風格為「平易正大」，也指出了其文章在除舊革新方面的重要作用；揭傒斯《行狀》在程鉅夫的經學和文學主張方面提出了自己的看法；李好文《雪樓集原序》〔註34〕對《雪樓集》中詩文的特點及地位多有論及；柳貫《程鉅夫諡文憲》〔註35〕給予《雪樓集》中詩文詞以很高評價。

《元詩史》〔註36〕這樣評價程鉅夫在詩文方面的成就及特色：在元代前期，程鉅夫的作用與姚燧相似，他以平易正大之學，振文風、作士氣，為朝野視為楷模。名氣雖然並非因詩而被時人所知，但他是開風氣之先的人物。《元詩史》還舉例說明了程鉅夫詩歌的風格特點以及程鉅夫在詩壇上的作用：「程鉅夫的詩歌，磊落俊偉，氣格較高。近體詩比較淺顯，但古詩多遒警之句，如《和陶詩》韻味的古雅、《奉餞學舟老先生之武陵》意境的沉著真摯，相當有特色」。

書中將程鉅夫和姚燧在古文方面的成就置於同等重要的位置，合於當時的實際情況，也顯示出程鉅夫倡導古文文風方面的重要作用。從更新的角度分析程鉅夫詩歌特色，為進一步研究程鉅夫提供了很好的切入點。

孫海銀的《程鉅夫詩學思想及其影響》〔註37〕認為：程鉅夫為理學注入務實之風，論詩歌尚實。而且尚變，師古而不泥古。這在一定程度上體現了元代前期南北詩歌風的融合，同時對元代中期雅正詩風和元代後期崇尚個性詩風的形成具有重要影響。

邱江寧《程鉅夫與元代文壇的南北融合》〔註38〕一文論及程鉅夫推動南北文風融合的途徑設計、借古文為宗促進南北文風融合的創作理念，以及程鉅夫對元代文壇的影響與貢獻的評價。該文強調在推進南北文風融合的進程中，程鉅夫藉以發揮重大作用的途徑主要體現於兩個方面：一是影響館閣文風的

〔註33〕《雪樓集》卷首。
〔註34〕《雪樓集》卷首。
〔註35〕柳貫《待制集》卷8，清文淵閣四庫全書本。
〔註36〕楊鐮《元詩史》，北京：人民文學出版社，2003 年 8 月，第 384～386 頁。
〔註37〕孫海銀《程鉅夫詩學思想及其影響》，《巢湖學院學報》2011 年第 2 期。
〔註38〕邱江寧《程鉅夫與元代文壇的南北融合》，《文學遺產》，2013 年第 6 期。

傾向；二是推動科舉選拔制度的實行，確立科舉考試的內容和文章風格。程鉅夫對館閣文學的影響首先是近身影響，他還努力通過薦引人才來推行他借古文實現南北文風融合的作文理念。程鉅夫引薦的名人包括趙孟頫、張伯淳、袁桷、揭傒斯等在元代文壇影響巨大的人物，同時這些人也都是元代文壇南北融合進程中的貢獻突出者。程鉅夫在主持館閣文壇之際，從不自高自厚。使程鉅夫作文理念大行於天下的關鍵，在於他對科舉考試內容的建議：摒除唐宋以來士人尚文辭輕實用的浮華文風。由於他在元代南北文風融合中的作用是引領性的，之後虞集、揭傒斯等元文四大家是他的忠實追附者，並將它的思想理論發展成熟，推及天下。

該文較為全面而詳細地論述了程鉅夫在引薦南人和融合南北文風方面的作用，為進一步深入探討此方面的其他問題打下了很好的基礎。但文中有些內容的出處指明的並不是太清楚，還需要結合文獻，進行詳細梳理和論述。

還有些論文，在某些篇章專門研究了程鉅夫的散文的風格與特點並略微予以評價。博士論文有上海師範大學文師華《金元詩學理論研究》和邵麗光《元代散文研究》。

文師華的論文《金元詩學理論研究》〔註39〕在下編第四章第二節下的第三個小問題中，論及程鉅夫的文風，認為在詩文批評方面，程鉅夫提倡務實的風氣；關於其詩學觀點：他提倡儒家「詩可以觀」的批評傳統；在詩歌內容方面，他推崇杜甫、蘇軾，認為他們的詩真實地描繪了自然、社會、人情、風物；在學古人詩作方法方面：程鉅夫提倡一是當如劉辰翁那樣，評詩時若與古人相接觸，深切地體會古人創作時的感受。二是師古當求融會，以「養性情，正德行」為本，認為只有這樣才能學得古詩之真髓，使寫出的作品可以「隔千載與古人相見」。最後總結：程鉅夫論詩，總體上以提倡「尊所聞，行所知」的務實作風為主，但也主張尚情尚變，他的詩學觀在一定程度上體現了南北詩風的融合。

該論文的相關部分分別從詩文批評、詩學特點、詩歌內容、值得學習的古人詩作方法等四個方面著手，分類細緻而準確。為瞭解程鉅夫的詩學理論提供了切入點。但論述中較少結合程鉅夫詩文的具體內容進行論述，沒有展開，也不夠深入。

〔註39〕文師華《金元詩學理論研究》，上海師範大學博士論文，2000屆。

河北師範大學邵麗光的博士論文《元代散文研究》〔註40〕在第二章第四節中涉及到程鉅夫的散文研究，認為：程鉅夫不僅推舉了趙孟頫、吳澄等文士入仕元廷，對虞集等中期散文家也頗有提攜推薦之功。另外他以「平易正大」的文風來救弊南宋末年尚奇險的文風，也促進了元代中期盛世文風的形成。

文章論及程鉅夫江南訪賢的重大意義，以及其「平易正大」的文風對挽救尚奇險時文的重要作用，但稍顯簡略，也未作展開和深入。

以上文章中的論述對程鉅夫詩文做了最基本的研究，為我們深入分析程鉅夫的文學作品提供了依據。但作為大家來說，對程鉅夫的研究，應該不止於此本書要解決的問題，是對於程鉅夫詩文詞進行全面研究。

（四）關於程鉅夫政治方面的成就

程鉅夫為官四十多年，其政治作為涉及參用南人、江南訪賢、整頓吏治等多個方面。下文分別從江南訪賢、在元代科舉中所起的作用和關心民瘼三個方面對以往文獻提及之處加以綜述：

1. 江南訪賢

揭傒斯《行狀》總結了程鉅夫政治作為的諸多方面，列舉了江南訪賢的名單，並對江南訪賢的情形多有描述。

陳得芝《程鉅夫奉旨求賢江南考》〔註41〕從忽必烈求賢江南的原因、程鉅夫所薦南士、江南士人對出仕元朝的態度三個方面詳述了江南訪賢的具體情形，對江南訪賢在冊士人作了詳細介紹。

王樹林《程鉅夫江南求賢所薦文人考》〔註42〕一文對程鉅夫於元世祖至元二十三年（1286）的江南求賢所推薦文人逐一做了考察。認為：經程鉅夫舉薦之後，被舉薦的文人為二十二人。初召實為三十人，並以公文形式，命郡縣以禮聘召。程鉅夫這次所薦文人，大體是兩種類型：一是已經出山做事，但沉埋於低賤閒散之職，不被重用，或任滿閒居，或辭職閒居者。一是隱居江湖山林，名望甚高，不曾出仕者。這些人就其才能而論，有些是偏重吏治，有些為博學鴻濡，有些則長於文學。在南北文學融合中做出貢獻的北上文人有趙孟頫

〔註40〕邵麗光《元代散文研究》，河北師範大學博士論文，2011 屆。
〔註41〕《蒙元史研究叢稿》第 540～570 頁，2005 年。
〔註42〕王樹林《程鉅夫江南求賢所薦文人考》，《信陽師範學院學報》（哲社版），1996年第 2 期。

（趙孟頫作為程鉅夫的門生，對其師一直懷有知遇之恩。見《行狀》）、吳澄、張伯淳、范晞文、袁洪、袁桷父子、詩人白珽、王泰來。第二類是其他被薦北上的文人：余恁、胡夢魁、曾衝子、楊必大。第三類被薦不起的文人，有：謝枋得、何夢桂、方逢辰、趙若恢、孫潼發、謝國光。

　　該論文梳理較為全面，分類細緻，有些被薦文人雖名不載於程鉅夫本傳及《行狀》內，但能據此文並根據其他文獻，互相印證得出結論，值得在寫作中進一步參考。

　　在考證程鉅夫江南求賢所薦文人的基礎上，經過進一步研究，王樹林的文章《元初「江南求賢」及其文壇效應》〔註43〕總結了江南訪賢對於元代的重要意義：元世祖至元二十三年（1286），程鉅夫奉旨「江南求賢」。這一場為鞏固元朝政權的政治運作產生了始料未及的文學效應，成了元代文學發展的轉機，使中國因長期政權分據而形成的南北兩條文學潮流，出現了真正全面的碰撞、交融和整合。

　　該文章對元代文學發展鏈條中江南訪賢這一特殊現象進行研究，並且梳理和分析了江南訪賢的政治背景和程鉅夫為此所作的輿論準備、江南求賢經過及所薦南方文人以及帶來的文壇效應。對客觀地認識元代文學的發展規律，具有不可忽視的意義。

　　邱江寧《程鉅夫與元代文壇的南北融合》〔註44〕論述了程鉅夫對元代南人北進的重大影響是如何實施和體現的。首先讓元政府重視江南地域。針對此，程鉅夫條陳吏治五事。在程鉅夫的努力下，元世祖在江南官吏選拔問題上有所鬆動，意味著元廷開始注意江南，認真考慮江南的問題。繼而程鉅夫一再奏疏，開啟了江南訪賢之路。除江南訪賢之外，程鉅夫還借助自己的權利和影響，不斷提攜和薦用南方有才華、有影響力的士大夫。由此促成了元廷重視江南、南方文人的大舉北進、四海真正一統以及南北文學融合的元代文學的真正成熟。

　　該文章不僅從程鉅夫自己的建議及行為對南方影響的角度進行論述，還從受到程鉅夫影響的江南士人繼續影響整個國家的政治局面入手，來深入探討程鉅夫自身及後續所產生的巨大影響，角度很獨特，觀點明確。

〔註43〕王樹林《元初「江南求賢」及其文壇效應》，《南通大學學報》（社會科學版），2005 年第 2 期。

〔註44〕邱江寧《程鉅夫與元代文壇的南北融合》，《文學遺產》，2013 年第 6 期。

2. 程鉅夫在元代科舉中所起到的作用

揭傒斯《行狀》〔註45〕論及在議行貢舉法之時，程鉅夫在科舉方面的主張。

《程譜》中記載了科舉正式實行時的情形。

韓儒林的《元朝史》〔註46〕根據程鉅夫的《行科舉詔》〔註47〕來說明仁宗即位後，重視人才的選拔。仁宗頒《行科舉詔》，規定了考試的重點和錄取的標準，詔書說「舉人宜以德行為首，試藝則以經術為先，詞章次之。浮華過實，朕所不取」。詔書又明確規定科舉的目的是：「經明行修，庶得真儒之用；風移俗易，益臻至治之隆。」表明他決心利用儒術進行統治。在他統治期間，曾分別於延祐二年（1315）和五年（1318），通過廷試，共得進士106人。程鉅夫是實行詔書的草擬者，也是倡導者之一。在推動科舉考試的進程中，程鉅夫起了不可忽視的作用。

陳高華的《元代文化史》〔註48〕指出，忽必烈信任並任用的南人程鉅夫曾上奏說：「蓋嘗有旨行貢舉，求好秀才。上意非不諄切，而妄人輒陰沮之，應故事而集議，凡幾作輟矣。」〔註49〕這裡所說的「妄人」，主要是朝廷中守舊的蒙古、色目權貴，以及出身吏員的漢人官僚。推行科舉必使大批有較高文化修養的漢人、南人儒士進入仕途，對他們的仕途形成威脅，這是他們所不願看到的。因而就製造各種藉口加以拖延，使之不了了之。

從上文可得知，程鉅夫曾經向忽必烈「上奏行貢舉、求好秀才」的科舉方案，表明程鉅夫在推動科舉制度的建立方面具不小的作用。

也有專門的論文論及到程鉅夫某一方面的政治作為。馮會明的論文《元代鄱陽湖地區理學的傳衍》〔註50〕認為：元代是理學傳播、普及並上升為官方哲學的時代，饒魯弟子程若庸培養了南城程鉅夫和崇仁吳澄，他們成為入元以來最重要的理學家，在元代掀起了鄱陽湖傳播理學的又一高潮。程鉅夫建議取會

〔註45〕《行狀》。
〔註46〕韓儒林主編《元朝史》（修訂本），北京：人民出版社，2008年4月，第421頁。
〔註47〕蘇天爵《元文類》卷9，四部叢刊景元至正本。
〔註48〕陳高華、張帆、劉曉《元代文化史》，廣州：廣東教育出版社，2009年8月，第377頁。
〔註49〕《學校》，《雪樓集》卷1。
〔註50〕馮會明《元代鄱陽湖地區理學的傳衍》，載於《朱子學與文化建設學術研討會論文集》。

江南仕籍、實行科舉考試，並從四書五經中命題，以朱熹集注作為標準答案，理學成為官學，在元朝聖傳不絕。文章得出結論「在程鉅夫、吳澄等人的積極倡議和元朝最高統治者的支持下，程朱理學終於登上了官方哲學的寶座，成為元代社會占支配地位的統治思想，使得『天下之學，皆朱子之書。』以程朱理學取士也被明清兩代繼承，影響了六百年的中國政治文化。」

該文章將程鉅夫與理學在元代承傳之間的關係做了梳理，認為正是由於程鉅夫的積極倡導，理學在元代才能成為官學，科舉以程朱理學取士也才成為取士傳統，被明清所繼承。

劉成群《元初至元間「南學北來」問題新探》〔註51〕肯定了程鉅夫江南訪賢與忽必烈求賢江南的心態相暗合，由此起到的實際的效用。正是因為程鉅夫的建議，所選拔的御史行臺、按察司的堪用之才得到了在上述機構任職的機會。然而至元年間的「南學北來」並不是真正意義上的「南學北來」。忽必烈尋求的理想南士仍是治術文章之士，這也是導致真正意義上的南學未能「北來」的一個重要原因。一直到元仁宗時期，南方理學與北方理學的隔膜還十分明顯，吳澄國子監改革失敗即是明證。

文章肯定了程鉅夫的作用，但認為理學的南北融合併沒有真正完成，而且完成的時間要晚的多。但其實理學的南北滲透正在潛移默化中實現，正是由於程鉅夫的倡導才開啟了理學的南北融合，江南訪賢對促成南北理學的融合意義重大。

3. 關心民生、體恤民情

揭傒斯《行狀》記載程鉅夫在赴福建閩海道肅政廉訪使時告誡下屬需要自律；在福建閩海道肅政廉訪使任上，採用「首治閩海、彌災賑民」的措施；任江南湖北道肅政廉訪使之時，程鉅夫用自己的俸祿，賑濟湖北貧病的災民；在任中書省事的官職之時，天氣異常惡劣，程鉅夫奉詔提出五點建議：敬天、尊祖、清心、持體、更化。〔註52〕

李好文所作《雪樓集原序》〔註53〕也涉及程鉅夫在政治方面的成就，《元史程鉅夫傳》〔註54〕記錄了程鉅夫的政治建樹。

〔註51〕劉成群《元初至元間「南學北來」問題新探》，李治安主編《元史論叢》第14輯，北京：中國廣播電視出版社，2009年7月。

〔註52〕《雪樓集》卷首。

〔註53〕《雪樓集》卷首。

〔註54〕《元史》卷172《程鉅夫傳》第4015～4017頁。下簡稱《元史本傳》。

　　另外，吳澄《晉錫堂記》〔註55〕從宏觀視野著眼，評價了程鉅夫在整個元代社會的重要作用。魏初《送程侍御鉅夫》〔註56〕讚揚程鉅夫在政治方面的才能是「御史青蔥翰院才」。劉將孫《賀雪樓除學士啟》〔註57〕稱讚程鉅夫政治上精研了《禹貢》、《春秋》，並胸懷大志，能成一家之言。程敏政《題雪樓遺墨後》〔註58〕指出程鉅夫在元代政治上的作用：自從元世祖啟用程鉅夫之後，南方文人開始進入政壇，使得當時的典章文物、政治局面，煥然一新。《新元史》（卷一八九）引用了史臣的評價，讚揚程鉅夫的政治作為，認為他所陳述政事得失，言辭樸實，雖然文采不絢麗，但能切中要害。在元世祖朝，程鉅夫的建言多有實行，所以「江南新附之民多被其澤」。

　　綜上所述，有關文獻記錄程鉅夫在重用南士和科舉方面有較為紮實的基礎，為進一步認識程鉅夫在政治方面的成就提供了可參照的側面。

（五）關於程鉅夫文化方面的成就

　　從元代至今，與程鉅夫文化方面緊密相關的著作較少，而程鉅夫在文化上的作為遍及他所到任的各處。

　　陳高華的《元代文化史》〔註59〕論及程鉅夫上奏說，中統建元以來，中外臣僚傑出者眾多，然而目前，人才卻晨星寥寥，解決的措施是在京師首善之地興建國學，以帶動地方學校的興建和地方人才的培養。程鉅夫當時頗得忽必烈信任，雖然該建議當時並沒有實行，但一年後，在葉李請再一次求下，忽必烈命令有關官員議定國學條例，閏二月正式頒行。可見，在興建國學方面，程鉅夫是開風氣之先的人物。

　　綜上所述，作為對蒙元一代影響巨大的歷史人物，程鉅夫其人、《雪樓集》中的詩文詞以及其在政治、文化方面的作用是應該予以肯定的。學術界對程巨在各方面的成就及《雪樓集》中的詩文詞進行了初步的探討，給予我們以很好的啟發。

　　但在上述諸方面，目前研究基礎不雄厚，以往文獻雖有涉及，但還缺乏深入的梳理。上述作者的研究成果，成為本文研究的基礎和繼續研究的出發點。

〔註55〕吳澄《吳文正集》卷35，清文淵閣四庫全書本。
〔註56〕魏初《青崖集》卷1，清文淵閣四庫全書本。
〔註57〕劉將孫《養吾齋集》卷8，清文淵閣四庫全書本。
〔註58〕〔明〕程敏政《篁墩集》卷37，明正德二年刻本
〔註59〕陳高華、張帆、劉曉《元代文化史》，廣州：廣東教育出版社，2009年8月，第212～214頁。

四、研究思路與研究方法

　　本文研究的文獻依據是元代文獻的整理、研究與地方志叢書的整理及《四庫全書》系列與《全元文》、《全元詩》的出版。本文力圖在還原元代政治文化生態和歷史文化語境的基礎上，以文學文獻學、歷史考據學、文學批評、文章學等作為理論背景，以程鉅夫的政治行事和《雪樓集》作為切入口，主要以文獻考證方法去研究程鉅夫的歷史貢獻，包括：代擬典章及其政治思想；江南訪賢、修建書院及其文化思想；「平易正大」的文風及《雪樓集》中詩文的文化意義；年譜及其一生對於彌合南北文化，使得南人由南入北、進入朝廷及其重要促進作用。從而對程鉅夫與文學進行整體性、綜合性的研究。

　　本文的研究思路包括：1. 撰寫年譜，梳理程鉅夫的行年軌跡、交遊、唱和，對其作品繫年，為全面研究程鉅夫打下基礎。2. 作為個案研究，程鉅夫是元代士人中引領風氣的人物，通過對其研究，可以進一步瞭解其對南方士人的政治作為和文化方面的影響。

五、本文的創新之處

　　首先，本書是第一部以程鉅夫為研究對象，全面論述程鉅夫的政治作為、學術思想、交往遊歷和文學創作的博士論文。

　　其次，論文力求展現程鉅夫思想和行為的全貌，對其詩文成就給以較為準確的定位。

　　再次，論文下編《程鉅夫年譜》在系統考述程鉅夫的家世、行歷、仕履、交遊及文學等情況的基礎上，揭示程鉅夫對元代南北統一和扭轉元代文風的重大影響。

上　編

第一章　元代士人處境與程鉅夫生平考述

第一節　元代社會狀況及文人處境

忽必烈以前，大蒙古國相繼有四位大汗統治。他們是成吉思汗、窩闊台、貴由汗和蒙哥汗，後來分別被尊稱為太祖、太宗、定宗和憲宗。到忽必烈統治時期，元代社會發生了新的變化，士人處境也為之一變。表現在如下方面：

一、封建一統與大元氣象

宋金對峙一百多年後，覆亡於蒙古政權下，元代統一全國。1271 年，忽必烈以「大元」為國號；1276 年，南宋向元廷遞交降表；1279 年，陸秀夫抱幼主趙昺赴海。

元朝是中國疆域最大的政權，地域廣闊「北逾陰山，西極流沙，東盡遼左，南越海表」〔註1〕，軍力極為強盛，東西南北門戶洞開，沒有邊患威脅，海陸貿易大張，是開放性的強大政權。

蒙古人入主中原，在南方知識分子心中是個難以解開的結。事實上，在蒙元新政權建立以來，帝國內全體百姓以歸附的先後次序和地域之別強分成了四等〔註2〕，而南方人被視為四個等級之末。元代雖然實行了嚴格的等級制度，

〔註 1〕〔明〕宋濂《元史》卷 58《地理一》，北京：中華書局 1976 年 4 月，第 1345頁。（下簡稱《元史》，不標版本，只標卷數。）

〔註 2〕關於「四等人制」的具體內容，可參閱蒙思明《元代社會階級制度》，（北京：中華書局，1980 年）一書第二章《元代法定之種族四級制》中的詳細論述。

在很多方面也限制漢人，但元統治者在入主中原之後推行漢制，在某些方面促進了中國各個民族在經濟、文化等方面的交流與融合。元初，經濟逐步恢復發展，社會環境逸樂升平。

大一統局面的產生，不但使傳統社會的農業生產得到恢復和發展，也大大加強了南北方的經濟及文化聯繫。宋元對峙時期南北交流割裂的狀態逐漸消除。北人南下和南人北上成為士人謀生與求仕的新方式。南北方人士的交流互動促使詩歌、散文、遊記大量出現。與海外交往逐漸增多，特別是在慶元路及福建沿海地區，設立了市舶司，開始了海外貿易。官員出使安南、暹羅、真臘等地，不但增廣了見聞，同時產生了較為著名的遊記和地理著作。元代開創的行省制度，對後世影響深遠。程鉅夫就是在此背景下入備宿衛，進入元朝的。

元朝中期，忽必烈啟用吐蕃人桑哥擔任宰相，負責鉤考錢穀的事宜。初期，桑哥鉤考得當，為中央斂財，得到忽必烈賞識。但其太重事功，且「法令苛嚴，四方騷動」，至元二十六年（1289），程鉅夫彈劾桑哥，「桑哥怒，凡六奏請害公，上皆不允」〔註3〕，這是「言財利」與「儒治」之間的衝突。程鉅夫為了維護儒學，不惜將自己置身於危險境地。

元朝中後期階級和民族矛盾日益尖銳，反映統治腐敗、同情民生疾苦的詩篇也隨之增加。

封建社會逐漸積聚的矛盾，使得自泰定帝起，便有下層人民不斷挑戰朝廷的權威。到元順帝即位後，尤其是至正十一年（1315）以後，劉福通、張士誠、徐壽輝、方國珍、朱元璋各種勢力接連而起，加上連年的自然災害以及朝廷的政策失誤、吏治腐敗、財政危機諸多因素，元軍被農民軍所敗。元順帝於至正二十八年（1368）閏七月二十八日，開建德門北遁，退到上都，最終湮沒在蒙古草原。至正二十八年八月二日，明軍入大都，元朝滅亡。

程鉅夫在泰定二年前已去世，他所生活的年代正是元朝最為興盛承平時代，這在其詩文中也有表現。

二、漢法的推行與蒙古舊俗的延續

元代建國之初，為了實現真正的大一統國家。忽必烈參用漢法，採取一系列相應措施來整頓南北戰亂下的經濟殘局。滅掉南宋後，元廷大力減免故宋冗

〔註3〕《程譜》。

繁的差稅：「公私逋欠，不得徵理」〔註4〕，如此政策，使得社會貧病的狀況得到恢復，逐漸臻於承平氣象。同時統治者注重以儒家之法治理國家，於是各類士人進入政權中樞。

忽必烈採取一系列漢化措施統治大一統國家，建立了中央集權的中原模式的官僚機構。

特別是他實行了一系列的文化政策，集中表現為尊崇儒學，如擢用儒臣、學習儒家經典、興辦國子學及地方學校、定立儒戶制度、尊孔子等，其後繼者亦遵循此種政策，並設立了經筵官，沿襲前代進講制度。〔註5〕元文宗元順帝都有漢語詩傳世。〔註6〕

重視貞孝觀念，是元朝統治者重視漢法的表現。元朝皇帝曾數次下令將《孝經》、《列女傳》翻譯成國字。貫雲石更有《孝經直解》一書問世，為不熟悉漢語的蒙古、色目人提供閱讀方便。

元代的一項積極的建樹，是創立了行省分寄式中央集權。元世祖忽必烈統一全國後，先後設立陝西、四川、甘肅、雲南、江浙、江西、湖廣、河南、遼陽、嶺北、征東十一行省。就職司和性質而言，舉凡錢鼓、兵甲、屯種、漕運等軍國重事，行省無所不轄。十一行省猶若十一大軍區，又兼為中央與地方之間的財賦中轉站和行政節制樞紐。中央與地方的權利分配，同樣以行省為樞紐。行省具有兩重性質，又長期代表中央分馭各地；主要為中央收權兼替地方分留部分權利；所握權利大而不專。行省分寄為朝廷集權服務，朝廷集權詩中主宰著行省分寄。元行省制創建了十三、十四世紀中央與地方權利結構的新模式。

出於維護穩定的需要，蒙元政權對漢族文人大加延攬。至元十三年，元廷下詔：「亡宋歸附有功官員並才德可用之士……申臺呈省以憑錄用」〔註7〕，對其他士人只要對統治多有裨益，便多加任用。任用的儒家士人包括程鉅夫、劉敏中、張之瀚、虞集、張伯淳等士人均受到了重用。對於那些入仕新朝的文人來說，一方面他們希望建功立業、有所作為、以天下為己任、渴望受到重用、使得自己的才學有伸展的機會。

〔註4〕〔民國〕柯劭忞《新元史》卷9《本紀第九》，民國九年天津退耕堂刻本。
〔註5〕陳高華、張帆、劉曉《元代文化史》，廣州：廣東教育出版社，2009年8月，第165～175頁。
〔註6〕〔清〕顧嗣立編《元詩選》初集，北京：中華書局，1987年，第1頁。
〔註7〕陳高華等點校《元典章》，北京：中華書局，2011年，第4653頁。

由於蒙古統治者像歷史上其他少數民族統治者一樣採用了中原傳統的儒家思想、文治之道作為統治之策。元代士人在文化交融的時代背景下秉持傳承文化的歷史責任，為文化的創新與傳承做出了貢獻。

在程鉅夫所處的時代，隨著南北文士入元為官，元初官僚構成逐漸文人化，統治者也逐漸認為到文人在維護政權穩定中的重要作用。

程鉅夫十七歲時開始了求學遊學生活，開始在胡自明胡氏家塾讀書兩年，十九歲時就讀於臨汝書院，隨程若庸學習，與吳澄同門。為其赴湖北省試打下了良好的學術基礎。宋咸淳六年（1270），程鉅夫參加湖北省試。這是文獻記載程鉅夫唯一一次科舉經歷，雖未考取，但被名士李玨稱「三篇皆欲為國家措置大事，他日必非常人」〔註8〕。

另一方面，統治者對異族尤其是漢人、南人的歧視、不信任，又讓他們始終懷有一種戰戰兢兢、如履薄冰的處事態度，充滿疑懼委屈。儘管元世祖忽必烈在主動吸收漢法，儘管元仁宗、元文宗等也曾做過不屑的努力，但是，元朝統治者在兼容多元文化的同時，又恪守蒙古本位。

推行漢法的過程並非一帆風順，必然會遭到蒙古貴族的反對和抵制。忽必烈實行漢法是為了維護其蒙元一統，這樣實行的漢法必然是不徹底的。表現在，在仕進方面不為儒士提供更多的機會，而偏重吏。有元一朝，都是漢法與蒙古舊俗相雜。

蒙元帝國建立後，蒙古、色目、漢人、南人四種族等級被強行添加進來，遂造成種族、社會二等級系統的長期並存和交錯複合。各類等級系統成員之間的關係也隨之變得複雜起來。例如，元朝政權雖然是蒙、漢封建主的聯合統治，但因全社會第一、二等級被蒙古皇帝、貴族所壟斷，漢族上層就被排斥在貴族等級之外。

因生活於異族的鐵蹄之下，文人傳統的仕進之路不暢，士人階層普遍存在著家國淪喪與人生如幻如塵的失落感。在如此環境下，曾被忽視的個體生命與個性自由為元代士人所珍視。

元朝較早保護儒學，也任用了不少儒士進入各級官府，在吸收漢法方面大量發揮了儒學和儒士的積極功用。還推動程朱理學上升為儒學的主導，上升為官學。但是，在蒙古統治者的眼裏，儒學始終不是第一位的文化。儒學與儒士也不再是傳統體制內的主導，其獨尊地位已經喪失，開始被邊緣化。

〔註8〕《程譜》。

儒學的邊緣化，帶來千餘年中國文化體系中的一段不小的變更。它的影響是多方面的，有消極的，也有積極的。毋庸諱言，邊緣化是廣大儒士的災難，它造成了儒家傳統秩序、官場傳統秩序的某些破壞。

因為學儒讀經出路不佳，不少漢地精英文士轉而把聰明才智投向以前備受鄙夷的市井勾欄和工藝技巧。於是，引發了元雜劇和科技的繁榮，湧現出關漢卿和郭守敬之類的偉大人物。

由於儒學邊緣化和科舉仕途不暢，元代儒生士大夫多數無法走向廟堂，只能從事教官、儒吏等下層職業，致使他們開始向區域社會發展。元後期科舉重開，鄉試逐漸正規，客觀上又增加了儒生士大夫對區域社會的親近。

三、儒吏關係與科舉取士

元代定國初期並未延續宋代的科舉制，雖有漢人官員一直上書建議開科舉，但一直到元仁宗延祐二年才正式施行科舉取士，而此時元朝建立已四十年之久。〔註9〕

自唐朝以降，科舉成為士人進身的階梯。元代依然如此，如元代的一部收錄科舉考試賦總集《青雲梯》。但元朝統治者，即使推行漢法如忽必烈者亦對科舉抱有消極態度，故雖一直有漢人不斷建議推行科舉，而直到元仁宗皇慶二年（1313），才頒布開科舉取士，連續舉辦七科，至元元年（1335）停科。至正元年（1341）重開科舉後，又進行九科，共計十六科，加上保送的舉人，終有元一朝，錄取進士1300人左右。〔註10〕這個數字遠遠滿足不了讀書人的進身需要。正如許有壬所謂「倡於草昧，條於至元，議於大德，沮尼百端，而始成於延祐，亦戛戛乎其艱哉！三十年來，得人之列於庶位者，可枚指也」〔註11〕在這種情況下，由吏入仕、徵召入仕便成了元代普通的入仕選擇。程鉅夫的入仕方式較為特殊，先入備宿衛，後因對賈似道的評價與忽必烈一致，得到忽必烈的賞識，得以進入元代政權中樞機構。一系列提攜南士、獎掖後進、興辦學校的行為繼而得以進行。

〔註9〕陰法魯、許樹安《中國古代文化史》（三），北京：北京大學出版社，1992年，第345頁。

〔註10〕陳高華、張帆、劉曉《元代文化史》，廣州：廣東教育出版社，2009年8月，第382頁。

〔註11〕許有壬《秋谷文集序》，《至正集》卷35，清文淵閣四庫全書補配清文津閣四庫全書本。

程鉅夫以南士和儒士的身份參與政權，為以後向統治者建議實施科舉提供了可能性，吳澄說：「公（程鉅夫）之位朝，著被寵光，其素也。今以儒臣預政，前所未有。是不為公一家賀，為天下賀」〔註12〕。

程鉅夫曾向元廷進言開設科舉，並提出了科舉取士的內容和要求「科目取經明行修之士」〔註13〕。

在議行科舉時，仁宗命程鉅夫參與其中。程鉅夫建言，貢舉法相應部分的實施標準為「經學當主程頤、朱熹傳注，文章宜革唐、宋宿弊」〔註14〕。

《行科舉詔》為程鉅夫所擬，黃溍為李孟所寫的《行狀》中記載了李孟對推動實行科舉之時的具體的細節：先德行經術，而後文辭：「先是，上（仁宗）與公（李孟）論用人之道。公曰：『自古人材所出，固非一途，而科目得人為盛。今欲取天下人材而用之，捨科目何以哉？然必先德行經術，而後文辭，乃可得其真材以為用。』上深然其言，遂決意行之。延祐元年冬十二月，復拜公中書平章政事，依前翰林學士承旨、知制誥、兼修國史。二年春，遂命公知貢舉。及親策多士於廷，仍命公為監試官」〔註15〕。

四、史學與理學的發展

元代建國之初，便有修史計劃。既修了本朝史，又修了前朝史。但由於對正統問題的討論，使得修史活動一直擱置到元朝末期才得以進行。至正三年（1343），元廷採納脫脫的意見，分修宋、遼、金史。至正四年三月，《遼史》修成。十一月，《金史》修成。至正五年十月，《宋史》修成。

元朝在修撰前朝史之前，已敕翰林國史院修本朝史，包括本朝實錄和《后妃功臣傳》，也包括《經世大典》。此外還有蒙文史《脫必赤顏》（《蒙古秘史》）。程鉅夫也參與了修撰本朝史。至大元年（1308），程鉅夫六十歲時，奉詔編修《成宗實錄》。

南宋以來，理學的發展主要有朱熹和陸九淵兩派。元朝是程朱理學統治地位確立的時期。元代的科舉，以程朱理學的有關著述為主，無疑對朱學的傳播

〔註12〕吳澄《晉錫堂記》，《吳文正集》卷35，文淵閣四庫全書本。
〔註13〕《程譜》。
〔註14〕《行狀》。
〔註15〕黃溍《元故翰林學士承旨中書平章政事贈舊學同德翔戴輔治功臣太保儀同三司上柱國追封魏國公諡文忠李公行狀》，下簡稱《李公行狀》，李修生主編《全元文》，南京：鳳凰出版社，2005年12月，第30冊，第40頁。

起到了積極的影響。與此同時，陸學雖不像朱學那樣興盛，但在南方仍有傳承，如江西的陳苑和浙東的胡長孺。

在底層知識分子當中，無法進入政治統治中心的鄉紳和士人，將理學應用於社會實踐，將理學融入社會生活之中。通過各種力量的合力，理學在元代完成了官學化和社會化的轉變，深刻地影響了理學的後續發展。

蒙元統治者在民族文化衝突加劇的情況下，逐漸意識到漢文化的重要性，隨著漢文化程度的加深，蒙元統治者對理學的態度完成了從成吉思汗朝的「排斥、冷漠」，到忽必烈的「思考、接納」，再到仁宗朝的「支持、崇尚」的轉變，最後，理學隨著科舉的復興而成為元代的官方學術。

元代朱熹後學的發展，以趙復、姚樞、許衡、劉因、北山學派以及新安學派的眾多理學家為代表，其在道統論、本體論、心性論等方面多有創新之處。朱子後學在元代理學傳播中做出諸多貢獻。

元代朱學興盛，陸學也並未消亡，而是在陸學傳人的努力下艱難傳承。與此同時，部分朱陸兩家的學者，通過反思朱陸異同，主張打破朱學與陸學的門戶之見，提出了朱陸和會的會通思想，這是元代理學發展中出現的複雜情況，也代表了理學在元代發展中出現的新特點。

表現在理學不再只是士大夫們的心性玄談，而是以生活化的方式滲透到元代社會的方方面面。鄉村社會的士紳以及無法晉身仕途的儒生，在社會底層尋找實現理學理想的途徑。在士人群體當中，儒生門或選擇著書立說，將理學的觀念滲透到文學、史學等領域；或者從事教育，講學於書院，在大眾中傳播；再或者轉向雜劇創作，在作品中實踐理學。這些行為，都深刻地影響了元代的社會構成和社會發展。

李好文在論及程鉅夫的學術修養時候，強調了其學術修養中所蘊含的理學氣質「公之文悉本於，輔之以六經，陳之為軌範，措之為事業。滔滔汩汩，如有源之水流而不窮，曲折變化，合自然之度。愈出愈偉，誠可謂一代之作者矣」〔註16〕。在總結程鉅夫文章的風格時，重點強調了理學學術滋養作為文章風格背後的推動因素所起的重要作用。「仁義」、「六經」都是儒學經義，程鉅夫將儒家學養整合為自我的「軌範」，並且「措之為事業」。因此，程鉅夫成為朝代更迭之際，文章新變的開路者和探索人。

忽必烈朝，程鉅夫隨叔父入元，歷仕世祖、成宗、武宗、仁宗四朝，官至

〔註16〕李好文《雪樓程先生文集序》，《雪樓集》卷首。

翰林學士承旨。其為元朝名臣，政治上多有建樹：上書取會江南仕籍、通南北之選、立考功歷、置貪贓籍、給江南官吏俸祿、江南搜訪遺逸、興建國學、建議御史臺按察司宜參用南人，其屢次奏疏多為忽必烈讚賞並實行。這些奏議能夠平衡社會矛盾、維護南方士人的利益。

不得不說程鉅夫在政治上的一系列成就及產生的重大影響得益於其自身的天分，但只有承平的時代環境，才使其政治理想成為現實。

第二節　程鉅夫生平及性格

一、程鉅夫生平行蹤

程鉅夫生平事蹟，受到當時及現代學者的關注。《程譜》對程鉅夫行蹤進行了編年紀事，《神道碑》和《行狀》對其重要事蹟作了記錄，《元史》有《程鉅夫傳》，為作家作品研究打下很好的基礎。現代人的研究更為詳細，為不斷完善程鉅夫生平行蹤的研究打下了基礎。

關於程鉅夫生平考述，散見於陳海銀《程鉅夫生平行事考略》〔註17〕、李夢生的論文《〈元史〉正誤二例》〔註18〕中。陳海銀《程鉅夫生平行事考略》一文，對史書、方志等材料中記載不一致的地方，進行了系統考訂和梳理，並根據相關史志和文集對其生平事蹟作考證。分為籍貫考、家世考和行事考。《〈元史〉正誤二例》指出了《元史》、《新元史》所記載程鉅夫召拜翰林學士之年（大德八年）皆誤。李夢生在考證揭傒斯《揭文安公全集》（豫章叢書本）卷七《病中初度旴江嚴仁安周仕雅歐陽伯誠周伯達臨江陳道之廬陵彭宗建鄉友熊可大張伯貞九原陳伯豐各以歌詩見貽而楚國程文憲公之孫敬甫獨寵以百韻僕故程公客也俯仰今昔慷慨繫之次韻奉酬並呈諸君子》詩的自注時得出結論：程鉅夫被召在大德九年。

上述學者對於細微之處用力頗深，但並未有全面考證程鉅夫生平的文章出現。故本文在大量相關文獻的基礎上，主要以程鉅夫官職和生活地點的變化為依據，進一步明晰程鉅夫生平行跡，使其更加詳細具體，以更好理解程鉅夫其人與其作品。

本文主要依據程鉅夫的為官經歷及官職的轉換，將其生平分為六個階段。

〔註17〕陳海銀《程鉅夫生平行事考略》，《現代語文》，2013 年第 3 期。
〔註18〕李夢生《〈元史〉正誤二例》，《杭州大學學報》，1984 年第 2 期。

每一階段力求對其所處的地點考述更為清晰明瞭。

（一）一歲～二十六歲，讀書階段　大蒙古國海迷失後稱制元年、宋理宗淳祐九年己酉～元世祖至元十一年、宋度宗咸淳十年甲戌，1249～1274

未出仕之前，程鉅夫一直處在讀書與遊學經歷之中。其先世曾定居郢州京山縣，後為躲避兵燹，一路東南「東入彭蠡寓隴縣新建縣之吳城山」〔註19〕。淳祐九年（1249），程鉅夫出生於吳城山。《程譜序》中有記載程氏先祖在流轉遷徙避兵過程中，有幫助流民和帶領百姓積粱自守的舉動，由此可知，程氏家族家境頗為殷實，且有威望，為當地受人敬重的鄉曲大儒。〔註20〕在這樣的家庭中，程鉅夫自小接受了良好的教育：五歲入小學，十二歲至十六歲跟隨叔父從叔父程巖卿學習。十七歲時，從學於龍淵胡自明先生。十九歲，遊學於臨川，於臨汝書院跟隨程若庸學習。二十二歲時，赴湖北參加省試。歸途中經白狐嶺拜見獅泉李玨。所作策論皆為欲成大事之文，李玨以為其非常人。

程飛卿是程鉅夫求學過程中的啟蒙者之一，程鉅夫嘗親見叔父創建高峰書院之勤。至元十二年（1275）程飛卿於洪州任制置司參事，程鉅夫跟從，講學東湖。程飛卿被宋廷拜官建昌郡守時，程鉅夫侍奉祖母及叔父。十二月時，元軍南下，建昌降附。至元十三年（1276）春，跟從叔父程飛卿入覲元世祖，元世祖授其宣武將軍銀牌管軍千戶「明年，至元十三年也，隨季父入覲，遂留宿衛，授宣武將軍、管軍千戶」。〔註21〕程鉅夫至元十四年（1277）作《跋雪齋墨蹟》表達了對叔父的思念。

關於程鉅夫的籍貫，有「南城」說、「廣平」說、「吳城」說、「京山」說。

陳海銀《程鉅夫生平行事考略》〔註22〕一文，對史書、方志等材料中記載不一致的地方，進行了系統考訂和梳理，並根據相關史志和文集對其生平事蹟作考證。分為籍貫考、家世考和行事考。籍貫考中提出不同典籍中的四種說法：「南城」說（《江西通志》卷八三，《中國文學家大辭典·遼金元卷》）、「廣平」說（《書史會要》卷七）、「吳城」說（《宋元學案》卷八三《文憲程雪樓先生鉅夫》）、「京山」說（《人物研究年譜索引》、《湖北歷史人物辭典》）。後陳海銀據危素《神道碑銘》得出結論：程鉅夫的籍貫為建昌路南城縣更加合理一些。而

〔註19〕《程譜》。
〔註20〕關於本節所敘述結論之文獻依據，詳見本書下編《程鉅夫年譜》相關部分。下同。
〔註21〕《行狀》。
〔註22〕陳海銀《程鉅夫生平行事考略》，《現代語文》，2013 第 3 期。

所謂「南城」、「吳城」者，不過一稱其縣一稱其鄉而已。謂其「京山人」，乃是以其先徙居地指稱其籍貫。至於「廣平」之說，據《年譜》，其先祖程元譚西晉時曾做過廣平持節，乃知是以其先祖守官之地指稱。

關於自己的籍貫，程鉅夫在相關文章中稍有涉及。《送程梅亭序》〔註23〕一文末署：「至元二十八年龍集辛卯七月望日」「族人集賢學士、嘉議大夫、侍御史、行江南諸道御史臺事文海敬書。」確知此文為程鉅夫所作。文中記載了關於其籍貫和家世：

> 徽程氏本忠壯公後，自予王父縣徽徙郢、徙洪（南昌），余叔父徙盱。粵若稽古譜牒，則徽程氏也。……余幼逮聞王父言，初竭來郢時，吾家洺水事寧宗為翰林學士，院移文郢州曰：『是程內翰戶。』以故家郢若干歲，無力役之征。〔註24〕

從以上材料可知，程鉅夫祖父之前的長輩本居於安徽，其祖父從安徽遷徙入郢（今湖北省江陵縣附近）、後又遷徙入洪（今江西南昌）。叔父遷家到盱（盱江，又稱「撫河」、「汝水」，在江西東部）。據「粵若稽古譜牒，則徽程氏也」，程鉅夫自己確認程氏家族的籍貫為「徽」。

《嚴州圖經》中記載：「隋開皇九年，平陳廢郡，為新安縣，併入婺州。而置歙州，以黟、歙、海寧三縣隸焉（今為徽州）」〔註25〕（「海寧」後改「休寧」，沿用至今），可知「徽」，為「徽州」的簡稱，舊府治在今安徽省歙縣。

（二）二十七歲～四十四歲，身處大都：入元任職，留世祖身邊　元世祖至元十二年、宋恭宗德祐元年乙亥～元世祖至元二十九年壬辰，1275～1292

至元十三年（1276）春，程鉅夫跟從叔父程飛卿入覲元世祖。至元十五年（1278）春，程鉅夫作為質子入備宿衛。稍後，因論賈似道優劣，觀點與世祖一致，得到賞識，入翰林國史院為應奉翰林文字。此後直到至元二十三年，一直供職於集賢院、翰林院。〔註26〕

至元二十三年（1286），程鉅夫首先上了《好人》、《公選》等奏議，得到世祖支持。同年三月，程鉅夫以翰林學士拜侍御史、行御史臺事，奉詔求賢江南。至元二十四年，程鉅夫以侍御史、行御史臺事的身份完成了赴江南求賢的

〔註23〕《全元文》第16冊，第163頁。
〔註24〕《全元文》16冊，第163頁。
〔註25〕〔宋〕陳公亮《嚴州圖經》卷1，清漸西村舍彙刊本。
〔註26〕《程譜》。

任務，回京覆命。忽必烈一度想任命他為尚書省參知政事，程鉅夫故辭。又打算讓他擔任御史中丞，後不了了之，程鉅夫仍還行臺擔任侍御史。《元史》本傳載，程鉅夫在被拜為行御史臺事時，發生了臺臣以「鉅夫南人且年少」的理由集體抵制。至元二十四年程鉅夫年逾四十，出任御史在年齡上沒有問題，恐怕最大的理由還是對南人的偏見。

　　至元後期，忽必烈任命桑哥為宰相，負責鉤考錢穀的事宜。初期，桑哥鉤考得當，為中央斂財，得到忽必烈賞識。但其太重事功，且「法令苛嚴，四方騷動」，至元二十六年（1289），程鉅夫彈劾桑哥，「桑哥怒，凡六奏請害公，上皆不允」，〔註27〕這是「言財利」與「儒治」之間的衝突。程鉅夫為了維護儒學，不惜將自己置身於危險境地。至元二十八年（1291）桑哥得罪被誅，程鉅夫並沒有因為以往彈劾桑哥得免，反因南人多附桑哥而受牽連，被忽必烈疏遠。〔註28〕同年九月，江南行臺改組，程鉅夫解職回家省親。〔註29〕途中遇到了以治書侍御史之職銓選江西的王構，以及曾任行臺御史中丞、時任江浙行省參政的徐琰，三人飲酒作詩，互相題贈。〔註30〕終世祖一朝，程鉅夫再沒有得到重用，桑哥事件成了他仕途由被重用到疏遠的轉折點。

　　這一時期需要考證的主要是程鉅夫曾在金陵、廣陵生活過四年。

　　《實齋說》〔註31〕是程鉅夫為陳櫟自名書齋所作之文，程鉅夫與盱之士陳櫟曾聚於金陵、廣陵四年，至元三十年（1293）又留陳氏於其家。文中有：「孟實〔註32〕與余相周旋於金陵、廣陵凡四載，今年歸自京。而孟實留吾家，考其行，如其言，而終始如一日也。……至元癸巳暢月上弦，廣平程某書」。據此可知，程鉅夫在至元三十年（1293）（至元癸巳）之前，曾在金陵（今南京）、廣陵（今江蘇揚州）生活過四年。

〔註27〕《程譜》。

〔註28〕桑哥以「好言財利事」得到忽必烈賞識，但出身不高，在蒙古上層統治集團中缺乏基礎，所言「財利事」又受到北方漢人儒臣的抵制，因此傾向於拉攏南士，以助己勢。而以葉李為代表的南士新銳士人也願意同桑哥合作，藉以抬高自己的地位。在這樣的背景下，南士獲得了前所未有的參政機遇，一度頗為活躍，葉李官至尚書右丞。這種活躍基本持續到至元二十八年桑哥倒臺。

〔註29〕《雪樓集》卷26《辛卯九月行臺解組西歸》至《九方象相馬圖後》諸詩都是這次西行省親途中所作。

〔註30〕《雪樓集》卷26《家園見梅有懷疇昔同僚諸君子因成廿六韻奉寄徐榮齋、王肯堂、俞正父、趙元讓、黃文瑞諸公》。

〔註31〕《雪樓集》卷23。

〔註32〕陳櫟：字孟實，號實齋，盱江人。

這一時期需要考證的問題還有至元二十三年（1286）程鉅夫的行蹤。

《青田書院記》為程鉅夫自作文，其中記載：「至元二十三年，廣平程某以侍御史將旨江南，過金溪，顧瞻遺址，閔然興懷。鄉之耆舊咸請復復其家，且建三陸先生祠」〔註33〕。而金溪縣的位置所在，根據宋濂《元史·地理志》〔註34〕記載，在江西臨川附近：「臨川，上。崇仁，上。金溪，上。宜黃，中。樂安，中」。《大明官制·儒學》的記載：「撫州府下金谿縣，在府東南一百十里，編戶一百八十里。〔註35〕

據此可知，至元二十三年（1286），程鉅夫以侍御史的身份降旨江南，路過江西金溪。

（三）四十五歲～五十歲，福建閩海道任上，後返歸大都 元世祖至元三十年癸巳～元成宗大德二年戊戌，1293～1298

至元三十年（1293）七月，程鉅夫出任正三品福建閩海道肅政廉訪使。當時對於南士是較高的官職，但已遠離朝廷這個權力中樞。明年，忽必烈去世，在隨後三朝皇帝期間，程鉅夫長時間在福建閩海道、江南湖北道出任地方官，遠離京師。

這一時期需要考證的主要是程鉅夫在福建閩海道任上所為政事及身歸大都，經停之地。

至元三十年（1293），元廷授程鉅夫官職正議大夫、福建閩海道肅政廉訪使。至福建處理政務、嚴於吏治、嚴懲貪官污吏，興學明教，吏民甚畏愛之。

由《興化路重修夫子廟碑》記載作文時間為：「元貞初元陬月九日戒事，某月某日告成。麗牲有碑，不可無刻。教授以莆屬郡，率前進士黃仲元、余明等馳書謁文」〔註36〕得知元貞初元（1295）正月九日，因莆屬郡教授率前進士黃仲元、余明等所請，程鉅夫為作《興化路重修夫子廟碑》。

《題興化路學修造疏後》一文說：「按莆廟學，宋咸平間方著作儀所建。……余於是且壯其志而嘉其來請也，因捐鶴俸，復書其後，為方今士大夫學孔氏者之勸云。元貞元年十一月二十三日，廣平程某書於三山繡彩堂」〔註37〕可知，元貞元年（1295）十一月二十三日，郡掾冷某欲興興化路學於艱難

〔註33〕《雪樓集》卷12。
〔註34〕《元史》卷62《地理五》，第1511頁。
〔註35〕〔明〕佚名《大明官制》卷3，明萬曆刻皇明制書本。
〔註36〕《雪樓集》卷16。
〔註37〕《雪樓集》卷24。

之際，程鉅夫為嘉其行，捐官俸，並作此文。

據《程譜》：「冬，閩海代歸」。又據大德二年（1298）十二月初一，程氏自閩歸京師，作此《金谿縣廳壁記》：「金谿直撫之東竟，宋淳化中，改鎮為邑。至元丙戌，予自集賢奉詔出使，道之所經，目其溪山之勝。邑無大川，有山橫亙數里，名為幕山，治所所面也。官署敝陋，曰丙子燬於寇。草創未暇完美。後十有二年，予歸自閩。……時大德二年歲在戊戌十有二月朔，具官程某記並書。」〔註38〕據此推知，大德元年冬，程鉅夫結束了福建閩海道肅政廉訪使的職務，返回大都。返歸京師之際，經過江西。

（四）五十二歲～六十一歲，相繼在江南湖北道肅政廉訪使、翰林學士、知制誥、山南江北道肅政廉訪使任上　元成宗大德四年庚子～元武宗至大二年己酉 1300～1309

大德四年（1300），元廷任命程鉅夫為江南湖北道肅政廉訪使。在任上時，大德六年（1302）湖北連年受災，程鉅夫救濟貧病難以生存之家，民眾甚愛之。

大德九年（1305），程鉅夫再次蒙恩。在此期間，他致力於提攜後進、倡導儒學。《雪樓集》中留存了大量關於表彰、鼓勵倡導學校的記載。

大德九年（1305），程鉅夫回大都任翰林之職。至大元年（1308），程鉅夫主修《承宗實錄》，二年（1309），至上都。〔註39〕

據《武昌路學修造記》：「大德四年，某奉命觀風湖右，來武昌以使事。有旨，乃率其長吏課學校而整比之。其年冬，郡學禮殿與祠祀之廡、欞星之門俱一更張，情文粗稱。又三年，講堂成，觀瞻粗完。於是，文學掾蔡君天麟求記。記者，所以詔今而傳後也。」〔註40〕可知，大德四年至大德七年，程鉅夫江南湖北道肅政廉訪使。並於大德四年到過武昌。

程鉅夫又作《題楊從善卷後》〔註41〕：「大德四年秋，蒙恩使湖右。舟至吳城，有儒其體貌者頎然迎拜……」，從中見出，大德四年秋，程鉅夫出使武昌，行舟至吳城，路遇湖右書吏楊從善。

大德五年（1301）春，程鉅夫到達武昌境，見崇陽縣社壇凋敝破敗，擇善地並督促重修，至大德五年（1301）夏，經三月而成。資料見《崇陽縣社壇記》：「鄂屬邑七，崇陽為望，乖崖公舊治，有異政焉。大德五年春，余來觀風，考

〔註38〕《雪樓集》卷 11。
〔註39〕今內蒙古正藍旗東北閃電河北岸。
〔註40〕《雪樓集》卷 12。
〔註41〕《雪樓集》卷 24。

其遺跡，僅有存者，而社壇窊陋最甚。乃擇善地，示以禮經，俾之改築，越三月而成。」〔註42〕

大德四年，元廷從鄂州守臣安祐賜名「武昌」。五年十一月改鄂州為武昌路。程鉅夫為「宣昭遺烈」，作《武昌路記》。據《武昌路記》：「大德四年某月，鄂州守臣安祐言：『祐幸甚，欽承天子明命，守此民社。賴國家憲章脩明之力，所守幸以無事。洪惟世祖皇帝肅將天威，寧一方夏，鄂率服，為南國先。地居上游，荊、湘、廣、海之所走集。爰建外省而州仍舊名，殆非所以旌武功，重方鎮也，宜易州為府。敢昧死請。』於是，州上外省，外省諮中書，中書集學士禮官議。咸曰：『鄂，武昌故境，先皇帝駐蹕之地也。克集大勳，寔本於此。請如守臣言，賜名曰武昌。』明年冬十一月，中書以聞，制曰可。即日改鄂州為武昌路。邦人大夫士趨謹族語，共慶大賜，乃合樂於公堂以樂之，而謁於部使者程某曰：『願有記。』具官程某記。」據此可知大德五年，程鉅夫仍在武昌。

大德八年三月，程鉅夫為青田書院作記。《青田書院記》載：「大德五年，公諸孫如山慨然謀諸賢士大夫，且懷牒郡庭以為請。是役也，以七年二月建，十月成。明年三月記。」〔註43〕據此可知，青田書院於大德七年（1303）二月始建，十月（1304）建成。

大德八年（1305）秋，程鉅夫仍在江西。資料見《程譜》：「大德八年甲辰，公年五十六歲。是年秋，公築室旴江城西麻源第三谷，建閣藏書數千卷。扁曰：程氏山房。」

大德八年（1305）十一月，元廷召拜翰林學士、知制誥、同修國史；大德八年（1305）十二月，元廷擢升程鉅夫為翰林學士，商議中書省事；大德八年（1305）十一月，程鉅夫除翰林學士。九年（1306）五月，元廷命下促行。

據此可知：大德九年五月前程鉅夫在江西，之後在江西返歸京師途中。

至晚於大德十年（1305）冬，程鉅夫已返歸大都。因《送蕭從周序》中有載：「大德十年冬，（蕭從周）識（程鉅夫）於京師。」〔註44〕

至大元年（1308）冬，正璨來大都，請程鉅夫作記，程氏為作《禪智院記》。資料見《禪智院記》〔註45〕：「今年冬，璨寓其事，來京師，請余記。……婦曰駱，無子雲。至大元年月日記。」據此可知：至大元年（1308），程鉅夫仍

〔註42〕《雪樓集》卷11。
〔註43〕《雪樓集》卷12。
〔註44〕《雪樓集》卷14。
〔註45〕《雪樓集》卷12。

在京師。

綜合以上，推知：大德九年（1306）五月後到至大元年（1308）間，程鉅夫在京師。

據《程譜》可知：至大元年，武宗即位，留程鉅夫居舊職，加正奉大夫；五月，元廷召程鉅夫與平章何瑋、左丞劉正等赴上京，議政令。

《武昌路觀音閣記》：「至大二年秋，復以使事來，則屋加崇而又廣，望之崢嶸粲絢，勢如中天之臺。予留數月，融風罕作」。〔註46〕從中可見，至大二年（1309）秋，程氏路經武昌路的觀音閣。

綜合以上，至大二年（1309）五月到至大二年（1309）秋期間，程鉅夫的行徑路線為京師—上京—武昌。

據《程譜》、《行狀》，至大二年秋、冬之際，程氏居武昌。至大二年（1309）冬，選拔事項結束，程鉅夫因病回京。

（五）六十二歲～六十六歲，相繼在江南江北道肅政廉訪使、翰林學士承旨、資善大夫、知制誥兼修國史任上 從京師到南昌，到江西後又返回，後一直在京師，參與實行科舉的建議。元武宗至大三年庚戌～元仁宗延祐元年甲寅 1310～1314

至大三年（1310）程鉅夫復任山南江北道肅政廉訪使，調任浙江東海右道肅政廉訪使，留為翰林學士承旨。皇慶元年（1312），主修《武宗實錄》。二年，上書言桑林六事，建議實行貢舉法，經學以程頤、朱熹專注為主，文章需祛除唐、宋宿弊。仁宗詔行之。

據《程譜》，至大三年（1310）九月，元廷復拜程鉅夫為山南江北道肅政廉訪使；至大四年（1311），元仁宗詔程鉅夫、尚文、蕭𨨎等十六人陛見，賜對便殿；九月，元廷拜程鉅夫翰林學士承旨、資善大夫、知制誥兼修國史。

據此可知，至大三年（1310）九月，元廷復拜程鉅夫為山南江北道肅政廉訪使。本年，程氏並未立即出行。

又據《送李善甫知沁州序》：「至大四年，予（程鉅夫）被召過豫章，君（李善甫）時為行省檢校。握手相勞苦，俯仰今昔，慨然興懷。」〔註47〕知：至大四年（1311），程鉅夫路過豫章（江西南昌）。

綜合以上可知，至大三年（1310）九月，元廷復拜程鉅夫為山南江北道肅

〔註46〕《雪樓集》卷13。
〔註47〕《雪樓集》卷15。

政廉訪使。當年，程氏並未立即出行。程鉅夫路過豫章遇李善甫事為至大四年（1311）。而至大四年（1311），元仁宗詔程鉅夫、尚文、蕭㪬等十六人陛見，賜對便殿。可知至大四年（1311），賜對便殿之後，程鉅夫啟程出發，路過豫章。

至晚於皇慶元年（1312），程鉅夫至京師。資料見《行狀》：「皇慶元年，進榮祿大夫。上議行貢舉之法，公即建白：『朱文公《貢舉私議》可損益而行』且曰：『當今設科，宜優蒙古人、色目人，以勸其趣學，然取士必以經學、行義為本，唐宋辭章之弊不可襲也。』」

據《升平橋記》記載：「皇慶二年，其諸孫允武來京師謁記，曰：『此鄉民之志也。』……正月日記。」〔註48〕皇慶二年（1313），黃允武來京師請程鉅夫作記，程氏為作《升平橋記》。據此可知：程鉅夫於皇慶二年（1313）仍在京師。

（六）六十七歲～七十歲，屢次請歸，從致仕回鄉到去世　元仁宗延祐二年乙卯～元仁宗延祐五年戊午，1315～1318

從延祐三年（1316）致仕到延祐五年（1318）去世，程鉅夫一直居住於家鄉建昌南城。關於他的致仕，有一段記載：「公之致仕也，趙文敏公孟頫代為承旨。先往其門而後入院，時人以為衣冠盛事焉」〔註49〕，其名望之高，影響之大，從此處可見一斑。終其一生，程鉅夫先後得到四位皇帝的倚重，是元朝信任、重用的少數南方籍官員之一。

延祐二年春，程鉅夫身患疾病，乞求辭官歸鄉，未得允許。仁宗遣人慰問程鉅夫，疾病尋愈。

《贈王太醫序》：「延祐二年（1315）春二月，予暴得末疾，幾不知人。」〔註50〕詳述了王東野太醫對自己病的治癒過程。

據此可知，皇慶二年（1313）直至延祐二年（1315），程鉅夫在大都。

仁宗延祐三年（1316）春，程鉅夫病疾復發，上章請允歸田里，仁宗不許；夏，李孟向仁宗請，程鉅夫南還得允；九月，程鉅夫經過吳城山，告祭祖父母、修葺壟墓；元仁宗延祐五年戊午（1318）七月十八日亥時，程鉅夫於建昌里第去世，終年七十歲。

〔註48〕《雪樓集》卷13。
〔註49〕〔清〕顧嗣立編《元詩選》初集，北京：中華書局，1987年，第501頁。
〔註50〕《雪樓集》卷15。

二、程鉅夫形象及性格

　　程鉅夫的形象在相親厚者對其的評價及程氏自己的詩文中都有所體現。讀《程譜序》、《程譜》、《行狀》、《神道碑》及程氏的某些詩文，可見出程鉅夫的形象及性格。

（一）相親厚者對程鉅夫的評價

　　程鉅夫的師友及被其獎掖過的後學對程氏形象、性格、品質作出過評價。

　　《程譜序》中提到「刻意勵學」是對程鉅夫求學階段勤於學習的記錄；《程譜》中「公幼有異質，恢廓不羣，承學父師。及長，卓有成立」概述了其自幼天賦氣稟不凡，有著恢廓不羣的胸襟。成年後卓有成就；《四庫全書總目提要》提及「世祖奇其才」，顧嗣立也稱讚其面貌、聲音：「鉅夫儀狀峻偉，音吐如鍾」、「世祖奇之」〔註51〕，對其俊偉的面容儀表和卓絕才華進行概述。

　　《行狀》中的記載更為詳細：

> 在襁褓中即岐嶷異常兒，目光如炬。識者知其為大器也。……世祖因諭近臣曰：「朕觀此人相貌應貴，及聽其言，誠聰明有識人也。」……公生有異質，儀狀魁偉，神采俊毅，語音如鍾，望而知其為大人君子也。即而親之，則溫然如春，淵乎其有容，莫能際其涯也。天性孝友，父母愛之，宗族親之，朋友心之，遐邇慕之，靡有閒言。意度豁達，喜周人之急，捐帛發廩無吝色。嘗曰：「士生天地間，當以濟人利物為事，奈何瑣瑣以自厚一身為哉？」每接後學之士，必諄諄教誨。或才藝有所自見，歎賞獎進，以底於成。由公所薦引而為當世名臣者，往往有之。所為文章雄渾典雅，混一以來，文歸於厚者，實自公發之。

　　文中敘述了程鉅夫兒時情狀、天生稟賦、性格、待人接物、獎掖後學以及世祖對其評價。程鉅夫兒時即不凡，及長「儀狀魁偉，神采俊毅，語音如鍾」。程鉅夫見於世祖，世祖稱其「相貌應貴」。待聽其議論，世祖評價為「誠聰明、有識人」。程鉅夫性格溫厚，是為仁義孝悌皆具的謙謙君子。

　　危素《神道碑》也說其「博聞強識」、「居家庭以孝聞」、「待宗族、親戚、朋友，曲盡禮儀」、「救人急難，捐帛發廩無吝色」表現了程鉅夫自小不凡，天資聰慧；以儒家孝悌之道待人接物；樂於助人。正如程鉅夫自己所言：「士生天地間，當以濟人利物為心。奈何瑣瑣以自厚一身為哉？」，所以「臨大事，

〔註51〕〔清〕顧嗣立編《元詩選》初集，北京：中華書局，1987年，第501頁。

決大義，凜然不可奪」。

（二）程鉅夫形象及性格在其詩文中的體現

以上評價大多為旁觀者對其人品人格、學識方面的讚揚。程鉅夫的性格及形象更清晰地體現於其所作詩文之中。以下部分即論述其形象性格在詩文中體現。

1. 公允正直求實

程鉅夫的性格特徵之一是公允正直求實。如其在《溫州路達魯花赤拜伯帖木兒政序》中所言「予雖未之識，而翰林經歷張子仁、編修章德元縷縷為予道之，且屬予序。二子皆賢者，其言有徵，因書，以為守令之勸。」〔註52〕程鉅夫並不認識伯帖木兒。只是聽翰林經歷張子仁、編修章德元轉述，並囑託程鉅夫作序。因二人是賢德之人，程鉅夫作此文，讚賞了伯帖木兒求實肯幹的性格。此處雖為程鉅夫讚賞別人，然若其自己未有此追求，斷然不可做到。

這一特點，在《紹運詳節序》中也得到了印證：「南臺御史謙齋君好古樂賢，端直不撓，有古賢士大夫之風。一日過余，出示其客張君致遠所編《紹運詳節》一卷，上下凡幾千年，一目可極，可謂節而詳者。其志於惠後學深矣。然天開地闢，帝王迭興，史氏傳疑，古今通患，其所不可深詰者多矣。」〔註53〕程鉅夫的論述肯定了《紹運詳節》的價值，指出「天開地闢，帝王迭興，史氏傳疑，古今通患」史傳記載中出現疑問為古今通患，並表示不要對此書表示出過多的責難「其所不可深詰者多矣」。程鉅夫對此書，給出了公允的評價。「公允」是程鉅夫性格的重要方面。

再如《〈續孟〉、〈伸蒙子〉序》一文，說：

> 《續孟》二卷、《伸蒙子》三卷，唐林公慎思所作，其書列於唐《藝文志》、宋《崇文總目》。夫以孟子才號亞聖，書次六經，自司馬遷、揚雄、韓愈之徒尊信篤好，以為大有功於聖門；至司馬光、李覯輩乃著書譏毀，學者固自有次第哉。二書免於世俗之見，亦幸矣夫。然二書文深義密，諄切反覆，不悖於聖人之道，誠有補於世教也。」〔註54〕

〔註52〕《雪樓集》卷11：「予雖未之識，而翰林經歷張子仁、編修章德元縷縷為予道之，且屬予序。二子皆賢者，其言有徵，因書，以為守令之勸。」
〔註53〕《雪樓集》卷15。
〔註54〕《雪樓集》卷15。

此文指出能闡明孟子思想的名家為司馬遷、揚雄、韓愈等人；譏毀之人為司馬光、李覯等。林慎思書《續孟》、《伸蒙子》中觀點公允，較為可貴。程鉅夫肯定了林慎思在書中所體現出的「公允」的特點。

再如《揭曼碩詩引》：「夫一技一能雖甚鄙且賤，亦皆有所本，亦必疲精力涉歲月乃能精。而況古者列六經之文乎？未可以一技一能小之。然或專志於是而忘其身，或務以驕人，至喪心自敗，則又一技一能之不若。」〔註55〕文中直指人性中劣根性的一面來告誡揭傒斯，即使是鄙陋的技能，尚且需要有章法，且專心致志堅持，經歷歲月打磨才能精進「涉歲月乃能精」。深奧的六經之文更應如此，故不能輕視細小的技能；但若專注於技能而忘記身處之環境，便會導致一事無成的惡果。

程鉅夫遇事可以直接說出，毫不掩飾，有直爽的一面。在對待學生方面，極為嚴厲。

《王楚山詩序》：「蓋隱居求志，尊所聞，行所知。無所蘄乎外，無所苟於身。」〔註56〕程鉅夫肯定了士人的志向應該是求實而不苟活。

大德年間，元成宗下詔任命丞相東平公之子萬戶公帖木兒參福建等處行中書省政事，賜予海東青，勸其忠於元朝：「惟大德天子祗遹先志，亦惟東平公一家父子之懿，實當是賜，天地貞觀，明良相逢，猗歟盛哉！……聖天子嗣位之二年，詔以丞相東平公之子萬戶公參福建等處行中書省政事，賜海東青二，勸忠也。七閩為東平公賜履之地，錫命象賢，纘戎南服，報功也。」〔註57〕

程鉅夫作《上賜帖木兒參政海青詩序》正為此意。對比同時不少人寫過關於此事的阿諛奉承之作，程鉅夫的性格是剛正不阿的。

再有《送黃濟川序》：「國朝合眾智羣力，壹宇內，自笒庫達於宰輔，莫不以實才能立實事功，而清談無所用於時」〔註58〕程鉅夫認為元朝上下官員都應該以踏實肯幹的才能來立事業和建功績，清談無補於事。表現出其性格中重「實才能」「立實事功」的特點。

《送蕭從周序》一文表述：「余為之喟然曰：『子方與余僚好甚深。子方所知者，予皆知之。以子方知則平，而則平名聞於時。今予非不知子，而子猶棲遲於逆旅。子雖不屑屑焉，余獨不愧子方乎？雖然，余聞匠石之入山林也，自

〔註55〕《雪樓集》卷 14。
〔註56〕《雪樓集》卷 16。
〔註57〕《雪樓集》卷 14。
〔註58〕《雪樓集》卷 14。

枏杙以至於拱把，未始留視焉。何則？俟之也。今子歸，其亦勉之乎！人且有俟子者矣。』」〔註59〕

徐子方即徐琰。號容齋，又號養齋、汝叟，東平人。至元初被薦為陝西行省郎中，歷中書左司郎，二十三年拜湖南按察使，二十五年改南臺中丞，二十八年除江浙參政，三十一年遷浙西廉訪使，大德二年入為翰林承旨。五年卒，諡文獻。〔註60〕

徐琰與程鉅夫是同僚，並且情誼深厚。徐琰認識的人，程鉅夫都認識。徐琰欣賞蕭則平，且蕭則平名聞於時。如今蕭則平之子蕭從周仍逡巡於逆旅之中。雖其不屑因薦而在朝為官，但程鉅夫覺得有愧於徐琰。文章以聽聞木長成材之前，都是厚積而薄發、默默等待作類比，對蕭從周今後的作為寄予希望。可見程鉅夫剛毅的性格、寬容與磊落的胸懷。

《送艾庭梧序》中程鉅夫發出議論：「夫京師者，天下遊士之區，富貴利達之塗。以子之材而求諸，豈有長為山林之臒。……《語》不云乎：『歲寒，然後知松栢之後凋。』『歲寒何如？』余喟然曰：『善。雖然，無此君，無以相之。』」〔註61〕《歲寒亭詩序》中也有關於程氏心情的表露：「徘徊能幾何？王事固有程。尚堅歲寒意，永與雙眼青。」〔註62〕

不追逐功名、安於過閒林野鶴生活的處世態度是程鉅夫所欣賞的。他自述與柏樹對話，希望自己與柏樹具有同樣的品格：不畏嚴寒、蒼翠挺立。在感歎柏樹生命力之強的同時，表現出程鉅夫既欣賞柏樹青翠的傲然風姿，也贊同阮籍「青眼白眼」愛憎分明的處世態度。

2. 沖談、平和的性格

在《楊彥寬御史心遠堂詩序》中，程鉅夫對「心遠」作出了解釋：「抑此其跡也，若夫周行而心閒閒，一室而心萬里，今人與居而神遊千載之上，是則吾之所謂遠者。」〔註63〕程鉅夫認為神思和心中的遐想不應該受到空間的限制，「心遠」可以達到雖人在室中，但心中之思可以在萬里之外遨遊的狀態。

《遠齋記》是程鉅夫對自命室名「遠齋」由來的解釋：

〔註59〕《雪樓集》卷14。
〔註60〕徐琰生平事蹟散見於《元史》卷115《列傳第二》，第2893頁、卷148《列傳第三十四》，第3528頁。
〔註61〕《雪樓集》卷15。
〔註62〕《雪樓集》卷14。
〔註63〕《雪樓集》卷14。

　　　　余來京師十年，始築室。室之東偏敞一齋為遊息之所，名曰遠。
　　客疑焉。解之曰：「餘生長東南，望燕山在天上。四海一家，得以薄
　　技，出入周衛。違親數千里，非遠乎？余之始至也，棲於南城之南，
　　凡八遷而宅於茲。國中閫闠之地，余不得有，乃僻在城隅，距舊棲
　　又一舍而贏，非遠乎？客何疑？」客曰：「子之言則然。大鵬九萬里
　　一息，二城相望咫尺，日三數往復，腹猶果然。白雲舍雖數千里外，
　　以志養志，如在膝下。子以為遠，未之思也。」客去，遂記於齋壁。
　　至元二十四年夏五甲寅，廣平程某記。

　　《楊彥寬御史心遠堂詩序》中有程鉅夫對於「心遠」的理解、《遠齋記》
他強調自我的修為是若能心遠則身遠，另外程鉅夫題畫詩的最終主題即為「心
遠」〔註64〕。

　　據此可知程鉅夫性格品德的另一個方面：渴望閒逸的生活。這在其詩歌和
詞作中也多有表述。

　　再如《送王謙道遠遊序》：

　　　　王謙道弱冠遊四方，行不輟足，今老矣，而志不衰。一日，告
　　予曰：「曩者，足目所及，海之北、江淮之南而止耳。幸甚，遭時盛
　　明，車書萬里，而身猶局然守一隅，殆將抱恨沒齒。明年，將問
　　津度淮，由徐、兗歷青、齊，放覽趙、魏之郊，翹首神臬，一觀上國
　　之光。天不尼我，又將出居庸，望遼東，西緣古塞，涉安西、北庭，
　　東入陽關，下隴阪，訪秦漢之故跡。或首商於，或徑斜谷。首商於
　　則沿漢沔，徑斜谷則下荊門。歸而把酒，骨肉族談，亦足以樂。此
　　我之志也。而行無可聚之糧，居無可託之友，其將如何？我志殆已
　　矣乎？不可也。其將奈何？」予曰：「以君才器充朗，且挾奇能，又
　　將之以無心忌，故所至若歸者四十年有餘矣。夫在物者雖無窮而
　　終定也，在君者無虧而益進也，以益進而待終定，則無窮者乃在我，
　　而何志之不可遂哉？且所欲遂者，觀覽之志耳，非有世好之競而斷
　　斷之爭也。其相宅既工，其詩文又組織華妙，言論土苴，亦足以悅
　　可眾耳，不棘其喉。殆見所至，必有傾蓋留連，執　繾綣，使不得
　　以乍來而徑過。其未得亟遂所志者，或以此耳，他何庸慮？雖然，

────────────
〔註64〕可參見本文第四章第二節：「程鉅夫的俊偉詩風和具有氣格的詩歌創作」中題
　　　　畫詩部分。

人固未知謙道之志也。」君其升車,吾當推轂。〔註65〕

文中敘說王謙道認為自己年紀已老,遺憾遊訪各地的志向即將終止。程鉅夫讚賞了王謙道的諸多優點,如才器充朗、挾奇能,又有無猜忌之心,故能堅持遊學四十多年。但事物雖無窮,卻有固定下來的時候。然而王謙道並沒有停止追求,一直在進步。並且,王謙道欲實現之志向為「觀覽之志」,並非蠅營狗苟的利益紛爭,他所定居的地方也極雅致有意趣。故其志向已經實現。程鉅夫對重實踐但不追求功名利祿的處世態度的讚賞,是因為其具有沖澹、平和的性格特徵。

《書王西溪中丞徐容齋參政贈邵炳炎手墨後》為送別之作:

> 天下初一,閩士邵君炳炎詣闕上書,天子下其議。踰年,有命,貳會府,兼領一道學事。未期年,去官,再詣闕上書。有命,參議行省,為上介使海外,不至而復。於是,君倦遊矣,自北而南,走諸公間以歸,一時多贈言焉。及升,中丞溪王公書《歸去來辭》、《歸盤谷序》以贈,及參政容齋徐公書簡齋送張仲宗歸閩中詩以贈。烏乎!二公之心豈特以華君之歸而已哉?是誠有羨於君之歸也。昔之君子之出而仕也,役於人,以優人之憂者也。伊尹、傅說辭耕築而起,若不得已。然未三聘,未旁求,二子將終身樂其所樂而已。則夫後之君子之既出而遄歸也,能不役於人,以優人之憂,而得以自樂其樂,非天下之至樂歟?余是以知二公之誠有羨於君也。余備位南臺時,事二公為長,故知二公為深。王官將滿告歸,未及遂而逝。徐之心猶王之心也,至今縻於浙,欲歸而未可。豈特二公有羨於君而已哉?余亦誠有羨於君也。夫以君之得以如張、如李、如陶而歸也;余之未得以如君,而得見二公之所書也,不有似越流人之見其所知乎?如之何其不喜而贊也。雖然,張之歸閩,致其仕也。君之歸,陶之倦而還耳。其遂無心以出乎哉?余未去,將又為君書昌黎《送石處士序》。「凡去就、出處何常?惟義之歸」昌黎語也,余於君亦云。至元甲午四月晦,廣平程某書於閩海憲司之繡彩堂。〔註66〕

邵炳炎倦遊南北,與當時名士交遊,士人對邵炳炎多有贈言。中丞王博文贈序《歸去來辭》《歸盤谷序》、徐琰贈詩《簡齋送張仲宗歸閩中》。程鉅夫感

〔註65〕《雪樓集》卷14。
〔註66〕《雪樓集》卷24。

歎二人之贈詩贈文並不僅僅是友歸之際送別而作，也表達出艷羨之意。程鉅夫坦言，自己對邵炳炎倦遊南北的經歷，也多有羨慕，並將邵炳炎之歸，比作陶潛倦而還於田園。

至元二十六年（1289），程鉅夫彈劾桑哥，「桑哥怒，凡六奏請害公，上皆不允」，〔註67〕這是「言財利」與「儒治」之間的衝突。程鉅夫為了維護儒學，不惜將自己置身於危險境地。至元二十八年（1291）桑哥得罪被誅，程鉅夫並沒有因為以往彈劾桑哥得免，反因南人多附桑哥而受牽連，被忽必烈疏遠。同年九月，江南行臺改組，程鉅夫解職回家省親。〔註68〕終世祖一朝，程鉅夫再沒有得到重用，桑哥事件成了他仕途由被重用到疏遠的轉折點。

或許是此次事件，使得程鉅夫渴望遠離官場的險惡，回歸「心遠」的境地，羨慕陶淵明般的閒適。

3. 獎掖後學，對質量的珍視

程鉅夫在獎掖後學時，看中後輩學生所具有的珍貴的質量。這在以下篇章中表現的最為突出。

《送艾庭梧序》〔註69〕中說：

> 臨川艾氏多聞人，或以詩鳴，或以文高，或以明經顯。予少學臨川，多與之遊。去年秋，有客候於予，謁入，曰臨川艾庭梧敬候先生。亟見之，則吾同舍生從子也，問其字，曰伯蒼。問其年，則予去臨川時，猶未生也。問其所從學，則皆良友碩師。出其詩若文。及與之談經，則兼昔人諸長而有之。予甚驚，亦不意去臨川四十餘年，復有斯人也。……（艾庭梧）則大笑曰：「先生何量人之淺也？方今。明君在上，賢公卿滿朝，才士如林，職修政舉，文武備用，又何待三千里外一窮書生乎？吾不為是也。」予大驚，然心猶疑之。居歲余，數相從，察其志益堅，學益閎，文益雄，予始知其言之不欺，而志之可尚也，而信之猶未篤。夫京師者，天下遊士之區，富貴利達之塗。以子之材而求諸，豈有長為山林之臞。子乃捨眾人之所趨，就眾人之所迁，雖日日語人，人有弗疑者乎？今果去我而遊，

〔註67〕《程譜》。
〔註68〕《雪樓集》卷26《辛卯九月行臺解組西歸》至《九方象相馬圖後》諸詩都是這次西行省親途中所作。
〔註69〕《雪樓集》卷15。

飄乎其不可留。嗟夫！予愧子矣！予不敢復量天下士矣！子其待
乎！明年春歸，俟我於臨川之上。

程鉅夫欣賞艾庭梧一心求學，不為功名利祿羈絆的質量。文章最後一句表
明程鉅夫希望艾氏珍惜時間、完善自身的品德。程鉅夫對艾氏的學問表現出極
大的襃揚「予甚驚，亦不意去臨川四十餘年，復有斯人也」艾氏為程鉅夫臨川
故人，程鉅夫表示其離開臨川四十餘年間，再未見到具有如此品德之人。

《贈王太醫序》〔註70〕讚揚了王太醫的醫術和人品：

盧陵王君東野善為方，縣郡官醫提領入為興聖宮太醫。諸貴戚、
近侍、公卿、大夫皆以老謹，爭相延致。君亦輒能以傲自見。延祐
二年春二月，予暴得末疾，幾不知人。君入診，曰：「脈大浮盛。得
之氣虛，而風乘之。宜服三生飲，間投以小續命湯。數日，疾可已。……
嗟夫！方今之受病又甚於餘者眾矣，不知皆能得良醫如東野，同心
如元善者治之否乎？彼囂囂然計功而害能，專欲而擅利，危人之身，
絕人之命而不顧，予甚懼君之不嘗遇徐君，以成其功也。其必審所
以自處哉！他日，天子詔其上所驗，幸並以愚言為對。

程鉅夫讚歎王東野不追逐名利、安於本職工作的品格。並感歎王東野、徐
元善為當今少見之良醫。徐元善默默協助王東野，更是令人敬佩。與此相對，
程鉅夫批判了利慾薰心、不顧病人生死的庸醫。

《送喬達之守東平序》中程鉅夫所稱讚喬達之的三種品格之一便是好學
才氣高：「達之文采風流，高材美器，亦不在古良二千石下。而東平，詩書郡，
多秀民。其文者，師友之；野者，父母之，又從而勞來安集之。」〔註71〕

《謝伯琰親年八十詩引》中程氏讚歎中書謝伯琰敏而勤，貧而有守：「嘗
識之，聞其敏而勤，貧而有守。」〔註72〕

《歷代帝王紀年纂要序》他欣賞察罕好學、有才華：「嗚呼！白雲知所去
取哉！白雲通道篤學，博觀約取，於天下之務莫不盡然，不獨是書也。是書既
經乙覽，復徵予序。夫康節所以可信者，以其信孔子也。白雲所以可信者，以
其信康節也」。〔註73〕

〔註70〕《雪樓集》卷15。
〔註71〕《雪樓集》卷14。
〔註72〕《雪樓集》卷14。
〔註73〕《雪樓集》卷14。

《高大有積慶堂詩序》程鉅夫讚揚高大有「積善」的品德：「南城高君大有，世以好賢樂善稱。趙閒閒嘗為其祖簽省書積慶堂三大字，以表樹焉。今復新其構而揭之，以奉太夫人之養，可謂肯堂矣。《易》曰：『積善之家，必有餘慶。』夫一善易能也，一慶易致也，積之為難。……又若蜀先主之戒其子曰：「勿以惡小而為之，勿以善小而不為。」〔註74〕

《李氏忠節序》一篇表現出對「馬革之忠」、「栢舟之節」之人的同情、憐憫以及濃厚的人道主義精神：「夫為人臣而有馬革之忠，為人婦而有栢舟之節，非幸也，義也。」〔註75〕

從以上各篇的觀點傾向，都可見出程鉅夫獎掖後學，對後輩學者所具有的良好品德的珍視。

從前輩、同僚、後學對程鉅夫的評價中，約略可觀程鉅夫的形象及性格。其儀狀峻偉，音吐如鍾，天賦氣稟不凡，有著恢廓不羣的胸襟。他刻意勵學，終有成就。性格沖澹而平和、內心公允正直求實、以勉勵後學為己任。

正因如此，在行為方面，他能以「日省己身」來要求自己。

在《送向省吾序》中他說：「曾子以傳不習，日省其身」。在《送憲幕仇信卿赴臺掾序》〔註76〕讚揚仇信卿的美德為「知己過」。程鉅夫將仇信卿比作孔子的弟子仲由：「孔子曰：『仕而優則學。』予觀仇君信卿，其優而能學者歟？信卿出入風憲垂二十年，予承乏南臺時，已有誦其材者。厥既此來幕，得賢佐精神，意慮之所至，無不惓惓盡心焉。退食相從，則必以攻過為請。予初不見信卿之過，而信卿必欲自知其過。夫喜聞過，仲由也。」

為官期間，不管自身際遇如何，程鉅夫屢次為打通南北界限、消除政策上對待南北差別向上進言，並獎掖後學、提拔儒士，使儒學不至於在異族統治者統治期間面臨式微的命運。程鉅夫能有以上的作為，與其自身品格難以分開。

第三節　程鉅夫交遊考

程鉅夫性格沉靜而寬容，交遊廣泛，足跡遍布南北四方，為官多年，行走於各地。無論於江西就學之際，還是在元廷任職之時，他與當時士人的交往均與政壇和文壇聯繫密切。

〔註74〕《雪樓集》卷15。
〔註75〕《雪樓集》卷16。
〔註76〕《雪樓集》卷14。

關於與朋友相處的原則，程鉅夫在《送范晉教授江陵序》〔註77〕中有過相關論述：「慎擇而淡交，博聞而約取，尚友千載，問津聖賢，異時余再見之，豈止曰菊莊猶在哉？」程鉅夫覺得擇友需慎重，朋友之交淡如水，只有相與交往之友人具有廣見博識，才能擇其精要而取之。他願意與古人為友、與高於自己者交遊、向聖賢之人探求訪尋。程鉅夫對范晉的建議，也是對自己的要求。

程鉅夫受惠於師長、滿懷感激；為政同僚借詩詞交遊、一心為政；惜材愛材、獎掖後學。其所交之友，既有朝中權貴，也有在野文人。

一、給予提攜的前輩

程鉅夫青年時代，受到了許多前輩的提攜、教導。如族祖程若庸，省試時所拜見的李玨，龍淵胡自明，以及汲引其入翰林院的王磐。青少年時期的學習經歷對程鉅夫的文學觀念和文學創作影響頗大。

（一）龍淵胡自明

1. 胡自明其人

胡自明，字誠叟。以明經史、通詩賦講授鄉里。其為郡博士，後為海陵教官。其自名居室便坐之所曰「適」，程鉅夫為之作《適齋說》。其生平經歷可見程鉅夫文章《適齋說》、《辛卯九月行臺解組西歸十四日泰州教授適齋胡先生送別真州是日乃先生初度》。〔註78〕

至元二十八年（1291）九月十四日為胡自明生日，胡自明時任泰州教授。

從《送胡適齋先生教授瑞州》〔註79〕詩題中可知，胡自明曾任瑞州教授。

2. 胡自明對程鉅夫的影響

程鉅夫從學於龍淵胡自明是在咸淳元年：「咸淳元年，公年十七歲。初，從學於龍淵胡自明先生」〔註80〕。

《適齋說》中表達出胡自明對程鉅夫的影響，身教甚於言傳：

> 先生方布衣時，以明經史、通詩賦進士業講授鄉里，其氣浩然，
> 其容澤然。其議論軒昂震盪，聞者竦立，無一毫憔悴不自得之態。
> 既而位郡博士，同時行輩袞袞臺省矣。或以先生名聞，始授朝命。

〔註77〕《雪樓集》卷 14。
〔註78〕《雪樓集》卷 23。
〔註79〕《雪樓集》卷 26。
〔註80〕《程譜》。

又屈為海陵教官。先生不以居卑為羞，處約為怨，單車之任，其志氣猶布衣時，真能適者也。余謂適者無所往而不適；不適者無所往而適。富貴而適，可能也；貧賤而適，難能也。能其所難能，豈不能其所可能哉？先生今日之適如此，他日之適從可知也。……余少從先生學，知之尤深，故為著其說。至元二十九年夏五學生程某敬書。〔註81〕

胡自明浩然正氣、澤然其容，議論軒昂、令聞之者震撼。當其屈為海陵教官時，不以居卑為羞，志氣猶如布衣時。「無所往而不適」是胡自明具備的優秀特質：富貴能適、貧賤亦能適，難能之品德都能具備。程鉅夫富貴貧賤時都能自適，正是從胡自明之處所習得之寶貴品德。

3. 程鉅夫為胡自明所作詩歌

至元二十八年（1291）九月，程鉅夫從行臺侍御史職位卸任返回江西。十四日離開真州，時任泰州教授的胡自明送別，是日乃胡自明生日。程鉅夫在詩中強調與胡自明的感情之深厚「師友平生父子盟」〔註82〕。

程鉅夫還曾為胡自明作《送胡適齋先生教授瑞州》云：「大冶平生鑄金手，干莫鼎彝隨質就」「韋編一束當韋佩，大耐規模當大受。此日沙頭一杯酒，先生東下僕南首。坐看安定門人多，四海同風軼嘉祐」〔註83〕。表達了其對胡自明的敬重和不捨。程鉅夫認為正因為有像胡自明這樣的儒士教授，元代教育才能四海同風。

（二）程若庸

1. 程若庸其人

程若庸，字達原，程珌的從姪。咸淳四年（1268）進士，從學饒魯，又師事沈貴珛，承朱子之學。淳祐七年（1247），為湖州安定書院山長。淳祐八年（1248），馮去疾於撫州創辦臨汝書院，聘程若庸為山長。咸淳四年（1268），程若庸為福建武夷書院山長。在新安時，程若庸號「勿齋」，學者稱其為「勿齋先生」，范奕、金洙、吳錫疇為其高弟子。在撫州時，程若庸號「徽菴」，寓不忘桑梓之意，學者稱徽菴先生。吳澄、程鉅夫皆其高弟子。程若庸著有《性理字訓》、《講義》百篇及《太極圖說》、《近思錄注》行於世。其生平事蹟見洪

〔註81〕《雪樓集》卷 23。
〔註82〕《雪樓集》卷 26。
〔註83〕《雪樓集》卷 26。

焱祖《程山長若庸傳》〔註84〕。

又佐《神道碑》：「宗老若庸，為撫州臨汝書院山長」知，程若庸曾為撫州臨汝書院山長。

2. 程若庸對程鉅夫的影響

程鉅夫十九歲時，在臨汝書院學習，受學於族祖程若庸「咸淳三年丁卯，公年十九歲，遊臨川，讀書臨汝書院，受學於族祖徽菴先生若庸。」〔註85〕

關於其學術思想對程鉅夫的影響，《行狀》中也有記載：「長從族祖徽菴先生若庸學，與今集賢直學士吳公澂為同門。徽菴乃饒雙峰先生門人也」。程鉅夫跟從族祖程若庸就學於臨汝書院。程若庸曾為饒魯的門人，學術思想源自饒魯一脈。

程若庸為程珌〔註86〕的侄子，曾向程鉅夫詳述程珌及其先祖的事蹟，在《送程梅亭序》〔註87〕中有過敘述：「長，讀書臨汝，侍洺水猶子徽庵先生，道洺水尤詳。蓋余家古多奇士，近世能以文字行天下者，薦紳曰洺水，韋布曰徽庵」。因此程鉅夫說自家自古多奇士，所以近世族人能以文字行天下。

《送程梅亭序》中還講述了程若庸理學啟蒙教育對程鉅夫的影響：「徽庵宗程、朱，其學源於性理」「余雖不逮事洺水，而見徽庵且尊其文，知洺水他日必尊徽庵之性理無疑也」。〔註88〕程若庸宗程、朱理學，其學源自性理。程鉅夫跟隨其學習朱子性理之學，其理學啟蒙於此開始。

除此之外，對程若庸所著書籍《太極圖所說》、《近思錄字義講義》，程鉅夫在幼時於叔父的指導和監督下也多有涉獵「然徽庵《太極圖所說》、《近思錄字義講義》等作，余諸父暨余髫童而習之」。〔註89〕

程若庸每次教導程鉅夫寫作氣勢磅礴的論文，需要傚仿程珌的文風，但程若庸自己卻未得程珌的手稿：「徽庵每教余『作大文字，盡歸求之洺水』，及余索余稿，徽庵亦茫然無從得，歎曰：『既鏤而幽之矣。』時口授數十首，余把

〔註84〕程敏政《新安文獻志》卷70，清文淵閣四庫全書本。
〔註85〕《程譜》。
〔註86〕程珌，宋代人，字懷古，號洺水遺民，休寧人。紹興四年進士。授昌化主簿，調健康府教授，改知富陽縣，遣主管官告院。歷宗正寺主簿、樞密院編修官，權右司郎官、秘書監丞，江東轉運判官。代表作為《洺水集》六十卷。
〔註87〕《全元文》第16冊，第163頁。
〔註88〕《全元文》第16冊，第163頁。
〔註89〕《全元文》第16冊，第163頁。

筆識之，終宋季不及見其全」。〔註90〕至元十五年，程鉅夫得觀《洺水集》全貌，感歎其文風「渾厚悠長，明白正大」。程若庸所推薦之《洺水集》在程鉅夫待罪翰苑之時對其起到了激勵作用：「至元十有五年，余待罪翰苑，每有撰著，腸枯血指，瑟縮不敢書。余徐悟徽庵疇昔日余學洺水，類前知者。一日盡得洺水集若干卷，讀之，渾厚悠長，明白正大」。〔註91〕程珌之曾孫程君入謁程鉅夫，程鉅夫以先祖及程若庸勉勵之，可見在程鉅夫心目中，程徽庵對其所起的教導和勉勵的作用之大「為書平日所睹聞於先祖、於徽庵叔祖者以勉之」。〔註92〕

據《程譜》：「徽菴乃饒雙峰先生高第弟子，有《字義》行世」。程若庸的學術淵源自饒魯，程鉅夫的理學承襲饒魯而來。從《饒雙峰講義》卷十「『發育萬物』，以道之功而言，萬物發生長育於陰陽五行之氣，道即陰陽五行之理。是氣之所流行，即理之所流行也」可知饒魯詩文思想包括天道思想：天地充滿陰陽五行之氣，且「理」與「氣」可以兼容不分。

程鉅夫又作《雙峰先生文集序》〔註93〕：「蓋二先生之志同，其造詣亦同。今觀雙峰之於言，抑何其富也。大道之不明，非書之不多。若雙峰之書，政患其未多耳」表達其對饒魯一派理學思想的讚賞。

（三）獅泉李珏

程鉅夫赴湖北參加省試，歸途中經白狐嶺拜見獅泉李珏。所作策論皆為欲成大事之文，李珏以為其非常人。《程譜》中記載：「公年二十二歲，赴湖北省試。及歸，道經壽昌過白狐嶺謁獅泉李先生珏。見公所答策文，驚曰：『三篇皆欲為國家措置大事，他日必非常人。』有司迄不敢取」。

李珏雖為程鉅夫路遇之長者，但對程鉅夫才能評判之準確，對其成長也是一種勉勵。

（四）王磐

1. 王磐其人

王磐（1202～1293）字文炳，號鹿庵，廣平永年人。正大四年經義進士第，授歸德府錄事判官，不赴。中統間拜翰林直學士，累遷太常少卿，仕至翰林學

〔註90〕《全元文》第 16 冊，第 163 頁。
〔註91〕《全元文》第 16 冊，第 163 頁。
〔註92〕《全元文》第 16 冊，第 163 頁。
〔註93〕《雪樓集》卷 14。

士承旨。時進正言，不肯阿諛奉承。至元三十年卒，年九十二。諡文忠。生平事蹟見《元史王磐傳》〔註94〕。

2. 程鉅夫得王磐提攜

關於程鉅夫被王磐提攜一事，在《跋商季顯所藏王鹿菴先生詩》中略有記載：「至元丙子，余至京師，拜承旨鹿菴王公於玉堂之署。蒼然而古雅，凝然而敦厖，望之肅如也。既而獲近清光，蒙聖眷，實維公獎進汲引之力」〔註95〕。

至元十三年（1276），程鉅夫至京師，得王磐頗多汲引。二十一年後（大德元年1297），程鉅夫在商晦處見王磐居山東時古詩數首，作此文追憶，並表示感激。

二、志趣相投的同僚

互相往來的士人，通過交遊可以進一步提高自身的學術水平、創作能力，進而對交遊各方及其他人產生重大影響。程鉅夫一生多與同朝為官的士人相交往。與志趣相投的同僚之間的交往，對其一生產生不可替代的作用。

通過與吳澄、趙孟頫、燕公楠、趙與票、王寅夫、王楚山、閻復、王構的交往，程鉅夫得到了術業相近、志趣相投的知己好友，詩文創作也得到了極大的豐富和提高。同時在討論儒學、理學的過程中，思想得到不斷交融，對學術的理解逐漸精進。

（一）吳澄

1. 吳澄簡介

吳澄（1249～1333），字幼清，號草廬，撫州崇仁（今屬江西）人。二十七歲以前生活於南宋。吳澄世代業儒，曾師從儒學家程若庸、程紹開。入元後，吳澄受程鉅夫、董士選等人推薦，四次入京，任國子司業、國史院編修、制誥、集賢直學士。早年校注五經，晚年成《五經纂言》，遺著尚有集、外集。清人合其所有文字為《草廬吳文正公全集》。

根據吳澄《劉季說墓表》：「與余同生淳祐己酉歲者，位之顯有程鉅夫，居之近有劉季說。鉅夫生之月後於余四朔。一則正月中旬之九，一則四月中旬之七。季說生之日後於鉅夫之六辰，一則其日日中之午，一則其夜夜半之子」〔註96〕。

〔註94〕《元史》卷160《王磐傳》，第3751～3756頁。
〔註95〕《雪樓集》卷24。商晦，字季顯，東昌人。至元末為夏邑縣尹。
〔註96〕吳澄《吳文正集》卷68，清文淵閣四庫全書本。

吳澄與程鉅夫同一年出生於宋理宗淳祐九年（1249），吳澄出生於正月十九，程鉅夫生於四月十七。

2. 程、吳二人的交往

吳澄《癡絕集序》中的某些文字記載程鉅夫、吳澄二人曾為臨汝書院同門：「昔予弱冠，與郢程鉅夫同學臨汝書院。時月香林君以鄉先達日坐前廡位，予二人朝夕出入，以諸生禮詣位，趨揖然後退。不十年，事大異，各去不相聞也。而鉅夫為達官，位於朝。予為農夫耕於野林，君亦歸隱於市。」〔註97〕咸淳三年（1267），十九歲時，程鉅夫遊學於臨川，於臨汝書院跟隨程若庸學習，此時吳澄也在臨汝書院學習，二人相識。

後程鉅夫為當政者四處訪賢，吳澄也在被訪之列。《臨川吳文正公年譜》對程鉅夫邀吳澄中原覽勝略有記載：「至元二十三年丙戌八月，釋服。程文憲公以江南行臺侍御史承詔訪求遺逸，有德行才藝者，即驛送入觀。冬，程公至撫州，命郡縣問勞迎至，強公出仕。力以老母辭。程公曰：『誠不肯為朝廷出，中原山川之勝可無一覽乎？』公諾之，歸，白遊夫人，許行。十一月，如建昌路」。〔註98〕至元二十三年（1286）冬，程鉅夫至撫州，欲徵吳澄出仕，吳澄以老母病辭；程鉅夫邀之作中原覽勝之遊，吳澄許之。

至元二十四年（1287）春，程鉅夫舉薦趙孟頫、凌時中、胡夢魁、曾衝子、孔洙、何夢桂、曾晞顏、方逢振、楊必大、萬一鶚、余恁、包鑄、楊應奎、吳澄等二十三人赴闕覆命。元世祖對赴京南士皆擢以文學風憲清要之職，但吳澄未接受官職。〔註99〕

至元二十五年（1288），程鉅夫請以吳澄所校考《易》等經書入國子監。這次事件被記錄在《吳澄年譜》中：「秋，還家，朝命求校訂《易》《書》《詩》《春秋》《儀禮》《大戴記》《小戴記》。程文憲公請於朝曰：『吳澄不願仕，而所考《易》《書》《詩》《春秋》《儀禮》《大戴記》《小戴記》，俱有成書，於世有益，宜取置國子監，令諸生肄習，次第傳之天下。』朝廷從之。遂移行省，遣官詣門，謄寫進呈，仍令有司常加優禮」。

此外，吳母生辰之際，程鉅夫寫詩祝壽《壽吳幼清母夫人十一月廿五日》：

〔註97〕吳澄《吳文正集》卷15，清文淵閣四庫全書本。
〔註98〕危素《臨川吳文正公年譜》，清乾隆二十一年刻本。下簡稱《吳澄年譜》。
〔註99〕《程譜》：大元二十四年丁亥，春，公率所薦趙孟頫、張伯淳等二十餘人赴闕復命，上皆擢以文學風憲清要之職。

清時富貴亦易得，吳子甘心臥草廬。慈母自能安菽水，高年忍
使倚門閭。此時為壽奉巵酒，豈必閒居要板輿。卻笑毛家兒子俗，
區區喜色動除書。〔註100〕

詩歌不僅表達了對吳母的祝福，更有對吳澄品格行事的褒揚。對吳澄不仕
元朝的行為，程鉅夫表示出極大的尊重和敬佩：即使富貴易得，但吳澄甘心貧
賤於草廬。

《跋靜恭楊文安公庭傑遺事》中載有程、吳二人的一次相見：「今年歸自
京師，幼清來，相勞苦」。〔註101〕至元三十年（1293），程氏歸自京師，吳澄
慰前來問，奔波勞苦。

《吳澄年譜》中記載二人在福州的相會：「三十一年正月，（吳澄）如福州。
程文憲公為福建閩海道肅政廉訪使，迎至焉」。至元三十一年（1294），程鉅夫
在福建閩海道肅政廉訪使任上。一月，吳澄至福州，程鉅夫前往迎接。

在理學方面，程鉅夫對吳澄的學問表示了極大的肯定和推崇，這從《大易
緝說序》中可以見出：「《易》晦於九師，褻於卜筮。言《易》者何紛紛也。深
者遂為古奧難測之書，淺者又如墻壁勸誡之語。象數義理，幾於不相為用。學
者徒能習其辭，罕究其蘊，而《易》遂虛矣。予所識知，毋慮十數家，言人人
殊。獨吾友吳幼清最為精詣，往往出人意表。……大德七年良月朔廣平程文海
書」。〔註102〕大德七年（1303）十月，程鉅夫為王申子《大易輯說》作序。盛
讚吳澄在易學方面的精湛造詣。

程鉅夫新堂建成，吳澄也有祝賀之作。吳澄《晉錫堂記》中有：「大德八
年十一月，廣平公除翰林學士。九年五月，命下促行。行有日，乃八月甲申。……
堂之前曰『朝暉閣』，離之大明初出也；後曰『衍慶樓』，坤之厚德無量也。合
之亦為晉。公曰：『子其善頌者與？』書以為記。是月廿五日，將仕郎、江西
等處儒學提舉司副提舉臨川吳澄記」。大德九年（1305）八月，程鉅夫在中和
堂西建成新堂，因朝廷新賜官職，覺斯堂榮耀，名曰「晉錫」。吳澄有感於繕
營私室時，天恩適至，於八月二十五日為程鉅夫新堂作《晉錫堂記》。

3. 吳、程二人思想一致之處

吳澄《贈王士溫序》中強調學以明義理，只有明義理，才能行政事，這是

〔註100〕《雪樓集》卷27。
〔註101〕《雪樓集》卷24。
〔註102〕〔清〕徐乾學、納蘭成德輯編《周易輯說》卷首，通志堂經解本。

為官之前所需做的最基本準備：「古者公卿大夫之子，凡未仕必學。學以明義理，仕以行政事。所明者本，所行者用也。本質所培者深，則用之所達者優。欲促成未來官僚之所學所行皆能本之於義理，『學於國學者，學義理也』」。〔註103〕

關於國學的辦學思路，吳澄也有自己的見解。在《聶誼字說》中，吳澄說：「國學之教，首以《小學》書為入門」〔註104〕。武宗時期，吳澄任國子監丞，他十分贊同許衡在國子學的辦學思路。他認為國子監是朝廷培養人才之所在，其辦學宗旨應是培養合格的官僚。

但吳澄又說「論之平而當，足以定千載是非之真者，其唯二程、朱、陸四子之言乎」〔註105〕。他並非固守許衡成規亦步亦趨。吳澄是饒魯的再傳弟子，饒魯則是朱熹門人黃榦的學生，吳澄當屬朱學正統。但吳澄並不固守門戶，而取兼容並蓄之學風，對陸九淵的心學也予以肯定。他把陸九淵與朱熹、二程相提並論。主張在會和朱、陸的基礎上進一步發展理學，給儒學教育和人格養成以更寬廣的基礎。

在具體的教學過程中，吳澄也有自己的思路。這在虞集《送李擴序》中略有論述：「先生之為教也，辯傳注之得失，而達群經之會同；通儒先之戶牖，以極先聖之閫奧；推鬼神之用，以窮物理之變；察天人之際，以知經綸之本，禮樂製作之具，政刑因革之文，考據援引，博極古今，各得其當；而非誇多以穿鑿。靈明通變不滯於物，而未嘗析事理為二。使學者得有所據依，以為日用常行之地；得有所標指，以為歸宿造詣之極。噫！近世以來，未能或之先也」。〔註106〕在國子監的教學中，吳澄以他兼容並蓄朱學和陸學的理論功底，引導學生刻意研究以究精微之蘊，讓學生明瞭人心之精微、天理之極致。

在學校改革思路方面，吳澄也具有獨特的見解，在《張達善文集序》和《元史紀事本末》中都有論及：

夫朱子之學不在於文，而未嘗不力於文也。〔註107〕

仁宗皇慶元年二月，以吳澄為司業。澄用宋程顥《學校奏疏》、胡瑗《六學教法》、朱熹《學校貢舉私議》約之為教法四條。一曰經學、二曰行實、三曰文藝、四曰治事，未及行。又嘗為學者言朱子

〔註103〕吳澄《贈王士溫序》，《吳文正集》卷31，清文淵閣四庫全書本。
〔註104〕吳澄《聶誼字說》，《吳文正集》卷9，清文淵閣四庫全書本。
〔註105〕吳澄《臨川王公文集》，《吳文正集》卷15，清文淵閣四庫全書本。
〔註106〕虞集《送李擴序》，《道園學古錄》卷5，四部叢刊景明景泰翻元小字本。
〔註107〕吳澄《張達善文集序》，《吳文正集》卷9，清文淵閣四庫全書本。

於道問學之功居多，而陸子靜以尊德性為主。問學不本於德性則其
弊必偏，於言語訓釋之末。故學必以德性為本，庶幾得之議者。遂
以澄為陸氏之學非許氏，尊信朱子本意。〔註108〕

吳澄綜合了程頤、胡瑗、朱熹的學校改革思路並加以發展，設置了經學、
行實、文藝、治事四大門類，組合成大學之道的載體。經學科教學要求在學習
《小學》和《四書》的基礎上，各選一經深入鑽研，奠定紮實的理學基礎。行
實科強調道德實踐，要求學生從身邊小事做起，以孝、弟、睦、姻、厚、恤六
德身體力行。文藝科要求學生學好古文和詩。皇慶元年壬子（1312）二月，元
廷任命吳澄為國子監司業。據程顥《學校奏疏》、胡瑗《六學教法》、朱熹《貢
舉私議》制定教法。

《行狀》中記載了程鉅夫的科舉思路：「皇慶元年，進榮祿大夫。上議行
貢舉之法，公即建白：『朱文公《貢舉私議》可損益而行』且曰：『當今設科，
宜優蒙古人、色目人，以勸其趣學，然取士必以經學、行義為本，唐宋辭章之
弊不可襲也』上是其言，即命公草詔行之」。

程鉅夫建議貢舉法可將朱熹《貢舉私議》損益實行。並且建議若設科舉，
應該優待蒙古、色目人，但科舉取士必須以經學、行義為根本，而不能沿襲唐
宋文章的弊端。程鉅夫這樣的治學思想也與吳澄的思想如出一轍。

胡儼《程文憲公雪樓先生畫像贊》介紹了程鉅夫、吳澄二人的交往情況：
儼嘗聞諸先生長者言，初勉齋黃公為新建丞，與玄齋李氏講學
於東湖書院，極論性命道德之旨。時雙峰饒氏從玄齋實與有聞焉。
黃、李二公皆朱子門人，而饒氏親承二公。故學有本源，傳饒氏之
學者，徽庵程先生。得徽庵之傳者，程文憲公雪樓先生、吳文正公
草廬先生二人也。雪樓於徽庵為從孫，草廬亦雪樓之薦起也。後人
徒知雪樓遭逢世運，文章事業炬赫當時，而不知其理學淵源實與草
廬同一揆也。〔註109〕

胡儼主要論述並強調了程鉅夫與吳澄學術思想方面同出一源。承襲饒魯
之學的是程徽庵，得程徽庵真傳的是程鉅夫和吳澄。程鉅夫為程徽庵從孫，吳
澄也是程鉅夫推薦做官的。文章感歎後世之人只知道程鉅夫文章與仕途顯赫，
卻不知其理學與吳澄出於同源。

〔註108〕〔明〕陳邦瞻《元史紀事本末》卷8，明末刻本。
〔註109〕〔清〕黃宗羲《明文海》，卷123，清涵芬樓鈔本。

4. 詩文唱和的情誼

程鉅夫曾作《遠齋記》解釋為何以遠名齋，吳澄有題詠，解釋「遠齋」有「近多懼，遠多譽」之義：

> 余來京師十年，始築室。室之東偏敞一齋為遊息之所，名曰遠。客疑焉。解之曰：「生長東南，望燕山在天上。四海一家，得以薄技，出入周衛。違親數千里，非遠乎？余之始至也，棲於南城之南，凡八遷而宅於茲。國中闤闠之地，余不得有，乃僻在城隅，距舊棲又一舍而贏，非遠乎？客何疑？」〔註110〕

關於《遠齋記》，吳澄有題詠：

> 集賢學士程公十年於朝，日近清光，而親舍乃數千里。今以行臺侍御史，得旨南還，庶幾便養；而回望闕廷，又二千里外。日以近者，人子之樂。日以遠者，人臣之憂。此遠齋所為作也。……或曰：『近多懼，遠多譽。人所樂而公憂之，何也？』之言也，讀《易》而未知《易》之所以《易》，何足以知公之心？吳澄書。〔註111〕

至元二十四年（1287），程鉅夫在大都築室，命名「遠齋」，並作《遠齋記》以明志。吳澄、閻復等人為作題詠，附於記後。據吳澄記可知，程鉅夫是年為行臺侍御史，得旨南歸，吳澄曾應程鉅夫之邀觀光大都，此時亦南歸，與程鉅夫同行。

據《程譜》：「冬，作歲寒亭於署後」，大德四年冬，程鉅夫在官署後建造歲寒亭。吳澄作《次韻湖北程廉使訪歲寒亭》以示祝賀：

> 大德四年秋，余之官沙羨，既至，得老屋數楹於黃鵠山下以居。……會心不在遠，數步江漢明。開荒豈不勞，我僕汗且赬。把酒酹天風，雙栢適有聲。嶙嶒首陽姿，愧此盡瘁情。念爾亦苦心，紅紫聊合併。時拼一日費，買植數寸萌。芳菲信可翫，搖落亦足驚。不如翳把茅，隱隱几觀平生。徘徊能幾何，王事固有程。尚堅歲寒意，永與雙眼青。他時兩蒼龍，相見白玉京。吾詩亦贅耳，此君在前榮。十二月十八日，廣平程某書。是日也乃立春，積雪滿庭。〔註112〕

《雪樓集》中有《又題歲寒亭》：

〔註110〕《雪樓集》卷11。
〔註111〕《雪樓集》卷11。
〔註112〕《雪樓集》卷14。

吾廬不暇理，且復理斯亭。風雨從渠破，雲山送我青。蒼龍千歲質，黃鶴九霄翎。相與成三友，今年聚德星。〔註113〕

吳澄作次韻詩《次韻湖北程廉使訪歲寒亭》：

亭在黃鶴山下，有栢一株，竹數莖。黃鶴飛不回，蒼栢乃小住。千年歲寒姿，深藏翳榛蕪。偶然別荒穢，幽意畢呈露。生本來孤特，疆使此君附。作亭以面之，相對澹無語。雖蒙新知厚，頗若違余素。人間無霜雪，天上有雲霧。政恐挾風雷，一夕化雷去。〔註114〕

大德四年（1300）十二月十八日，程鉅夫作《歲寒亭詩序》，吳澄有詩唱和。詩中，程鉅夫沉浸於清幽之景，並歌頌松柏的堅貞和友誼的真摯。程氏詩歌表意含蓄。吳澄次韻詩小序交代了歲寒亭在黃鶴山下，其周遭的環境有柏樹有翠竹「有栢一株，竹數莖」是為對程氏所述之景的補充和細緻勾畫。吳詩表意明朗，程鉅夫雖蒙新恩，但應保持澄澈的心境「雖蒙新知厚，頗若違余素」。二人所述一含蓄一明朗，但詩意不謀而合。

《正中堂記》〔註115〕為程鉅夫應吳澄之子所請，為吳澄新建讀書之地「正中堂」所作「大德八年之夏，時暑早熾，余方坐白雪，歌《南風》，命此君為歲寒之曲。顧有一士在門，視之，吾幼清之子士一也。」〔註116〕

大德八年（1304）夏，吳澄子吳士一進書，言其將新建讀書之地名為「正中堂」。程鉅夫念吳澄方客淮海，不得共此朝夕，聞其孫之言，亦足以慰，為作《正中堂記》，表達對吳澄的思念。

（二）趙孟頫

1. 趙孟頫其人

趙孟頫（1254～1322），元書畫家、文學家。字子昂，號松雪道人、水晶宮道人，湖州（治今浙江湖州）人。宋太祖趙匡胤十一世孫。至元二十三年（1286），程鉅夫奉詔往江南搜訪遺逸，趙孟頫被引薦於忽必烈，官至集賢直學士。延祐間，官至翰林院學士承旨。所畫山水、木石、花竹、人馬，十分精緻，山水師法董源、巨然，人馬學李公麟，並用書法技巧畫木石、花竹，傳世作品有《重江疊嶂》、《東洞湖》、《秋郊飲馬》等；能篆、籀、分、隸、真、行

〔註113〕《雪樓集》卷27。
〔註114〕吳澄《吳文正集》卷97，清文淵閣四庫全書本。
〔註115〕《雪樓集》卷12。
〔註116〕《吳澄年譜》記載吳澄與大德四年六月作中正堂於咸口之源。

草書,尤精正、行書和小楷,圓轉遒麗,有「趙體」之稱,今存碑石、拓片及真蹟較多;詩文清邃奇逸,有《松雪齋集》。其卒,追封魏國公,謚文敏。事蹟見楊載《大元故翰林學士承旨榮祿大夫知制誥兼修國史趙公行狀》〔註117〕。

趙孟頫入元做官,是得到程鉅夫舉薦的。至元二十三年,在江南訪賢二十餘人名單中,趙孟頫居首選。趙孟頫被程鉅夫單獨引薦,面見元世祖,得到世祖稱讚,以為神仙,並使其坐於葉李之上。此段經歷,記載於《趙公行狀》中:「至元丙戌十一月,行臺治書侍御史程公鉅夫,奉詔搜訪江南遺佚,得廿餘人,公居首選。又獨引公入見,公神采秀異,珠明玉潤,照耀殿廷。世祖皇帝一見稱之,以為神仙中人,使坐於右丞葉公之上」。〔註118〕

《元史本紀》中記載了趙孟頫與程鉅夫一起被召論鈔法之事「閏二月,召麥術丁、鐵木兒、楊居寬等與集賢大學士阿魯渾撒里及葉李、程文海、趙孟頫論鈔法」〔註119〕。趙、程二人同朝為官,都得到世祖的重用。

至元二十四年(1287)閏二月,程鉅夫、趙孟頫同被元世祖召論鈔法,可見其同朝為官,處理政事,有交往的情誼。

2. 程鉅夫為趙孟頫所作詩文

在才學方面,程鉅夫尊重而親近趙孟頫,曾為其作《子昂為閒閒畫竹石作別》〔註120〕、《題李宗師所藏李仲賓李雪庵趙子昂墨竹》〔註121〕、《題趙子昂畫羅司徒家雙頭牡丹並蔕芍藥》〔註122〕。

《子昂為閒閒畫竹石作別》〔註123〕:

> 仙舟發御河,別楮灑蒼波。雙樹尊前出,叢篁石上多。月明行亂影,風靜倚柔柯。還似看棋處,尋雲入薜蘿。

竹石圖為某次送別而作,其中景為情而置。起句交代送別時的情景「仙舟發御河,別楮灑蒼波」。詩歌中間皆為景物描寫,有雙樹、叢篁、亂石、明月、亂影、和風,程鉅夫描寫細緻,意為趙孟頫所畫惟妙惟肖,閒散、隱逸之趣暗含其中。

〔註117〕 下簡稱《趙公行狀》。《全元文》第 25 冊,第 579～588 頁。
〔註118〕 《趙公行狀》,第 580 頁。
〔註119〕 《元史》卷 3《本紀第三》,第 47 頁。
〔註120〕 《雪樓集》卷 29。
〔註121〕 《雪樓集》卷 30。
〔註122〕 《雪樓集》卷 30。
〔註123〕 《雪樓集》卷 29。

趙孟頫借詩文、書畫逃避現實，同時寄託了對自由隱逸生活的嚮往。他晚年自號「水晶宮道人」，書法上曾作《道德經》、《黃庭經》，繪畫上也有《紅衣羅漢圖》，皆是其借佛道逃避現實人生、追求精神超脫的體現。矛盾的思想貫穿了趙孟頫的一生，並對他的書畫思想形成產生了重要影響。而程鉅夫能恰到好處挖掘畫中的隱逸之意，實屬不易，若未真正窺得一點趙孟頫內心的糾結、困惑和嚮往，斷不能如此。

程鉅夫又作《題趙子昂畫羅司徒家雙頭牡丹並蒂芍藥》：

並蒂連枝花亂開，沖和元自主人培。集賢學士春風筆，更寫天香入卷來。〔註124〕

並蒂連枝並不是完全寫實的花，藝術家給它設定了一個特定的場景「沖和」、特定的姿態「並蒂連枝亂開」，而且其外形幾乎被弱化，於紙墨中，似乎能聞到花的香氣。這種心領神會是古代藝術精神的集中體現，趙孟頫提倡「古意」，為以後寫意畫的發展找到了更早的淵源，為以後「不求形似」的寫意畫發展奠定了理論和實踐基礎。程鉅夫在為趙孟頫畫所作的題畫詩中，將趙孟頫「古意說」的精髓表現出來。

3. 趙孟頫寫給程鉅夫的詩文

趙孟頫曾作《雪樓先生畫像贊》〔註125〕：

嶒山喬嶽降其神，長江大河肆其文。望之儼然，薄夫為敦。幅巾褒衣，坐鎮雅俗，豸冠白簡，逆折姦臣。蓋凜然如白雪，藹然如陽春。雖玉帶金魚，世以為公貴，孰知夫胸吞雲夢者，所以為一代偉人也哉。

趙孟頫讚賞程鉅夫性格中山嶽般的堅毅與凌然正氣的氣格。讚賞程鉅夫在朝中進言逆折姦臣，為雅俗所敬重，不怒而威，性格敦厚，令人尊重。趙孟頫眼中的程鉅夫性情如白雪般凜然，陽春般藹然。他認為程鉅夫雖為貴胄，但胸中如闊海，心繫天下事。

趙孟頫曾作《七觀跋》，敘述袁桷作《七觀》的緣由始末：

《七觀》者，翰林待制袁公桷之所作也。何為而作也？翰林承旨程公請老而歸，袁公作此以送之也。送程公之歸，而不及乎執手傷離之情，顧乃鋪張組織，細大靡遺。何其勤且博也！蓋自枚生始

〔註124〕《雪樓集》卷27。
〔註125〕趙孟頫《雪樓先生畫像贊》，《松雪齋集》卷10，四部叢刊景元本。

作《七發》，魏晉而下，往往追蹤躡影，誇奇斬麗。才高者干雲霄，
學博者漲溟渤，後之學者絕響久矣。公之此作因事以發其辭，引類
而極其理，將馳騁乎漢魏，超軼乎班揚，非夫貫通三才，博綜百家，
疇能縝密宏辨若斯其美也。〔註126〕

程鉅夫江南訪賢對袁桷也產生了較大影響。至元二十三年（1286）訪賢行
動中，程鉅夫曾到四明徵袁桷之父袁洪出仕，袁洪拒絕，但對袁桷產生了不小
的影響，其在《師友淵源錄》中曾提到程鉅夫：「程鉅夫，舊名文海，鄖州人。
今居建昌。善鑒裁。為侍御史時，奉詔徵江南遺逸，首薦先子，以疾辭。所薦
士皆知名，多至大官。今為翰林學士承旨。」〔註127〕將程鉅夫視為師友般敬
重。大德元年（1297），袁桷在程鉅夫連同閻復、王構薦舉下，被元廷授翰林
國史院檢閱官，開始了任職大都的仕宦生涯，一直到泰定元年（1324）致仕，
一度為元廷重要的士人。延祐三年（1316），程鉅夫致仕回鄉，袁桷仿枚乘《七
發》作長篇騷體賦《七觀》贈行。趙孟頫親筆為之書寫題跋，為的是袁桷將題
跋與賦文「刻諸堅石」，「庶幾詞翰相須之義傳天下後世，以為美談云爾」〔註128〕。

趙孟頫《七觀跋》認為袁桷為程鉅夫所作《七觀》有溢美之嫌，但肯定《七
發》因事發辭、引類極理，還是非常公允的。認為可以刻石傳之天下後世，想
見其對程鉅夫人品的肯定。

（三）燕公楠

1. 燕公楠其人

燕公楠（1241～1302）字國材，號五峰，南康（位於江西贛州西南）建昌
人。燕公楠生平事蹟見程鉅夫為其所作《資德大夫湖廣等處行中書省右丞燕公
神道碑銘》：「公諱公楠，字國材，姓燕氏。其先自幽薊徙青，徙曹，至宋禮部
侍郎、龍圖閣學士、贈太尉蕭，居汴之考城。太尉生虞部郎中處厚，虞部之孫
玫隨高宗南遷，居匡廬之下。其曾孫森以學行為朱文公所知，有子曰爕，通判
永州」〔註129〕。宋末燕公楠歷官贛州通判，宋亡，授吉州路同知，除僉江淮
行省事，至元二十五年遣大司農，改江浙參政，復為大司農，元貞元年陞河南
行省右丞，改江浙，大德三年移湖廣，六年卒，年六十二。

〔註126〕趙孟頫《松雪齋集》卷10，四部叢刊景元本。
〔註127〕《全元文》第23冊，第529頁。
〔註128〕趙孟頫《七觀跋》，《松雪齋集》卷10，四部叢刊景元本。
〔註129〕《雪樓集》卷21。下簡稱《燕公神道碑》。

2. 燕公楠與程鉅夫詩歌贈答

程鉅夫與燕公楠為同鄉，二人同朝為官，情誼深厚，常有詩歌贈答。

《比見諸名勝所賡安侯雪詩病中偶成兩章錄呈一笑》為燕公楠因見名勝，依照安侯《雪》詩之韻，病中所作。依燕公楠自己所言，「錄呈一笑」以為諸友娛樂之用。〔註130〕

> 疑是瓊樓上界仙，散花布地又年年。玉龍松老猶攣重，翠羽梅寒敢佔先。甲冑戍邊思挾纊，貂裘換酒不論錢。舊家風味都休說，預喜豐年賦大田。

> 銀潢剪水出天仙，此瑞今無二十年。南紀歡騰三白後，北枝春遜六花先。此時沙漠應如席，曩日京都屢賜錢。臣子願豐無補報，負丞祇恐愧藍田。

首詞仙境中的瓊樓、散花、玉龍、翠羽、梅寒等美好事物，令人視野和心情開闊而明朗。在此景的掩映下，甲冑戍邊彷彿不再是令人生厭的事情。詞末燕公楠並未忘記民生多艱，說出了「預喜豐年賦大田」的願望。第二首詞結尾處，燕公楠感歎恐負聖恩。從此詞可看出燕公楠積極入世的態度和渴望有所作為的願望。

一年之後，程鉅夫為之作次韻詞《燕五峰右丞用安總管雪詩韻見貽次韻二首》：

> 開門鷺羽舞仙仙，時序崢嶸又一年。萬象好看俱幻處，兩儀渾似未分先。插空粉筆誰供畫，散路銀盃不值錢。狐兔只今難遁跡，長弓俊鶻快三田。

> 五老峰頭不老仙，詩來喜雪兆明年。閑吟公自如忠獻，懶讀吾方似孝先。杯酒賸思澆磊磈，街泥猶惜濺連錢。斯時雅稱官居冷，帽擬僧伽衣稻田。〔註131〕

首詞中程鉅夫感歎鷺羽舞仙仙已是一年已過，萬象虛空。若無志趣相投賞畫之人一起宴飲，銀盃也成為不值錢之物。末聯以長弓俊鶻，致使狐兔難遁跡，來暗指燕公楠的政治才華。程鉅夫懷想兩人各自的處境，抒發思念之情。表達欲「衣稻田」的回歸田園生活的願望。燕公楠自己詞中所述的抱負之志與程鉅夫暗指其政治才華不謀而合，二人可謂知己。

〔註130〕《雪樓集》卷27。
〔註131〕《雪樓集》卷27。

後程鉅夫又作《再用韻敬謝佳句之辱》次韻燕公楠《比見諸名勝所賡安侯雪詩病中偶成兩章錄呈一笑》詩，此詩用文士間以詩爭勝的調侃口吻表達了「明年我亦賦歸田」、「忽憶西江攜手去，漁所簑江上看瓊田」嚮往歸隱的願望，並期望與之一起隱居之人為燕公楠。

程鉅夫作《摸魚兒‧壽燕五峰右丞》為燕公楠祝壽〔註 132〕：

> 記江梅、向來輕別。相逢今又平楚。東風小試南枝暖，早已千林煙雨。春幾許。向五老、仙家移下瓊瑤樹。溪橋驛路。更月曉堤沙，霜清野水，疏影自容與。　平生事，幾度含章殿宇。隔花廳鳳能語。苔枝天矯蒼龍瘦，誰把冰鬚細數。千萬縷。簇一點、芳心待與和羹去。移宮換羽。且度曲傳觴，主人花下，今日慶初度。

詞中敘述二人上次分別處江梅環繞，今程鉅夫居高遠眺，覺二人相逢在即。春已到，南枝暖、籠千林煙雨的時節，正是仙境瓊瑤樹下休憩的好時候，平生美好事物，不過含章殿宇、隔花鳳語、苔枝天矯之境，伴著宮商，度曲傳觴。而此刻正是燕公楠壽辰，程鉅夫作此詞遙祝。

對此，燕公楠回覆《摸魚兒‧答程雪樓見壽》：

> 繡使雪樓先生歌《摸魚詞》華餘初度，次韻敬謝。盛心荒唐，愧甚：又浮生、平頭六十，登樓悵望荊楚。出山小草成何事，閒卻竹煙松雨。空自許，早搖落、江潭一似琅玡樹。蒼蒼天路。謾伏櫪心長，銜圖志短，歲晏欲誰與。梅花賦，飛墮高寒玉宇。鐵腸還解情語，英雄操與君侯耳，過眼羣兒誰數？霜鬢縷，祇夢聽、枝頭翡翠催歸去！清觴飛羽！且細酌旴泉，酣歌郢雪，風致美無度。〔註 133〕

此詞為大德四年（1300）所作，當時燕公楠年已六十，登樓悵望荊楚，回顧自己之前的經歷「空自許，早搖落、江潭一似琅玡樹。蒼蒼天路。謾伏櫪心長，銜圖志短」，發出「歲晏欲誰與」的感歎，暗含思念好友程鉅夫之意。下闋明言，能與相隨之人便是「酣歌郢雪，風致美無度」的程鉅夫。此處以地名嵌入詩句，使詩歌韻味無窮，思念、讚美、調謔之意暗含其中，回味不盡。

繡江參議作《沁園春》詞，燕公楠有和詞，並寄予程鉅夫〔註 134〕，程鉅夫為作此《沁園春》詞：

〔註 132〕《雪樓集》卷 30。
〔註 133〕《雪樓集》卷 30。
〔註 134〕《雪樓集》卷 30。

五峰大卿寄示所和繡江參議《沁園春》詞，一以退為高，一以進為忠，二者皆是也。區區愧未之能焉。倚歌而和，情見乎辭。

十載京華，騎馬聽鷄，自憐闊疏。看春風葵麥，敷舒如此，故園桃李，憔悴知歟。要乞閒身，聊追故步，雪艇煙簑一釣夫。君恩重，卻許令便養，欲去躊躇。 竹西準擬寧居。詠不到、娉娉嫋嫋餘。又橋邊巷口，燕尋舊壘，天東海角，月上新衢。尸素有慚，澄清無補，豈不懷歸畏簡書。堪時用，得卿如卿法，吾自吾廬。

繡江參議和燕公楠其中一人以退為高，另一個人以進為忠，程鉅夫借和詞表達了對二人的敬意。但程氏自認不具有該種瀟灑。此詞為「倚歌而和，情見乎辭」，描繪了十年京都所見所聞，程鉅夫現乞辭官，成為悠閒之人。詞中程鉅夫感謝君恩使自己「卻許令便養」。表達了作者「堪時用，得卿如卿法，吾自吾廬。」希望在不同的時候有不同的抱負。程鉅夫覺得其此種心境只為燕公楠懂得。

除此之外，程鉅夫還作過《水龍吟·次韻謝五峰》：

不知今夕何年，飛來五老峰頭月。清輝無限，殷勤回照。歲寒蒼雪。寫入宮商，鋪成紈素，盡情誇說。倚胡床老矣，若為消得，除卻是、杯中物。 自笑半生長客。正沉思、故林幽樾。兒童驚走，龍鸞雜還，兩山排闥。風雨蕭蕭，冰霜耿耿，相看高節。問此君、學和龍吟，水底幾時成闕。〔註135〕

程鉅夫於五老峰頭看月，冰霜耿耿，此刻有清輝無限，還有杯中物相伴。程鉅夫想到燕五峰，聯想其才學誌向，想起其詞「問此君、學和龍吟，水底幾時成闕」。也許只有志趣相投之人，才能在意興闌珊之際想起對方，想起對方與自己的相處。

燕公楠與程鉅夫早已互相視為知己，議論政事方面，二人有遠大的政治理想和兼濟蒼生的胸懷，並以此為目標。此種知己般的互相欣賞更可見於二人相互酬答、次韻之詩詞之中。

3.《燕公神道碑》所記事蹟

延祐二年（1315），燕公楠子燕琦以萍鄉知州秩滿，赴調京師，以狀來請，程鉅夫為作《資德大夫湖廣等處行中書省右丞燕公神道碑銘》〔註136〕，從中

〔註135〕《雪樓集》卷30。
〔註136〕《雪樓集》卷21。下簡稱《燕公神道碑》。

可知燕公楠生平事蹟。燕公楠與程鉅夫同為江西人，出生於南昌附近。其祖先燕森以學行為朱熹所知，承襲朱學。

《燕公神道碑》追述了世祖對燕公楠的信任：「至元十三年，皇有江南，帥府授同知本州事。明年，下廣南有功，授同知吉州路總管府事。二十二年夏，召至上都，奏對稱旨，賜名賽音囊加帶，命參大政，辭乞補外。僉江浙行中書省事，俄移江淮。置尚書省，復僉江淮行尚書省事。在江浙時，嘗請置兩淮屯田。二十五年，用前請，以為行大司農，領八道勸農營田司。按行郡縣，興利舉弊。劾江西營田使沙不丁貪橫，罷之。又明年，拜江淮行中書省參知政事。時桑格新敗，蠹政未去。民不堪命。赴闕極陳，請更張，以固國本。上悅，會欲易政府大臣，以問公。公薦伯顏帖哥、不灰木、闊里、闊里吉思、史弼、徐琰、趙琪、陳天祥等十餘人。又問：『孰可為首相？』對曰：『天下人望所屬，莫若安童。』問其次，曰：『伯顏可。』又問其次，曰：『完顏可。』明日，拜完顏為丞相，以公及不灰木為平章政事。公固辭，改江浙行省參知政事，賜弓刀及衛士十人。」〔註137〕燕公楠深為世祖信任：劾江西營田使沙不丁貪橫，元廷罷之；薦伯顏帖哥、不灰木、闊里、闊里吉思、史弼、徐琰、趙琪、陳天祥等十餘人，世祖聽從，以不忽木為相、燕公楠為平章政事；陳時政，元廷往往著為律令。

燕公楠不僅才智上能通材贍智、識時審變，在為政方面也能以當世之務為己任，大事小情奏議皆為時人稱讚，《燕公神道碑》記載燕公楠前後上陳時政百數十事，多言屯田、塩法、賦役便宜，往往著為律令；其或立國之規、樹化之本，當時雖不盡用，今多陸續實行；他薦完澤，因完澤善治，天下享和平清靜之樂數十年。

哀民生多艱難、具有民本思想也是燕公楠為政的積極部分。

燕公楠曾治沅州唐運判豪橫奪民田之罪；理清案件，正法罪犯；賑濟災民：「沅州唐運判豪橫奪民田；武昌縣尹劉權殺主簿，誣係其妻子，悉正其罪。淮東、西飢，秦賑粟三十五萬斛。湖南、北飢亦然，且先賑而後聞。然皆人所易能。至於世祖數欲置公左右，輒以疎遠辭。一薦完澤，天下享和平清靜之樂余十五年，此則人之所難也。」〔註138〕在關心民瘼方面，燕公楠與程鉅夫有同樣的志向和抱負。

〔註137〕《燕公神道碑》。

〔註138〕《燕公神道碑》。

程鉅夫與燕公楠二人同為南方士人，並同為江西人。在元初，二人較早進入元廷，程鉅夫在朝為官，燕公楠在地方做官。因志趣相投，距離並未阻擋二人的交往，二人常有詩文往來，尤其是程鉅夫詩詞中經常表達出希望與燕公楠同歸田園的願望。

（四）趙與檼〔註139〕

1. 趙與檼其人

趙與檼（1242～1303）字晦叔，號方塘，台州黃岩人，宋宗室。關於趙與檼的生平介紹，可見袁桷《翰林學士嘉議大夫知制誥同脩國史趙公行狀》〔註140〕：「魯祖伯洙，宋朝請大夫、知南外宗正事、贈金紫光祿大夫。祖師雍，宋朝議大夫、直寶章閣。考希聖，宋宣教郎、史館校勘。公諱與檼，字晦叔，宋燕懿王九世孫。……讀經史大義，必本家訓。弱冠，以《易》入宗學，登咸豐辛未進士第。用積捨法教授鄂州。」咸淳七年登進士第，授鄂州教授，宋亡，以薦徵入朝，授翰林待制，陞直學士，遷侍講，拜翰林學士。大德七年卒，年六十二。諡文簡。

趙與檼於至元十三年被朝臣推薦於世祖：「十三年，公知南北已混，復上書丐返田里。會大臣有奇公狀貌，告於世祖皇帝」。〔註141〕可知趙與檼心中也有渴望閒適生活，希望遠離宦海的心願。

《趙方塘公行狀》還記載了趙與檼被元廷任用始末：

> （至元）十四年，遣使上驛，來京師。幅巾深衣，見於上京。
> 天子清問溫渥，首詢其老幼，及江上事，首尾其對，復如上書所言。
> 特命給廩餼以俟用。明年，奏言：「江南郡縣，戶口繁夥，當以簡易治。近歲有司，急切興利，殊失安輯新定之意。臣生長江南，悉習利害，因條類為十六事以進。」大較以擇守令、釋征斂、厚風俗為急，而未復以存活趙宗為請。……公之為侍講也，言：「江以南括責營聚，皆大臣與其黨類，私植貨，累鉅萬。願寬今年田租，以緩赤子。

至元十四年，世祖於京師召見趙與檼，與之言及江南事，其應對皆符合事實，被世祖留於元廷待用。第二年，便奏言，江南事應當簡易治理。當前的問

〔註139〕「檼」同於「檼」。
〔註140〕袁桷《清容居士集》卷32，四部叢刊景元本。下簡稱《趙方塘公行狀》。
〔註141〕《趙方塘公行狀》。

題是有司急切興利，毫無安撫新定之地的意思。同時他進言條類十六事具體言明治理措施，包括擇守令、釋征斂、厚風俗等事。這些建議與程鉅夫進言治理江南的主導思想相似。

2. 程鉅夫為趙與票所作詩文

程鉅夫為趙與票作《題趙方塘作劉子遠字說後》〔註142〕：

> 余與方塘翁同朝者余十年，別之亦十年矣。來黃鶴，讀所為劉子遠字說，如旦莫語時也，為之悵然。且人生能幾十年，今乃屢十不一十耶？雖然，自其可久者而觀，則去之千萬里，後之千萬世，猶旦莫耳。苟營營於毀譽，沾沾於耳目，雖名喧勢震，自以為遠矣，而非也。然則十年，夫何足歎。向余築室京師，題曰遠齋，蓋有志乎是。而今吾猶故，如文卿之善教、子遠之善學，庶其不負方塘翁之祝也。喜而書其後。

本文透露出三個信息，第一：程鉅夫與趙方塘相識十幾年，分別也已十年，二人為同僚。〔註143〕第二：解釋了「遠齋」所含志向：築室京師，命名「遠齋」，自言有志於不為名聲所累。若為了聲名而蠅營狗苟，即使名喧勢震，自認為遠人千里，其實不然。第三：程氏與趙氏在此處的志向相同。正印證了袁桷在《趙方塘行狀》中對其性格的總結「公天性疏達，與人交，緩急高下，盡力傾引弗避。不為刻峭自高，亦不復計得失成就」。

趙與票曾向朝廷進言：「江以南括責營聚，皆大臣與其黨類，私植貨，累鉅萬願寬今年田租，以緩赤子。宋世陵寢毀掘，及移徙故宗室大姓，皆非初詔本旨，乞正其私擅之罪」。〔註144〕

江南因地方官與巨商大賈結黨營私出現赤字，又有宋世陵寢遭人毀掘，趙與票進言請治私擅之罪。趙與票揭露出此中弊端，意在引起元廷重視、改善江南現有不利於民生的局面。這與程鉅夫關心民瘼的思維一致。

程鉅夫與趙與票同為南人，二人入朝為官，畢生的追求表現在為元廷接受南人而殫精竭慮、向上進言、四處奔波上。

程鉅夫又曾為趙與票作次韻詩《次韻趙方塘並序》〔註145〕：

〔註142〕《雪樓集》卷24。
〔註143〕《題趙方塘作劉子遠字說後》，《雪樓集》卷24：「余與方塘翁同朝者余十年，別之亦十年矣」。
〔註144〕《趙方塘行狀》。
〔註145〕《雪樓集》卷26。

積雨為沴，方塘待制出長篇訟風伯，憂愛之誠溢乎筆墨之外，不鄙賜教。顧某何足以知此耶？厚意不可虛辱，輒次韻，一資捧腹。

書生雙眉幾時開，憂憤填腹長殷雷。愬陽前日勢暴橫，六合幾欲燃為灰。天瓢一滴不可得，望望幾送日西頹。盂水青楊類兒戲，搜索旱鬼到禍胎。物生斬絕有足念，天意似為斯人回。三日滂沱勢破竹，羣情慰悅渴望梅。龍休雲歸能事畢，神功收斂何待催。如何轉慣驕子態，來不受挽去難推。陽光一線時滲漏，陰騎千陣相排陁。禾頭生耳黍穗黑，終歲勤動良可哀。玉堂仙人訟風伯，謂不肆力掃滌來。嗟嗟風伯信可罪，前者致旱何雄哉。天下降兮澤上氣，爾乃飄颺鼓黃埃。厥令陰霾蔽天地，爾乃瑟縮不殘摧。安得皇天立梯磴，封詞直上訴九垓。蒼生到頭不蘇息，浸淫之虐猶燔煨。要知風兮亦何罪，羣陰黨互為妖災。斟酌元氣本在上，願天一正北斗魁。

正因為政治追求相似，程鉅夫在寫給趙方塘的詩作中，表達對民生之艱的憂思。此詩用長篇鋪排的方式來渲染積雨帶來的危害當。序中言明寫作此詩的目的是次韻對趙與嫖譏諷風伯之詩，以「一資捧腹」。但最後該詩的寫作回歸到了政治主題「要知風兮亦何罪，羣陰黨互為妖災。斟酌元氣本在上，願天一正北斗魁」積雨帶來的危害並非只是因為風的原因，而是各種因素互相作用的結果。暗喻程鉅夫希望在政治上能有一番作為，能夠以一身正氣振乾坤。

《次韻趙方塘·又並序》中同樣抒發了程鉅夫為政的憂慮和關心民瘼的憂思：

泳拜長篇之貺，上下古今世變，寫一念仁愛之真，伏讀再四，發我深省。韻嚴步窄，自合閣筆，而老天劃然開霽。至誠感神矣！某敢不拜，謹載　以謝。

煤炱滿空撥不開，老虯鞭風駕百雷。暘烏旬日受掩翳，團團一鏡埋寒灰。黃流亂注山嶽暗，凜凜天地就傾頹。晨興劃然玉宇淨，火龍珠飛出蚌胎。　哉神機速旋幹，豈伊人力能挽回。誰知仙筆驅造化，詩壇自著今歐梅。印首奉辭叫閶闔，一章未報一章催。時乎震霆轟復止，意者有物尼其推。時乎癡雲聚復散，意者有物排其陁。安知天帝不下耳，聞之惻然為興哀。亦曰斯民生已久，一脈肇自開闢來。九潦七旱亦勞止，五風十雨安在哉。好生自是天職分，忍使變滅隨煙埃。鯫生因此重有感，歷閱今古心為摧。彼蒼仁愛靡不至，

胡乃光霽靳九垓。欣欣熙熙能幾見，憂愁歎恨半煎熬。是豈天分不
悔禍，抑亦人也自作災。安得君詩見諸事，毋負老天生傑魁。〔註146〕

閱遍古今，程鉅夫內心生出諸多感慨：仁愛之心有時不能延及百姓，是令
人遺憾之事。這是自然導致的禍端，還是人世間人自己製造的災難？程鉅夫對
趙與𤏳心生敬佩，因為趙與𤏳也做了災難為天災還是人禍的思考。

程鉅夫曾為趙與𤏳作《青玉案・壽趙方塘學士》祝壽：「昌陽初薦長生醑。
又好日、逢重五。綠鬢神仙家玉署。」「細葛香羅難比數，醺醺醉了，卿卿一
笑，巧結同心縷。」〔註147〕恰逢端午，美酒相伴，與宴之人像進入了神仙般
的心境。程鉅夫希望與趙方塘「巧結同心縷」，這也是二人交往的明證。

（五）王寅夫

1. 王寅夫生平行蹤

王寅夫曾任禮部郎中，其酷愛蘇東坡之詩並傚仿創作關於閩地風物的詩
集，後將所作藏於禮部，備他日而觀。至元三十一年（1294）立夏（三月二十
日前後）王寅夫在禮部郎中任上。〔註148〕因程鉅夫有詩作《次韻王寅夫尚書
述懷》〔註149〕，知其極有可能官至禮部尚書。王寅夫曾至閩地，與程鉅夫多
有唱和。

2. 程鉅夫為王寅夫所作詩文

程鉅夫在閩地任職之時，王寅夫也恰巧在此，二人多有詩歌互達。程鉅夫
在閩地的時間為至元三十年（1293）七月，程鉅夫被授正議大夫、福建閩海道
肅政廉訪使之時〔註150〕。《程譜》中又有「冬，閩海代歸」，顯示大德元年（1297）
冬，程鉅夫結束了福建閩海道肅政廉訪使的職務，返回大都。據以上可知，至
元三十年（1293）七月到大德元年（1297）冬程鉅夫在福建閩海道肅政廉訪使
任上。根據二人遊覽鼓山的詩歌，知此期間的某段時間，王寅夫也在閩。

《寅夫惠顧公宇適有倉庚氏之役不得晤語明日武仲經知事攜示寅夫登樓
佳句，用韻以謝不敏》為王寅來看望程鉅夫，程氏恰有朝廷公務在身，不得會
面，於是寫詩表達歉意，也表示自己希望與王寅夫一起登臨：「浮雲過眼紛紛

〔註146〕《雪樓集》卷 26。
〔註147〕《雪樓集》卷 30。
〔註148〕參見程鉅夫《王寅夫詩序》，《雪樓集》卷 14。
〔註149〕《雪樓集》卷 28。
〔註150〕《行狀》。

白，遠樹涵窗隱隱青。我亦登臨興不淺，此時應是避文星」。〔註151〕

《倉中兀坐憶寅夫雨夜佳篇用韻呈似》〔註152〕為程鉅夫雨夜入眠，想起了與其有相同政治志向「炎方枯槁解民懸」關心民間疾苦的王寅夫，於是作詩以呈。

程鉅夫與王寅夫曾多次一起遊覽鼓山，關於「鼓山」一地，根據程鉅夫《鼓山閩之望湧泉寺之勝有二美焉寅夫凡三遊而僕未一至每遊賦詩必四不鄙下教祇益吾愧次韻奉酬》詩題可知，鼓山在閩，湧泉寺為鼓山之遊覽勝地。又據程氏《與寅夫約登鼓山二月十一日竟獨往而不我告繼聞是日乃寅夫初度即事為壽》「已約同題石鼓詩」，知「鼓山」即「石鼓山」。再據《八閩通志》：「永春縣高鎮山……石鼓山，其山有聲如鼓鳴，則天降霖雨。上四山在……俱縣東」「石鼓山，上有石如鼓，上二山在湯泉上團」〔註153〕可知，石鼓山在閩永春縣高鎮山湯泉上團。

程鉅夫曾與王寅夫約好二月十一日登鼓山，未想是時王氏獨自前往，後程氏才知當日為其生日，於是寫詩祝賀：「平生亦有觀山癖，已約同題石鼓詩。誰知青雀嗘桃至，竟著先鞭了不知」「眼中定有驚人句，我今想像何能賦」「佛成靈運誰後先？重期一指蓬山路」。〔註154〕

《寅夫惠教遊鼓山四詩細讀如在屴崱杖屨間想像追和用堅重遊之約》為王寅夫將所寫四首遊鼓山詩示予程鉅夫，程氏得王氏賜教，追和其詩，抒發感慨「細嚼公詩如橄欖，挽回塵俗入風騷」〔註155〕程鉅夫深感王氏詩歌不俗，仔細咀嚼，如橄欖在喉，回味無窮。

《鼓山閩之望湧泉寺之勝有二美焉寅夫凡三遊而僕未一至每遊賦詩必四不鄙下教祇益吾愧次韻奉酬》：「不辭使節滯甌蠻，贏得期程飽看山。成佛誰教遜靈運，上人今復遇高閒。詩盟未冷宜尋載，禪鑰雖嚴許叩關。到底內觀更奇絕，只消面壁了區寰」〔註156〕為王寅夫第三次遊歷鼓山湧泉寺兩處美景，程鉅夫雖未至，作詩以酬。正如謝靈運具有的登臨雅興，登鼓山樂趣非常。登臨

〔註151〕《雪樓集》卷26。
〔註152〕《雪樓集》卷26。
〔註153〕〔明〕陳道《八閩通志·地理》卷七，明弘治刻本。
〔註154〕《與寅夫約登鼓山二月十一日竟獨往而不我告繼聞是日乃寅夫初度即事為壽》，《雪樓集》卷26。
〔註155〕《雪樓集》卷26。
〔註156〕《雪樓集》卷26。

之時可以體會大自然的奇崛，表達了程鉅夫嚮往悠閒自在生活的願望。

王寅夫再遊鼓山，作詩四首，程鉅夫雖然未能同遊。但覺此等和詩之雅趣不能錯過，於是作次韻詩《寅夫示再登鼓山四詩僕雖不獲同遊然來詩不可虛辱次韻奉謝且致歸班之餞》，並作為王氏待選時的餞別詩：「山神何意回吾駕，客子逢春負此遊。靈運一時遺鴈蕩，少陵千古擅牛頭」。〔註157〕

王寅夫比程鉅夫較早離開閩地，回朝為官。除上首餞別詩外，程鉅夫還作《奉餞寅夫使歸》相送：「王君世儒雅，不厭州縣勞。一持秋霜簡，徑署春官曹。平生風月懷，筆勢江海濤。青冥使節下，跋履閩嶠高」〔註158〕鼓山為閩地盛景，二人多次因為登鼓山相互和詩。此時王寅夫離閩歸朝，程鉅夫總結其胸懷與筆力「平生風月懷，筆勢江海濤」，並希望「君行勿遲留，耆俊方盈朝」。王寅夫行事儒雅，遠離朝廷，在州縣做官卻不厭辛勞，這次回朝做官一定會有所作為。

程鉅夫還作《沁園春》以和王寅夫「樓居妙曲」，表達對即將遠行的王寅夫的惜別之意：「明媚時光，溫柔地氣，倘可棲遲老是鄉。花神訴，怨春歸閬苑，自有天香。」〔註159〕此為和歌，同時蘊含昔別之意。詞人憑高遠眺，想到人間事「翻覆蒼黃」。詞人也想到蘇東坡，羨慕蘇東坡優游自在的生活，並描述了春日的美景。

王寅夫在禮部郎中任上時，程鉅夫與其也有詩歌互答。《和王寅夫郎中元日立春二首》：「從此不憂江海遠，春官袖有十分春」「詩酒風流憶諸老，簿書塵土愧吾曹。焚香覓句多閒雅，旅思絲梦得孟勞」〔註160〕是一首朋友相和的寫景詩，表現出留戀詩酒風流、自得自在的嫻雅。

後王寅夫任禮部尚書，程鉅夫寄《次韻王寅夫尚書述懷》表達政治願望：「五字賢長城，何幸獲或擔。傳之寄千載，雅頌俱縢緘。願言隆鼎彝，無窮在遷談。」〔註161〕南北合一三十餘年，政治清平，程鉅夫希望繼續這樣下去，刊載在廉吏豐碑上的官員能夠源源不絕。時王寅夫為尚書，從「述懷」二字看出二人相交慎密。

關於王寅夫生平，史料並無記載，根據程鉅夫為其所作詩文詞可推知其生

〔註157〕　《雪樓集》卷26。
〔註158〕　《雪樓集》卷26。
〔註159〕　《沁園春·和王寅夫樓居妙曲兼致惜別意》，《雪樓集》卷30。
〔註160〕　《雪樓集》卷26。
〔註161〕　《雪樓集》卷28。

平行蹤。無論王寅夫在地方為官，還是官至禮部郎中、禮部尚書，程鉅夫都有為其所作詩文詞，其中有朋友之間的關懷也有政治理想的表達，可見二人的交往之深之密。

（六）王楚山

1. 王楚山生平

宋理宗淳祐九年（1249），王楚山出生。王楚山與程鉅夫同里，有詩集，程鉅夫曾為其詩集作序，盛讚其詩。程鉅夫《王楚山詩序》涉及關於王楚山的生平：「翁（王楚山）與余同里，又同年生。……每當風晨月夕，山嬉水娛，可嘯可詠，可歌可籲者，一寄此集也。觀者美之，如錦段玉案。余將還西江，因留其集，而書此以謝焉。」〔註162〕王楚山與程鉅夫同鄉，並生於同年。二人曾一起優游山水，詩文娛樂。

2. 程鉅夫為王楚山所作詩文

程鉅夫曾為王楚山作壽詞《清平樂·壽王楚山》：「丹霞洞口紅泉。從來慣醉飛仙。不是稱觴獨後，後天長似先天」，詞中營造了仙境，程鉅夫祝願王楚山「後天長似先天」。

程鉅夫也為王楚山所作次韻詩《次韻王楚山見寄二首》：「江山信美重登樓，歲歲年年客裏留。遠景記成懷蜀裏，孤雲望斷感邠州。白鷗江上天連水，黃鶴幾頭月滿洲。歷歷楚山青不老，幾時握手話曾遊」〔註163〕，通過詩歌可知，王楚山學問有承傳，詩詞尚田園風格。程氏在此祝福王楚山「楚山青不老」，希望有一天與之故地重遊。

（七）王構

1. 王構其人

王構（1245～1310），字肯堂，號安野，東平（今山東東平）人，王士熙父。至元十一年授翰林編修。宋亡，被旨至杭取圖籍儀仗。累陞治書侍御史，改翰林侍講。成宗即位，參議中書省事，以疾歸。起為濟南路總管。武宗立，拜翰林學士承旨，至大三年卒，年六十六。諡文肅。編有《修辭鑒衡》二卷。其生平事蹟見袁桷《翰林學士承旨贈大司徒魯國王文肅公墓誌銘》〔註164〕。

〔註162〕《雪樓集》卷15。

〔註163〕《雪樓集》卷30。

〔註164〕袁桷《清容居士集》卷29，四部叢刊景元本。

　　至元十五年（1278），程鉅夫攜全家入備宿衛。十一月九日，忽必烈問賈似道何許人，程鉅夫歷陳詳細經過，陳述皆合元世祖心意，元世祖特命其任職翰林院，事見何中《翰林學士承旨光祿大夫知制誥兼修國史程公行狀》〔註165〕：「十一月九日，賜見。上曰：『卿在江南，知賈似道為何如？』公條對似道始終所以忠邪狀甚悉，上大悅，嘉其有識，仍面試文字一通。公顧出入禁闥，力效忠藎。有旨署翰林院，與諸老遊」。

　　本年，王構充任翰林文字：「至元十四年，令王構充應奉翰林文字，王構不願授職，公辭曰：『少嘗授學於李先生謙，今先生猶教授東平，實不敢先。』遂以官召李」，明年始受該職。」〔註166〕

　　可知，本年，程鉅夫與王構相識。

　　至元二十八（1291）年，程鉅夫在江南行御史臺任上。九月，從行臺侍御史職位卸任還江西。〔註167〕

　　據《元史王構傳》：「會桑哥死，乃免。有旨出銓選江西」。〔註168〕又有《元史熊朋來傳》：「會朝廷遣治書侍御史王構銓外選於江西，於是參政徐琰、李世安，列薦朋來為閩海提舉儒學官」。〔註169〕可知本年一月，桑哥被罷官，五月死。其後，時任治書侍御史的王構，奉朝命於江西銓選官吏，則此時正在江西。

　　從《題九方皋相馬圖後並序》：「至元辛卯秋，杭張師道寄余此卷。是歲十月，會安野侍御於洪，臨岐出此，以當贈策，就題廿字。萬里出市駿，九京誰作歌。多因毛色似，誤殺眼明人。」〔註170〕知本年十月，程鉅夫與治書侍御史王構相會於洪州，臨別出《九方皋相馬圖》相示，並題詩。

　　本年，程鉅夫與王構在江西相遇，有詩文往來。

2. 二人的詩文來往

　　程鉅夫於至元二十八年（1291）到洪州（今江西南昌），與王構、徐琰等人詩酒唱和。〔註171〕《至洪王肯堂治書見示芙蓉詩次韻二首》便寫於程鉅夫剛到洪州時。詩歌描繪芙蓉特有的景象「九天清露零，一道紅雲開」〔註172〕

〔註165〕下簡稱何中《程公行狀》，《全元文》第22冊，第205～210頁。
〔註166〕袁桷《翰林承旨王公請諡事狀》，《清容居士集》卷29，四部叢刊景元本。
〔註167〕詳見《年譜》：至元二十八年。
〔註168〕《元史》卷164《王構傳》，第3855頁。
〔註169〕《元史》卷189《熊朋來傳》，第4334、4335頁。
〔註170〕《雪樓集》卷26。
〔註171〕參見本書下編《程鉅夫年譜》「至元二十八年」。
〔註172〕《雪樓集》卷26。

清露中的芙蓉似紅雲綻放，又似佳人頹顏暈紅玉。如此美景只有仙境中才有，這是楚地特有的風物。結尾以「結言遺吾相，高舉郢書燭」來暗示二人當時皆在江西洪州（今江西南昌）。

在洪地，程鉅夫還仿照陶淵明《飲酒》、《止酒》篇作《徐容齋參政王安野治書更倡迭和飲酒止酒各極其趣次韻二首》〔註173〕，其中的「飲酒」篇為王構所作：「秫田亦何須，淵明故山去」嚮往陶淵明優游自在的生活，並希望與王構一同前往「淵明故山」。

程鉅夫在江西自家園子看到冬日梅花，心繫以往同僚徐琰、王構、趙元讓、黃文瑞，寄詩表達深情，作《家園見梅有懷疇昔同僚諸君子因成廿六韻奉寄徐容齋王肯堂趙元讓黃文瑞諸公》：「往時姑射仙，夜墮江南村。江南富嘉植，梅花眾中尊。九地閟玄凝，先天占春暄。的皪冰雪姿，不受風塵昏。孤清愜幽意，臏馥醒吟魂。愛之玩不斁，冥契終無言。羅浮本幻境，前夢覺已謾」〔註174〕。

此長篇五言排律，以「梅」為描述中心，圍繞「梅」，寫出了老莊神仙般清幽的境界，這裡有：姑射仙、冰雪中的皪花、歲寒友。程鉅夫遙想與友人相聚時「依依故人面，竟日對傾罇」，如今卻不得相見，幸有依稀明月映照出相互賞識的心意，才使得詩人得到些許安慰。

後王構返歸京師，程鉅夫仍在洪州。程氏作《送余率翁秩滿謁選並寄容齋承旨肯堂學士》表達對王構的思念：「江南四月梅子黃，衣袖已試荷風香。……容齋遂慵兩相好，劍氣耿耿龍騰驤」〔註175〕四月時節，梅子漸黃荷花飄香，程鉅夫以此詩寄託「容齋遂慵兩相好」之意。

除次韻芙蓉外，程鉅夫為王構所作還有次韻紅梨花《次韻肯堂學士冬日紅梨花二首》。冬日嚴寒中黃菊開、雪花紛飛，梨花綻放冰姿「無情及枯株，嫣然為修容。坐令玉華君，來從藥珠宮。麗妝凝祥雲，明眸轉驚鴻。豈非散花手，試君情所鍾」〔註176〕而詩人在對花飲酒之際，因花想到了王構，內心諸多感慨。

翰林侍講學士王構，自號安野。於京師買宅，名為「遂慵」。程鉅夫覺得這並非王構本意，「標慵豈必慵」，是一種從容。於是程鉅夫作《題肯堂學士遂慵軒》〔註177〕：「東皋記醉非真醉，安野標慵豈必慵」。

〔註173〕《雪樓集》卷26。
〔註174〕《雪樓集》卷26。
〔註175〕《雪樓集》卷26。
〔註176〕《雪樓集》卷26。
〔註177〕《雪樓集》卷26。

對此，王構認為程氏未體會其本意。程氏疑惑，作《王肯堂遂慵軒說》再釋「遂慵」之意：「君能慵於其所可慵，則必能不慵於其所不可慵」〔註178〕。讚賞王構作詩能夠隨心所欲不逾矩行事，合於內心本性。

程鉅夫與王構的交往主要是二人同在江西之時，後王構返回京師，程鉅夫仍在江西，二人有詩文互答。

三、獎掖提拔的後進

程鉅夫的文學、理學思想得以廣泛傳播，產生影響，與他的交遊有很大的關係。他與後學文人交往，常以鼓勵學術、興辦教育為主。通過與張伯淳、何中、揭傒斯、盧摯的交往，其詩文作品得以流傳，《雪樓集》四十五卷便為揭傒斯所校正。

（一）張伯淳

1. 張伯淳簡介

張伯淳（1243～1303）字師道，籍貫為清河（今屬河北邢臺），居住於崇德（今屬浙江崇德）。幼已卓然，舉童子科。後以父任，銓受迪功郎、淮陰縣尉，改揚州司戶參軍，尋擢進士第，監臨安府都稅院，宋進士，陞觀察推官，歷太學錄。至元二十三年起為杭州路學教授，歷浙東、福建兩憲知事，薦授翰林直學士，元貞元年除慶元路治中，未幾辭歸。大德四年起為翰林侍講，七年卒，年六十一。諡文穆。自牓其室曰「養蒙」，世又稱張養蒙〔註179〕，有《養蒙文集》十卷。其生平事蹟見程鉅夫《翰林侍講學士張公墓誌銘》〔註180〕。

2. 張伯淳得程鉅夫知遇和提攜

據《程譜》至元二十四年，張伯淳為「江南訪賢」在冊士人，在張伯淳入元為官的過程中，程鉅夫對其多有提攜。

3. 張伯淳為程鉅夫所作詩文

張伯淳曾作《題程雪樓黃庭經》〔註181〕：

> 雪樓之中有至人，手持一卷《黃庭經》。閒居無事心太平，審能行之可長生。鼠鬚吐英玉螭蟠，山陰書仙脫塵凡。傳之琬琰堅且完，

〔註178〕《雪樓集》卷23。
〔註179〕《翰林侍講學士張公墓誌銘》，《雪樓集》卷17。
〔註180〕《雪樓集》卷17。
〔註181〕張伯淳《題程雪樓黃庭經》，《養蒙文集》卷7，清文淵閣四庫全書本。

拓以繭素資陳玄。白黑粲粲久可觀，雙瞳炯炯常凝注。天君泰定掃
俗慮，自然神全守深固。門中五城十二樓，粉黛當前身之蠹。被服
黃庭急回頭，長生之方勿外求。古今日月車兩輪，崑崙蓬萊無晨昏。
深藏巾笥悟靈根，君能寶之可長存。

文中張伯淳想像程鉅夫在居所雪樓中捧讀《黃庭經》的情狀，用「閒居無
事心太平，審能行之可長生」、「白黑粲粲久可觀，雙瞳炯炯常凝注」、「天君泰
定掃俗慮，自然神全守深固」描述出當時程氏的心態和狀態。將程鉅夫比作山
陰書仙。道家仙境景觀「鼠鬚吐英、碧玉螭蟠、琬琰、繭素、崑崙蓬萊」的描
述令讀者嚮往，這是希望在瞬間擺脫素食煩惱之人的共同追求，所以張伯淳認
為程鉅夫「深藏巾笥悟靈根，君能寶之可長存」。〔註182〕程鉅夫思想中有一面
便是對道家清靜無為境界的沉浸和嚮往，張伯淳熟悉其師為人，故在文中的刻
畫準確傳神。

對程鉅夫所作圖畫，張伯淳也極為欣賞的，並曾作《題程雪樓雅嘯圖》〔註
183〕：「梅亭聲價以文傳，題識猶存癸巳年。後六十季誰展卷，西園景物只依
然」。詩歌論述了畫的存在價值，《雅嘯圖》於六十年後仍能保存西園美景。

至元二十九年九月十日，程鉅夫宴集士人，張伯淳為參與宴集士人之一，
並有詩作《壬辰九月十日謝程雪樓宴集》表達當時的心境：「醉裏不知身客鄉，
笑談猶作少年狂。祇今寂寞他籬落，黃菊還如昨日香」。〔註184〕

此詩為張伯淳醉後之作，表達與同好相樂，意氣風發，雖寂寞籬落，仍憶
得昨日菊香。詞人雖有失落，但總體情感基調是高昂的。

4. 相似的觀點和主張

在對士人的評價和為人處世方面，程鉅夫與張伯淳表現出相似的觀點和
主張。

張伯淳曾作《送陳笠峰赴安慶教授序》：

郡有學，教之所由闢，所以培養人才為異日用，非直教之也。
而又有以養，國家待士之意，不輕也。自教法不明，徒以課試為教；
甚者，並課試復不省，惟知過用其精神心術於養士之具，而忿爭所
至不免。學校於是乎日輕。……若四明陳君之於教，蓋有其已試之

〔註182〕張伯淳《養蒙文集》卷8，清文淵閣四庫全書本。
〔註183〕張伯淳《養蒙文集》卷8，清文淵閣四庫全書本。
〔註184〕張伯淳《養蒙文集》卷7，清文淵閣四庫全書本。

效，而略無可指之疵。余嘗從事東浙憲府，越學舊遊，余與君雖相
後，先而章甫縫掖者過余，識不識誦陳笠峰如出一口。……秩滿累
載，部使者乃上其姓名於省臺，明刑莅政將無施不可。……余因是
知君通儒者也、廉而公者也，教養盡職者也，施於有政而咸宜者也。
至元三十年五月十一日，嘉興張伯淳書於大都驛舍。〔註185〕

　　文中敘述元廷待士之意本來不輕。但目前的問題是教法不明，欲速不達，
故學校為時人所輕視。而教學士人所具備公與廉的品德非常難得。陳笠翁卻恰
是公而廉之人，張伯淳評價其「皖溪翠氣，高齊碧雲，聞風已有德色，將多士
幸甚。君文獻故家，蚤歲馳聲場屋，仕而不苟，貧而能廉如此。余因是知君通
儒者也、廉而公者也」充滿敬佩與讚揚之意。

　　程鉅夫也曾作《送陳笠峰並序》：「笠峰陳君教授紹興有聲，秩滿謁選，僅
得舒州教授以歸。士論稱屈，笠峰怡然曰：『是豈不可為哉？』將行，養蒙送
之以序，盡之矣。廣平程某故永歌之」。〔註186〕文中表達出與張伯淳《送陳笠
峰赴安慶教授序》一致的態度和觀點。

5. 詩文唱和

　　在交往的數十年中，程鉅夫與張伯淳多有唱和。

　　程鉅夫生日早張伯淳生辰不到十日，程氏生日這天，張氏作《臨江仙·壽
程雪樓》為其祝壽。

　　　　白雪樓頭青晝永，新來喜事連綿。朱明綠暗麥秋天。綉衣何日
　　去，丹荔已香傳。　　前夜團團明月好，清光留照華筵。錦囊隨處地
　　行仙，庭椿關望眼，同慶八千年。〔註187〕

　　詞首以「白雪樓」起興。白雪樓地處湖北鍾祥，位於鍾祥城西絕壁「節節
高」上。據《寰宇記》載：「白雪樓基在州子城西」〔註188〕。《輿地紀勝·圖
經》：「子城三面墉基皆天造，正西絕壁，下臨江漢，白雪樓冠其上」〔註189〕。
整首詞的格調清新明朗，此刻秋高氣爽，香氣撲鼻。明月清光預示著團圓美好，
這一切都在祝福程鉅夫的壽辰「同慶八千年」。

　　因張伯淳《水龍吟》壽詞，程鉅夫作《水龍吟四又（有序）月廿五日》回

〔註185〕張伯淳《養蒙文集》卷8，清文淵閣四庫全書本。
〔註186〕《雪樓集》卷26。
〔註187〕張伯淳《養蒙文集》卷10，清文淵閣四庫全書本。
〔註188〕〔清〕穆彰阿《大清一統志》卷342，四部叢刊續編景舊鈔本。
〔註189〕〔宋〕王象之《輿地紀勝》卷84，清影宋鈔本。

贈，恭賀張氏壽辰。「予生之辰先養蒙學士旬日，亦既拜《臨江仙》曲之賜」〔註190〕詞中程鉅夫稱張伯淳為「養蒙學士」，又《翰林侍講學士張公墓誌銘》：「二十八年，朝廷重振剛紀，擢為福建廉訪司知事。……益簡注焉，遂為翰林直學士。今上龍飛，詔命多出其手。進階奉訓大夫，仍先職，知制誥、同修國史」。〔註191〕可見，張伯淳當時官職為翰林直學士，因為元廷撰寫詔命，故被擢官為奉訓大夫、知制誥、同修國史，翰林直學士官職不變。

程鉅夫寫作壽詞的目的是祝壽且賀新歲。用「龍象」、「玉堂」營造了仙境，祝賀張伯淳壽辰。

（二）何中

1. 何中其人

何中（1265～1332）字太虛，一字養正，撫州樂安人。少穎拔，以古學自任，藏書萬卷，皆手校讎。至大初遊京師，居兩月而歸。至順二年行省請講授於隆興路東湖、宗濂二書院，明年卒，年六十八。有《知非堂稿》、《通鑒綱目測海》三卷、《通書問》一卷。有關何中生平事蹟，在宋濂《元史何中傳》中有詳細記載。〔註192〕

因少年起便聰穎拔萃、博覽古書、積澱頗深，所以，及長，何中得到程鉅夫、元明善、姚燧、王構、吳澄、揭傒斯等的肯定和推薦。

何中作《陳桂溪行述》：「先世創道山書院，環以群峰，繚以清流，號為勝地。四方名士，賦詩者多，雪樓程公亦嘗同賦。讀書其間，每誦聲至夜分，雖老彌勵。至治癸亥正月得疾，疾不可起，以其某月某日卒，年七十八。」〔註193〕先述陳桂溪品行，其最大的特點為當儒者廢業之際，能篤意科舉之學。先世創道山書院，環以群峰，繚以清流，號為勝地。四方名士，賦詩者多，程鉅夫也曾為之作詩。

程鉅夫與陳桂溪同賦詩於道山書院勝地。曾國荃《湖南通志》：「道山書院在寧鄉縣東三十里道山之陽，一名雲峰書院（舊志作靈）。宋胡宏張栻講學之所（舊志）。」〔註194〕《雪樓集》卷二十八《陳氏山居書院前創橋名道山》即為何中《陳桂溪行述》所記程鉅夫所作原詩：「共說山居好，煙霞幾許深。架

〔註190〕《雪樓集》卷 30。
〔註191〕《雪樓集》卷 17。
〔註192〕《元史》卷 199《何中傳》第 4479 頁。
〔註193〕何中《陳桂溪行述》，《知非堂稿》卷 11，清文淵閣四庫全書本。
〔註194〕〔清〕曾國荃《湖南通志》卷 68，清光緒十一年刻本。

中書有種，橋下水無心。酒聚陳遵客，花留蔣詡吟。宿春應可到，吾亦慣臨」
記載了四方名士同賦詩於道山書院的情景，敘說了山居生活的美好以及書院
的景致和藏書。何中能記述此次活動，想必對程鉅夫行蹤較為留意。

2. 何中為程鉅夫所作詩文

《賀程承旨啟》寫於程鉅夫向元廷請辭「辭榮丹陛」後：

> 伏以辭榮丹陛，尋隱絪泉。漢庭尊疏傳之賢，用成其美；士流
> 美歐公之退，共仰其高。展也偉人，見於今日。竊嘗觀功名之際，
> 罕有能始終之全。雖如唐虞三代之時，無踰伊週二公之懿。然當保
> 衡之任，則有營桐之危。居負扆之時，不免徹桑之慮。使其非望，
> 實在人之有素，誠未知明哲保身之何如。是以霸越治吳，遄動扁舟
> 之興。除秦蹙項，即從赤松之遊。天下徒稱其知幾，胸中所存豈易
> 識。不然叔季之希闊，何為蹤跡之寂寥。借曰有之，亦云末矣。淵
> 明之棄其職，特不堪於督郵；巨源之歸其鄉，以既老於司業。校其
> 去就，彼哉重輕。況於泰運之方隆，可以遯肥而自詭。此公之事，
> 於世無倫。恭惟承旨相公雪樓先生閣下：一代宗工，四朝名德。迪
> 我高后，旁招俊乂之賢；式是南邦，遠有光華之被。摧權奸於方熾，
> 振臺綱而益強。顯惟成宗，召彼故老。俾商中書之事，兼崇內相之
> 班。〔註195〕

何中述程鉅夫請辭的原因是想過世外桃源般無憂慮的生活「尋隱絪泉」，
並以「疏傳之賢」來比擬程鉅夫的品德。而此舉真正令何中歎服的是功名之際，
能始終之全。范蠡、淵明、巨源的歸隱皆有其不得已的苦衷，所以何中尊崇程
鉅夫此次請辭為於世無倫之舉「況於泰運之方隆，可以遯肥而自詭。此公之事，
於世無倫」。難得的是在任上，程鉅夫做出不容小覷的功績，包括南下招俊乂
之賢、摧權奸振臺綱，因此為當朝人所尊崇。何中總結其品德「聖立尊之而不
名，群公敬之而無間。道德如此其厚，節槩如此其高。文章如此其煒煌，名位
如此其超卓」。

何中又有《寄程承旨》一文：「元凱同嚴，召留班錫。異恩聖神，思治
切宗。社有公存，地立竈峰。峻天依鳳，闢尊咎夔。俾道合旦，爽共心論。
妙斡時雍，化丕揚祖。烈敦堯文，嚴大典虞。採倚昌言，卦氣丹凝。鼎星符
紫，照垣奇齡。歸碩德寶，鞏皇元。花竹蕃三，谷雲霞煥。九門相望，清晝

永朝。」〔註196〕此文有《詩經・大雅》之風範，盛讚程鉅夫在朝廷中的功績。以盛大的氣象與吉慶祥和的器物如：鼇峰、卦氣、丹凝、鼎星、九門來點燃。

何中《程氏山房燕集是麻源第三谷》為何、程二人遊覽時之作：

> 芳村暖微煦，眾岫分餘煙。逶迤望遠壑，趣得心轉延。洞開石扇反，澗陁溪流喧。居人隱古俗，香氣通幽禪。艷綠度畫梁，語笑相後先。飄飄縱飛屐，松聲正鏘然。窈窕山曲第，麗攓朝霞鮮。勳庸在廟廊，傑閣儲芸編。緬懷康樂公，奇蹤此周旋。詎知有今夕，聯集玉堂仙。羣鵲亦與喜，共舞芳尊前。無情尚相感，矧當後諸賢。暢飲抱真適，遠心寄微言。茲遊即千載，湛輩期俱傳。〔註197〕

元成宗大德八年（1304）秋，程鉅夫建居室於旴西麻源第三谷，藏書數千卷。該地為晉所謂華子崗。大德九年三月三日，程鉅夫於此地舉辦燕集。

當時參與「第三谷宴藏書山房白雪樓」燕集的主要士人有牟巘、鄭松、揭傒斯、何中、曹璧等人。何中所作《程氏山房燕集是麻源第三谷》，開篇是曲徑通幽之幽居之地，繼而便是令人心曠神怡的景致「居人隱古俗，香氣通幽，禪艷綠度，畫梁語笑」，由此使人聯想到謝靈運遊覽此處的情景「康樂公奇蹤此，周旋詎知？」，稱讚其遊覽雅興。

對於何中的才學，程鉅夫多有稱讚，其作《書何太虛集易象後》〔註198〕便是對何中學問的肯定。此文盛讚何太虛所書《易象》，以老儒日以錢布卦、吳澄取炭爐畫卦於案畫卦有悟，發出感歎「安得三君日相聚，共竟斯事哉！」〔註199〕將何中的學問視為與老儒、吳澄同樣的等級，讚美之詞溢於言表。

3. 何中《翰林學士承旨光祿大夫知制誥兼修國史程公行狀》中所記載程鉅夫為官細節

何中《程公行狀》對程鉅夫的基本情況，包括姓名籍貫、先祖歷官和分封情況作了介紹。此《行狀》與揭傒斯《行狀》相比，對某些事情的介紹不很詳細，甚至尚未提及，但對於其官職任用、親人子孫的分封情況介紹的非常詳細，可以作為揭傒斯《行狀》之補充。

相比揭傒斯《行狀》、危素《神道碑》，《程公行狀》使後世對程鉅夫行蹤

〔註196〕何中《知非堂稿》卷3，清文淵閣四庫全書本。
〔註197〕何中《程氏山房燕集是麻源第三谷》，《知非堂稿》卷3，清文淵閣四庫全書本。
〔註198〕《雪樓集》卷25。
〔註199〕《雪樓集》卷24。

細節的瞭解，更為詳細。如：對程鉅夫為父母丁憂時間的記載：「某年，丁母
楚國夫人憂，召公與十老俱入朝。」因知十老入朝的時間為至元二十九年
（1292），故可知程鉅夫丁母憂的時間也為本年；「元貞元年，丁孝肅公憂」知
其丁叔父程翔卿憂的時間。《程公行狀》對程鉅夫行蹤和所任官職的記錄也較
其他資料詳細：「（大德）七年癸卯，秩滿，還家。」知程鉅夫在大德七年秩滿
還家；「（至大）二年己酉，有旨，命公往湖廣定選」知至大二年秋，程鉅夫奉
命湖廣行省，主持銓選事；「（至大）三年庚戌某月，除山南江北道肅政廉訪使，
未行」知其於至大三年任山南江北道肅政廉訪使，但並未赴任。其中所記載程
鉅夫於最後三年屢次請辭、得疾反覆及治癒的情形較為詳細：「延祐二年乙卯
春，公得風痺，既瘳矣，有旨，命中書平章、秦國公李孟賜世德之碑，公拜命，
謂諸子曰：『吾起書生，歷事四朝，被恩幽顯。吾老矣！汝等宜益勵忠孝，以
無忘吾事親報國之志，敬之哉！』三年丙辰春，疾復動。……十一月，抵家，
醫藥禱祀畢舉。四年丁巳春，小瘳。九月，夫人俞氏得弱疾。十一月三日，公
疾再作。五年春三月十五日，夫人疾竟不起，而公亦忽忽不樂。至六月十九日，
復得腰疾。七月初，疾革。十八日亥時，薨於正寢，享年七十。」對程鉅夫江
南訪賢的影響，何中的有些描述也非常恰切，如其所言「南人入臺，自公始」
陳述了因程鉅夫屢次入奏元廷，使得其能到江南搜訪遺逸，南人也才有機會進
入元廷為官。

（三）揭傒斯

1. 揭傒斯其人

揭傒斯（1274～1344）字曼碩，江西豐城人，與程鉅夫同鄉。〔註200〕少
以文名，遊京師，延祐元年授翰林編修，進應奉。文宗奎章閣，擢授經郎，陞
藝文監丞。後至元元年遷翰林待制，歷集賢、翰林二院直學士，至正二年陞翰
林侍講。其生平事蹟見歐陽玄撰《元翰林侍講學士揭公墓誌銘》。〔註201〕

在元代詩壇上，揭傒斯與虞、楊、范並稱「四家」。虞集稱揭斯詩「如美
女簪花」〔註202〕，而自喻為「漢庭老吏」。〔註203〕其實就詩的題材廣泛性、

〔註200〕《揭曼碩詩引》，《雪樓集》卷14：予識其言久，今年坐暑黃鵠山，有示予詩
　　　　　一編，曰：「豐城揭曼碩作也。」
〔註201〕歐陽玄《元翰林侍講學士中奉大夫知制誥同修國史同知經筵事豫章揭公墓誌
　　　　　銘》，《圭齋文集》10，四部叢刊景明成化本。
〔註202〕或云「如三日新婦」，都有俊美秀麗之意。
〔註203〕其說見陶宗儀《南村輟耕錄》卷4，瀋陽：遼寧教育出版社1998年，第50頁。

思想內容之深刻性、藝術的表現力而言，揭傒斯不在虞集之下。吳澄《李宗明詩跋》稱：「揭傒斯，鐵中之錚錚者」〔註204〕與其為人為文較為吻合。為人品格正大光明，敢於直言。揭傒斯家庭貧困，但能發憤讀書，得到元朝高官程鉅夫的賞識，將從妹許配給他。至正四年卒，年七十一。諡文安。有《揭文安公全集》十四卷。

2. 程鉅夫對揭傒斯的提攜與教導

揭傒斯與程鉅夫同為江西人，且揭傒斯為程鉅夫子程大本老師，揭傒斯得程鉅夫汲引，並曾在程鉅夫寓所居留了一段時間。

程鉅夫未認識揭傒斯之前，先聞其名，見其詩：「予識其言久，今年坐暑黃鵠山，有示予詩一編，曰：『豐城揭曼碩作也。』」〔註205〕遂為其作《揭曼碩詩引》教導揭傒斯，即使是鄙陋的技能，尚且需要有章法，專心致志堅持，經歷歲月曆久而彌新「涉歲月乃能精」〔註206〕，六經之文尤需堅持，否則將一事無成。文中，程氏直言不諱直指人性中的劣根性來告誡揭傒斯（以往多是以褒揚為主），即使是鄙陋的技能，尚且需要有章法，且專心致志堅持，經歷歲月曆久而彌新，何況是深奧的六經之文？不能輕易輕視小的技能。但是若專注於技能而忘記自己身處的環境，要麼驕矜持示人，反而導致心性喪失，一事無成。這種疾言厲色一是得出程鉅夫的性格，遇事可以直接說出，毫不掩飾，有直爽的一面。二是可以看得出程鉅夫在教育方面的理念，在對待學生方面，極為嚴厲。

後程鉅夫又作《跋揭曼碩文稿》〔註207〕記錄了程鉅夫初識揭傒斯為三、四年以前。初識揭氏之時，揭氏即以詩文相示。程氏盛讚其詩文「屢見屢期，若王良、造父之御，駸駸然益遠而益未止」，並稱讚其詩文敏且巧。

3. 揭傒斯為程鉅夫所作詩歌

「麻源第三谷」為程氏山房藏書之用。大德八年（1304），揭傒斯以兩組詩表達與師長同遊山水之時，對於清幽之地的喜愛、對以遠名齋的讚賞。

《奉陪憲使程公遊麻原第三谷宴藏書山房白雪樓時三月三日》講述了遊覽時間地點、環境與遊覽者的心情。驄馬行經之處，清麗的景致幽人心。時恰

〔註204〕吳澄《李宗明詩跋》，《吳文正集》卷57，清文淵閣四庫全書本。

〔註205〕《揭曼碩詩引》，《雪樓集》卷14。

〔註206〕《雪樓集》卷24。

〔註207〕《雪樓集》卷24。

逢三月三日春風上巳天，雨過懸厓，奔流向前，洗濯春陰。環境清幽令人流連忘返，有拂石、鐘聲、松林、疊嶂……「白雪百尺樓，下有孤猿吟」為美好景致的所在。趣味相投的友人在此書卷清幽之處，詩酒唱和「笑語信忘我，觥籌浩難任。豈不念永留，惘然歸思深」。〔註208〕

　　揭傒斯為這次文人雅集所作的第二組詩歌是《遊麻姑山》，包括《雲關》、《飛練亭》、《湧雪亭》、《三峽橋》。在同題詩序中，揭傒斯記載了關於這次出遊和雅集緣由、經過：「湖北憲使程公間居旴上二年矣。五月二十日詔，詔拜翰林學士。又十日，公與使者及諸客同遊麻姑山，輒以覽歷所止，賦詩五首」。〔註209〕《飛練亭》講述亭子周圍的險峻「神工擲天紳，掛之兩崖間」以至於「勢割山石愁，氣挾草木寒」。《湧雪亭》描述此地的奇異景色：飛泉直上雲端「泉源出地底，仰向雲中行」，風雨之夜後有一番奇景「風霆日夜急，雨雪虛空明」。《三峽橋》描述了兩山之間的奇異景象，淙淙流水，在陽光照耀下，使得觀者不免有「常恐桑田變，中有瞿塘船」的聯想。

　　程鉅夫將赴翰林學士任上，揭傒斯為其作《程學士將赴翰林八月十有二日再命議事中書奉餞一首》。

　　李夢生的論文《〈元史〉正誤二例》〔註210〕指出了《元史》、《新元史》所記載程鉅夫召拜翰林學士之年皆誤。李夢生在考證揭傒斯《揭文安公全集》（豫章叢書本）卷七《病中初度旴江嚴仁安周仕雅歐陽伯誠周伯達臨江陳道之廬陵彭宗建鄉友熊可大張伯貞九原陳伯豐各以歌詩見貽而楚國程文憲公之孫敬甫獨寵以百韻僕故程公客也俯仰今昔慷慨繫之次韻奉酬並呈諸君子》詩的自注：「大德五年夏，同臨川樓道與叔侄始拜文憲公（程鉅夫謚號）武昌憲府。……予自大德七年冬還自長沙，公亦自武昌謝病歸。明年，留予訓子大本。九年春，室人李氏沒；秋，公入為翰林學士、商議中書省事」，得出結論：程鉅夫被召在大德九年。而非《元史》卷一七二《程鉅夫傳》及《新元史》卷一八九《程鉅夫傳》所說大德八年。後又用揭傒斯《遊麻姑山》小序來佐證上述記載的訛誤之處。

　　據此可知，寫詩之時為大德九年八月十二日。該詩首陳程鉅夫的風霜高格，無人能夠比肩：「廣平先生誰比流，東風避律高無秋。金閨紫闥清切禁，

〔註208〕揭傒斯《揭文安公全集》卷4，四部叢刊景舊鈔本。
〔註209〕揭傒斯著、李夢生標校《揭傒斯全集》，上海古籍出版社，第28、29頁。以下衹標書名和頁數。
〔註210〕李夢生的論文《〈元史〉正誤二例》，《杭州大學學報》，1984年第2期。

繡衣玉節西南州。」再述其政治方面的謀略，程鉅夫文章並非獨善詩文，也兼長於規劃治理政論類文章：「文章豈獨擅豪翰，經緯政足參機謀」。在關心民瘼方面，程鉅夫有卓絕的才能，必能心憂蒼生：「得之必慰蒼生憂」，「念公猶是先朝舊，洞識國體知民苦」。抒發了揭傒斯對程鉅夫即將遠行的不捨：「蹇予抹殺百不成，束書南北東西行。心傾意許已五載，忽此遠別能無情？」結尾描繪蘆花、楓葉慢慢、萬里飛鴻的宏大蕭瑟場景，以自謙表達內心的願望：「願公努力扶聖明，賤子飽飯歌升平。」〔註211〕

揭傒斯於病中淒涼時遙想程鉅夫在揚州的情景，作《得程翰林揚州消息》：對比自己與程氏，程氏心懷治理國家大事的憂慮，自己則有痰疾在身：「君懷經綸憂，予負痰疾妨」。揭傒斯認為，同在困難不順之時，才能見出二人深厚情誼：「蹇沉固異趣，情誼結中腸。居下眾所夷，在賤誰不忘。……淵淵賢達心，恨恨情內傷。」〔註212〕

揭傒斯患眼疾之時作《病目二首呈程承旨》予程鉅夫，對程氏的照顧表示感謝。

詩歌中的自述：「時程公鑿井門外，以惠市人」，又有其眼中景「門外新井深，階前綠蔭遍」，可知當時揭傒斯住在程鉅夫處。又有《病中初度旴江嚴仁安周仕雅歐陽伯誠周伯達臨江陳道之盧陵彭宗建鄉友熊可大張伯貞九原陳伯豐各以歌詩見貽而楚國程文憲公之孫敬甫獨寵以百韻僕故程公客也俯仰今昔慷慨繫之次韻奉酬並呈諸君子》小注有揭傒斯自敘當時與程鉅夫交往的情形：「予自大德七年冬還自長沙，公亦自武昌謝病歸。明年留予訓子大本。……十年冬，予娶公之妹。」可知揭傒斯患眼疾可能在其為程大本老師時。

全詩描述眼疾帶給自己的痛苦和不便：「白日長閉門，見月猶畏卻。痛深徹精髓，手倦頻搯擢。惡淚承睫流，空花四分泊」表達了對程鉅夫自己照顧的感激之情：「多謝賢主人，相顧義不薄。更忙時問疾，未劇親饋藥。世俗輕賤微，君子重期諾」。因為有程鉅夫的照顧幫扶，揭傒斯於詩尾看到了生活的希望：「翩翩銜燕泥，相近殊可樂」。〔註213〕

因此，對程鉅夫，揭傒斯是感激的。故作壽詞《寄壽程翰林》〔註214〕祝福程鉅夫龜鶴延年。

〔註211〕 《揭傒斯全集》第31頁。
〔註212〕 《揭傒斯全集》第33頁。
〔註213〕 《揭傒斯全集》第95、96頁。
〔註214〕 《揭傒斯全集》第54頁。

揭傒斯對程鉅夫的感激之情，還可見於《病中初度旰江嚴仁安周仕雅歐陽伯誠周伯達臨江陳道之廬陵彭宗建鄉友熊可大張伯貞九原陳伯豐各以歌詩見貽而楚國程文憲公之孫敬甫獨寵以百韻僕故程公客也俯仰今昔慷慨繫之次韻奉酬並呈諸君子》。在此詩中，揭傒斯將其與程鉅夫的交往以小注形式寫出。

長詩回憶了程鉅夫對其的勉勵，交代第一次拜見程氏的時間為大德五年夏，地點為武昌憲府：「大德五年夏，同臨川婁道與叔姪始拜文憲公武昌憲府」。揭傒斯感歎：「交親從此始，際會信非常」，程鉅夫對揭傒斯的勉勵，揭傒斯對程鉅夫的尊重和感激的情誼便是從這時開始，揭傒斯自覺二人的遇合適逢其時。其後，二人的交往進一步深入，成為親戚。揭傒斯對程鉅夫對其汲引、勉勵的恩情表示感激，並自覺恩情難報：「有子方英發，邀予共頡頏。一朝成附贅，十載墮茫洋」「汲引寧遺下，周旋必在旁，深桃李託，竟誦蓼莪章」。揭傒斯自敘當時與程鉅夫交往的情形：「予自大德七年冬還自長沙，公亦自武昌謝病歸。明年留予訓子大本。……十年冬，予娶公之妹」。大德七年冬，揭傒斯從長沙還京師，程鉅夫也謝病自武昌歸。八年，應程鉅夫請，揭傒斯為程鉅夫子程大本師。十年冬，揭傒斯娶程鉅夫妹。在該詩中，揭傒斯還敘述了程鉅夫對其的殷切希冀：「予被薦兩年無成，公嘗以為憂」表達了後學的自謙與長者對其的牽掛和希望。本詩末有揭傒斯對程鉅夫「遠齋」的理解，與程氏自己的解釋如出一轍，二人既有師長與學生的情誼，又為惺惺相惜的知己：「公初卜居安貞門，去宮廷遠，免豪奪之患也。故名其齋曰『遠齋』，而自作記」。揭傒斯認為程鉅夫所選之地，遠離宮廷，免除憂慮，也有遠離是非之地之意。〔註215〕

揭傒斯對程鉅夫的敬意和感激之情見於尚書詩歌的字裏行間。

4. 揭傒斯為程鉅夫撰寫《行狀》

揭傒斯為程鉅夫撰寫《元故翰林學士承旨光祿大夫知制誥兼修國史雪樓先生程公行狀》。《程譜》中記載了程鉅夫的兒子遵照程鉅夫的遺囑，將其靈柩安置於南城縣可封鄉繞堆大磐山。同年秋，程鉅夫的門人揭傒斯為程鉅夫作《行狀》，將其生平記載入史冊。〔註216〕

《行狀》對程鉅夫父輩、先祖譜系詳述；以時間為線索描述了程氏出生時

〔註215〕　《揭傒斯全集》第198頁～第201頁。
〔註216〕　《程譜》：「延祐六年己未1319，春正月庚申，諸子奉二柩安厝於南城縣可封鄉繞堆大磐山，治命也。秋，門人、應奉翰林文字揭傒斯狀公行業，上於太史氏。」

情狀、授業情況、如何被元世祖所賞識、官職升遷情況、條陳五事、官職變化、興建國學等政事。文末說：「僎斯不才，獲出門下，受知最深，繼又託肺腑之親嗣。論思之職，用敢撰次公之行實，告於太史氏，以備採擇焉。」表述了自己的身份和對程鉅夫的感激。程鉅夫事蹟也因揭傒斯《行狀》而流傳。

此外，《雪樓集》為程鉅夫第三子程大本所編，門人揭傒斯校正，共四十五卷。〔註217〕

（四）盧摯

1. 盧摯其人

盧摯字處道，一字莘老，號疏齋，涿州人。博學工詩文，至元間累遷陝西按察使，歷江東按察使，尋改廉訪使，轉河南府路總管，入為集賢學士，未幾拜湖南廉訪使，又召為翰林學士，進承旨。盧摯生平事蹟見《元書》〔註218〕、《新元史》〔註219〕。盧摯著有《疏齋集》，明初尚存，後佚。今有李修生先生著《盧疏齋集輯存》〔註220〕，收存其文十七篇、詩四十九首、詞和曲各十五首，成為研究盧摯的寶貴資料。

2. 盧、程詩文唱和

大德四年（1300）冬，程鉅夫在官署後修築「歲寒亭」。十二月十八日，作《歲寒亭詩序》，吳澄有詩唱和。五年（1301）三月底，楊從善赴湘南，程鉅夫作序送行，文中問候「賢使君」疏齋，即盧摯，並託楊從善帶去自己撰寫的「歲寒亭」記文及詩。盧摯於五月二十二日作《摸魚子·奉題雪樓先生鄂憲公館歲寒亭詩卷》，程鉅夫次韻其作。〔註221〕

《摸魚兒·奉題雪樓先生鄂憲公館歲寒亭詩卷》〔註222〕中，盧摯讚賞程鉅夫歲寒亭深遠的意境：直衝雲霄的是歲寒亭周圍的老柏孤松，倚樓登高之時，見白雪陽春、碧雲日暮，別有意趣。盧摯遙想，作為朝廷傑出才士，程鉅夫細步徐行於西廂清淨處，文墨自在胸中。詞末盧摯表達了對程鉅夫的尊敬之情：「涿郡盧摯頓首再拜」。

〔註217〕喬衍琯《影印本雪樓集洪武刻本敘錄》，《雪樓集》卷首。
〔註218〕〔清〕曾廉《元書》卷89，清宣統三年刻本。
〔註219〕〔民國〕柯劭忞《新元史》卷237《列傳第一百三十四》，民國九年天津退耕堂刻本。
〔註220〕李修生先生輯箋《盧疏齋集輯存》，北京：北京師範大學出版社。
〔註221〕《題楊從善卷後》，《雪樓集》卷24。
〔註222〕《雪樓集》卷30。

盧摯詞中有：「為君歌歲寒亭子，無煩洲畔鸚鵡」，而程鉅夫次韻詞《摸魚兒・次韻盧疏齋憲使題歲寒亭》〔註223〕中卻說：「問疏齋、湘中朱鳳。何如江上鸚鵡」，這是朋友間以調侃表達深情的一種方式。程鉅夫表達了自己對歲寒亭的喜愛：「吾自愛、吾亭更愛參天樹」，也表達出與盧摯的深情和對其的惦念：「平生握手相許。江南江北尋芳路，共看碧雲來去。黃鵠舉。記我度、秦淮君正臨清句」。

3. 程鉅夫為盧摯所作詩文詞

程鉅夫《盧疏齋江東稿引》〔註224〕讚賞陶淵明與韋應物的田園風光詩作，也正因為此，他稱讚盧摯的詩歌「疏翁意尚清拔，深造絕詣，犖犖不羈，故其匠旨輯辭往往隔千載，與古人相見」詩風清拔、詣旨頗深，能與古人對話，是盧摯詩歌的特點。

盧摯有詞《蝶戀花》：「予將南邁席間贈合曲張氏夫婦」。李修生先生箋：「詞作於一二九九年（大德三年）。張氏夫婦——即張怡雲夫婦。《青樓集》『張怡雲』條：『能詩詞，善談笑，藝絕流輩，名重京師。趙松雪、商正叔、高房山，皆寫《怡雲圖》以贈，諸名公題詞殆遍』」。〔註225〕

程鉅夫所作《蝶戀花・又戲疏齋怡雲詞後》〔註226〕，其中「相逢認得怡雲否」以調侃的口吻回覆上詞，表達了程鉅夫與盧摯的深情厚誼。山中之人自是寂寞。然而卻有諸多快樂相隨。「相逢認得怡雲否」表達了程鉅夫喜歡的情境，還原了二人最後一次相逢的場景。

《次韻盧疏齋就以贈別二首》為程鉅夫送別盧摯所作。這組送別詞中，傾訴了相逢的珍貴和對依依惜別的不捨，並附上臨別贈語：「願君加餐飯，努力崇明德」〔註227〕。

吳國富《元曲家盧摯事蹟補遺》在「大德三年（1299）至大德七年（1333）盧摯任湖南道肅政廉訪使」條考證說：「在此期間，盧摯曾一度做過福憲使，時間不詳」。根據是吳澄《吳文正集》卷十八《玄庵銘後序》：「福憲使盧公處道名其庵曰玄而銘之。盧公好為文章，於數則未暇學，予嘗與之談竟日夕。」程鉅夫《次韻盧疏齋就以贈別二首》云，「瀟湘有佳人，朗月鑒秋水」，「又言

〔註223〕《雪樓集》卷30。
〔註224〕《雪樓集》卷14。
〔註225〕李修生先生輯箋《盧疏齋集輯存》，79頁，北京：北京師範大學出版社。
〔註226〕《雪樓集》卷30。
〔註227〕《雪樓集》卷28。

當遠別，東去數千里」，及「矯首東南去，金門幸回憶」，或離湖南又任此職；時間很短，也可能逗留江南。〔註228〕

與程鉅夫相與交遊、詩詞互答、往來甚多之人還有徐琰、王博文、袁桷、李孟、郭貫、許有壬等人。

程鉅夫曾為徐琰作「止酒」篇《徐容齋參政王安野治書更倡迭和飲酒止酒各極其趣次韻二首》〔註229〕。程氏在江西自家園子看到冬日梅花，心繫以往同僚徐琰、王構、趙元讓、黃文瑞，寄詩表達深情，作《家園見梅有懷疇昔同僚諸君子因成廿六韻奉寄徐容齋王肯堂趙元讓黃文瑞諸公》〔註230〕寄予諸公。邵炳炎倦遊南北，時士人多有贈言。王博文書《歸去來辭》《歸盤谷序》〔註231〕、徐琰書《簡齋送張仲宗歸閩中詩》〔註232〕以贈。程氏羨于邵炳炎之倦遊，作《書王西溪中丞徐容齋參政贈邵炳炎手墨後》〔註233〕。

大德元年（1297），袁桷在程鉅夫連同閻復、王構薦舉下，被元廷授翰林國史院檢閱官，開始了任職大都的仕宦生涯，一直到泰定元年（1324）致仕，一度為元廷重要的士人。學士承旨閻復率同僚賦詩餞別王敬甫，請程鉅夫為之序。程氏為作《送王敬甫都事歸省詩序》〔註234〕。

仁宗曾敕李孟為程鉅夫撰寫《世德碑》。程鉅夫曾同李孟、許師敬一起討論實行貢舉法之事。方案成，仁宗命程鉅夫草詔所議成之「貢舉法」。程鉅夫曾為李孟作《李秋谷畫像贊》〔註235〕、《壽李秋谷》〔註236〕、《次韻秋谷西郊書事》〔註237〕、《壽李秋谷平章十一月朔》〔註238〕、《清平樂·壽李秋谷》〔註239〕。

程鉅夫曾為郭貫作《送蕭深可尹漵浦就呈分司郭西埜僉事》〔註240〕、《與

〔註228〕吳國富《元曲家盧摯事蹟補遺》，《文獻》季刊，2001年第3期。
〔註229〕《雪樓集》卷26。
〔註230〕《雪樓集》卷26。
〔註231〕兩篇文題見《簡齋送張仲宗歸閩中詩》，《雪樓集》卷24。
〔註232〕文題見《簡齋送張仲宗歸閩中詩》，《雪樓集》卷24。
〔註233〕《雪樓集》卷24。
〔註234〕《雪樓集》卷14。
〔註235〕《雪樓集》卷10。
〔註236〕《雪樓集》卷29。
〔註237〕《雪樓集》卷29。
〔註238〕《雪樓集》卷30。
〔註239〕《雪樓集》卷30。
〔註240〕《雪樓集》卷27。

郭西埜並序》〔註241〕、《漁家傲·次韻謝郭西埜僉事》〔註242〕、《掃花遊·寄贈西埜赴臺都事》〔註243〕。

許有壬有畫像贊《雪樓先生程楚公小像贊》〔註244〕表達對程鉅夫的尊敬與懷念。

交遊是志趣相投、愛好相近所致，同時交遊對各自志趣、愛好甚至人生觀都會產生重大影響。通過對程鉅夫交遊的考論，能更清晰地呈現其在蒙元大一統的局勢下，對彌合南北文化、促進南北士人往來的重要作用。同時亦可看出元代士人生存交往狀況。

〔註241〕《雪樓集》卷27。
〔註242〕《雪樓集》卷30。
〔註243〕《雪樓集》卷30。
〔註244〕許有壬《至正集》卷67，清文淵閣四庫全書補配清文津閣四庫全書本。

第二章　程鉅夫的政治作為

第一節　程鉅夫江南訪賢

一、背景：蒙元統合下，江南士人處境

　　蕭啟慶首次提出了「國家統合」的概念，在《元朝的統一與統合：以漢地、江南為中心》中，解釋了「國家統合」的內涵：「統合」或作整合一詞，則須略加解說。本文所用「統合」與政治學者所用「國家統合」national integration相同。

　　「國家統合」乃指消弭構成國家的各部門——包括區域、民族、階級——之間的差異而形成一個向心力高、凝聚力強的政治共同體 political community。國家統合雖為政治統合的一個層次，但亦牽涉經濟、文化乃至心理方面。「國家統一」與「統合」之間關係錯綜，而且相互重疊之處頗多。〔註1〕

　　「蒙元統合」之後，可以消弭區域、民族、階級之間的差異，「蒙元統合」作為政治共同體，也涉及經濟、文化與心理等領域。「蒙元統合」之後，國家混一南北。

　　元代族群較多，出現了「以四等人為基礎的圈層制度」，即蒙古人為鞏固其統治，實行民族分化，根據歸降先後，劃分族群為蒙古、色目、漢人、南人四等。四等人在政治、法律、文化方面的待遇迥異。〔註2〕元廷所設的「根腳」

〔註1〕《元朝的統一與統合：以漢地、江南為中心》，《內北國而外中國》中華書局，北京：2007年版，16頁。

〔註2〕蕭啟慶《元代科舉與菁英流動——以元統元年為中心》，《漢學研究》第5卷第1期（1987），第129～160頁。

即以家世甄選菁英〔註3〕、「伴當」立有功勳的家族得以世享封建與承襲特權〔註4〕，以及民族等級制度等政策，使得最後歸順的南人，成為族群區別對待最末等級的群體，在各方面都受到壓制。

　　江南的士大夫是南人中的特殊代表。據《元史本傳》〔註5〕記載：「至元十五年（1278）詔令罷免江南冗官，同時諭告『翰林院及諸南儒今為宰相、宣慰及各路達魯花赤佩虎符者俱多謬濫，其議所以減汰之者』。同年『八月壬子朔，追毀宋故官所受告身。』〔註6〕又規定南宋官吏可以『告敕赴省換授』（謂酌其才能調任官職）〔註7〕」。《通南北之選》中也說：「故北方州縣並無南方人。……故仕於南者，除行省、宣慰、按察諸大衙門出自聖斷選擇，而使其餘郡縣官屬指缺，願去者半為販繒屠狗之流、貪污狼藉之輩」。〔註8〕

　　南士出仕困難，長期被元廷所忽略，是元代政治統合的嚴重的漏洞。僅僅是在對宋戰爭中，蒙元統治者為了勸降宋廷官員，制定出了招降政策：對降附官員皆予以高位和優厚待遇。

　　後來出現了追毀故宋官員委任狀的潮流，在這種潮流之下，南宋降官，陸續被罷免職位。此後，不僅北方州縣沒有南方士人為官，而且江南地方官也多為北方士人，這些北人多挑選行省、宣慰、按察諸大衙門的要職，而願去郡縣官屬的北人，多為販繒屠狗之流、貪污狼藉之輩。

　　日本學者植松正曾分析南宋進士入元後的政治動向：「據記載，現有史料可稽之一百五十一人中，退隱不仕者八十四人（55.6%），出仕元朝者五十七人（37.8%），動向不明者十人（6.6%），但在出仕之五十七人中，二十二人僅擔任學職。官職較高者不過留夢炎、方回、謝昌元、青陽夢炎、臧夢解等寥寥幾人」〔註9〕，據此得知在元廷平定江南之初，出仕元朝並且官職略高的南人多為武將。

〔註3〕姚大力《元代科舉制度的行廢及社會背景》，《元史及北方民族史研究集刊》第6期（1982），第26～59頁。

〔註4〕蕭啟慶《元代科舉與菁英流動──以元統元年為中心》，《漢學研究》第5卷第1期（1987），第129～160頁。

〔註5〕《元史》卷10《本紀第十》，第198頁。

〔註6〕《元史》卷10《本紀第十》，第203頁。

〔註7〕《元史》卷10《本紀第十》，第210頁。

〔註8〕《雪樓集》卷10。

〔註9〕植松正《元代江南の地方官任用ついて》轉引自蕭啟慶《內北國而外中國》《元朝的統一與統合：以漢地、江南為中心》32頁，北京：中華書局，2007年。

　　元代士人在整個蒙元時代所受到的排擠待遇，在元初蒙元當權族群，對南人的歧視尤為嚴重。關於此，元末明初學者葉子奇《草木子》中有記載〔註10〕：「元朝自混一以來，大抵皆內北國而外中國，內北人而外南人，以致深閉固拒，曲為防護，自以為得親疏之道。是以王澤之施，少及於南，滲漉之恩，悉歸於北」。

　　更早於1259年之時，忽必烈的進攻彰德的戰役時便召集儒士杜瑛詢問，杜瑛認為南宋將不戰而亡。這一回答，使得忽必烈對於儒者產生了好感，謂「儒者中乃有此人乎」〔註11〕。

二、江南訪賢之前的準備

　　江南訪賢正式啟動之前，程鉅夫以「條陳五事」說服元世祖搜訪江南遺逸；上奏《通南北之選》來打通南北隔閡；提出了「立賢無方」的觀點，促使「江南訪賢」建議得到忽必烈的認可；至元二十三年，為實現「江南訪賢」，程鉅夫第二次上疏。程鉅夫將一系列建議都歸結到打通南北隔閡，真正混一南北，做到達到「聖主兼愛南、北之意」的效果上，得到世祖的認可，江南訪賢勢在必行。

（一）以「條陳五事」說服元世祖搜訪江南遺逸

　　至元十九年（1282），程鉅夫向元廷上「條陳五事」，涉及政事，在用人上：取會江南士人、通南北之選。《行狀》記載：「條陳五事：一曰取會江南士籍。二曰通南北之選。三曰置考功歷。四曰置貪贓籍。五曰給江南官吏俸祿。皆採行之」。世祖認為陳情具實、且勢在必行，將這些建議都予以採用。

　　程鉅夫在對待江南士人方面所持的觀點，體現在其文《取會江南仕籍》中：

> 昨者，欽奉聖旨，許令江南曾有官人齎告敕，赴省換授。此最良法。姦臣賣弄，遂至顛倒。求仕者憑外省之諮，而外省貪饕尤其可畏。有錢者無告敕，可以得諮。無錢者有告敕，卻不得諮。求仕之人有賣家喪業，而卒不沾一命者。亦有全無根腳，大錢計會，白身而一旦受宣命者。亦有外省等官將空頭諮示旋來內省，尋趁有錢人員書填姓名。亦有內省官吏通同作計，公行添插人員。又有一等潑皮歹人，置局京師，計會保官，誣寫根腳，保明而得官者。吏治

　　〔註10〕葉子奇《草木子》卷三上，第55頁，臺北：中華書局。
　　〔註11〕《元史》卷199《杜瑛傳》，第4474頁。

之弊，至此已極。今省府欲行考究，似覺費力。今有捷法，可以永除病根。欲乞選清強通曉官員，無論南北，每省差兩員前去，同本道按察司取會江南州縣城郭、鄉村鄰甲，保明詣實元在亡宋有官人員姓名，一槩置籍，明書本人鄉貫、三代及入仕根腳，齎擎前來省部，以憑照勘。遇有求仕人員，一閱而知真偽，極為便當。仍與申飭外省，遇有求仕者，合與行下本郡，令鄉都鄰甲保明本人是何出身，即量輕重諮來，不許邀阻。其有外省官吏遷調人難，許令求仕人赴御史行臺及按察司論訴，庶幾公私兩得便當。籍成之後，卻與商略白身人求仕格式，行下江南。〔註12〕

文中認為，目前面臨官吏選拔中存在的弊端越來越凸顯出來，求仕者的憑證是京都以外的地方各省私自分發，並沒有統一的標準，造成了「有錢者無告敕，可以得諮。無錢者有告敕，卻不得諮」的混亂局面，並且作偽嚴重，求仕之人有賣掉家產買官而不得者；有沒有「根腳」，用錢買官者；有外省空頭任用文書，等人來買官，賣完之後再填寫買官之人的名字者；有京都官員串通一氣安插無關人員者，這些都是吏治弊端。

為去除弊端，應該採用的方法是：打破南北界限和隔閡，任用通曉南北實際情況的官員，同監督官員、按察司一起取會江南。這種方式需細化到州縣城郭、鄉村鄰甲。同時需要記錄根腳和南宋官員姓名，書寫本人籍貫、三代以內入仕根腳，由相關人員拿到省部，作為憑證。以後遇到求仕之人，憑藉這些檔案，便能辨明真偽。

京都以外的外省是整飭的重點。遇有外省人員求仕，需所在鄉明確此人出身。若有外省官吏遷調入該省，應該許令求仕人赴御史行臺及按察司論訴，確保真實。官籍設定之後，成為定制，江南各省選拔官吏，都依此執行。

在這篇奏議中，程鉅夫提出了改變目前混亂的具體辦法。「行下江南」成為程鉅夫「江南訪賢」的前奏，也是取會江南士人的開端。

（二）《通南北之選》——打通南北隔閡

南北混為一體，南人北人皆得以入仕。但令人歎惋的是，南方與大都的距離較遠，所以北人不願意到南地為官，南地所為官者幾乎為「販繒屠狗之流、貪污狼藉之輩」。而南方士人又因為是最後被征服地域的族群，被四等人中的

〔註12〕《雪樓集》卷10。

前三等人譏諷為不諳熟於制度，所以南人很少在北地為官。如何改變這種局面，程鉅夫上書《通南北之選》：

> 聖主混一車書，兼愛南北，故北南之人皆得入仕。惜乎北方之賢者間有視江南為孤遠，而有不屑就之意。故仕於南者，除行省、宣慰、按察諸大衙門出自聖斷選擇，而使其餘郡縣官屬指缺，願去者半為販繒屠狗之流、貪污狼藉之輩。南方之賢者列姓名於新附而冒不識體例之譏，故北方州縣並無南方人士。且南方歸附已七八年，是何體例難識如此。欲乞令省部刷具北、南府、州、司、縣官員腳色參對。今後北、南選房流轉定奪，若以南人為未識體例，則乞於北方州郡，每處且與參用一二人。一任回日，卻與通行定奪。其北人注南缺而不赴者重與罪過。庶幾吏稱民安，可以上副聖主兼愛南、北之意。——旨在打通南北的隔閡和界限。〔註13〕

解決上述問題的可行方案是：關於南人在北地為官的問題，北地官員的數量需要南方士人與北方方士人按一定的比例搭配，使南人熟練元朝體例。這一建議主要為了避免北人以「南人未識體例」為藉口阻止南人為官；關於北人在南地做官的問題，只需要加強對未到南方的北人的處罰措施。

最後程鉅夫將一系列建議都歸結到打通南北隔閡，真正混一南北，做到達到「聖主兼愛南、北之意」的效果上。

由此可以看出忽必烈對於中國的政策經營，一個重要的依據是與當地的融合，這正如陳學霖在《忽必烈兼通佛道的政治家劉秉忠》所言的那樣：「他（忽必烈）聽從劉秉忠的勸說，保護和使用儒士。對於劉秉忠提出的開辦培養儒士的學校、對於漢地採取不太沉重的賦稅政策和軍事義務等建議，除了恢復科舉之外全部採納」〔註14〕。這體現在地域上，便是南北融合，國家混同一體。這在忽必烈後來爭奪南宋領土時候體現尤為明顯。

在奪地戰爭凱旋而歸之後，忽必烈的政策集中到分地的行政管理上「1253～1259 年是忽必烈對於中國爭奪的關鍵時期。中國本就是忽必烈的分地。從西南戰役凱旋回到他的分地後，忽必烈開始把注意力集中到他的分地的行政

〔註13〕《雪樓集》卷10。
〔註14〕〔德〕傅海波，〔英〕崔瑞德編；史衛民等譯《劍橋中國遼西夏金元史 907～1368》，北京：中國社會科學出版社，1998 年 8 月（2007 年 12 月重印），第433 頁。下只標書名和版本。

管理上」。〔註15〕「混一南北」也是程鉅夫的政治願望，因為與忽必烈的願望相一致，所以容易得以實施。

在政治權利的爭奪中，為了得到支持，忽必烈需要依靠漢地的資源和漢地臣民的幫助。這點可從一些文章中看到端倪，如羅沙比所著《忽必烈汗：他的生活和時代》：「他（忽必烈）發布了王鶚起草的詔書，承認對於統治中國光靠蒙古軍事技能是不夠的，為了統一中國需要一位仁義的和按照先人傳統進行統治的賢人，並且暗示了他正是這樣的人，也提出了減少百姓的賦稅這樣的惠民政策。」〔註16〕

程鉅夫的心願與忽必烈的企圖暗合，這也是程鉅夫以「聖主兼愛南、北之意」為目的，使江南訪賢得以不斷推進的重要原因。

（三）「江南訪賢」建議得到忽必烈的認可

根據《行狀》記載，程鉅夫首先從人才技藝應該無所偏重的角度，提出了「立賢無方」的觀點：

> 程鉅夫又上疏曰：「臣聞治天下必用天下之才。故曰『旁招俊乂』，故曰『立賢無方』。若限以方，所徵以技藝，雖用人，猶無人也。國家既已混一南北，南北人才視同一體。若有所偏主，有所遺棄，此羣臣之故計，非陛下至公之心也。臣屢聞明詔，一則曰求賢，二則曰求賢。而能以賢才致之陛下者幾人？夫所謂賢才者，大而可以用於時，細而可以用於事。而凡出使者止以卜相、符藥、工技為賢才。此何謂也？且使遠方有識之士，得以淺窺朝廷。臣竊恥之。臣雖愚陋，不足以備賢才之數，然世無賢才則已；有則臣必識之。江南百餘州之廣袤，數百年之涵養，豈無一二表表當世，不負陛下任使者？臣奉命以往，庶幾遇之。如得其人，則望先試以一職，使之自卑而高，自難而易。小有益則小進之，大有功則大用之。磨以歲月，則賢否自見。且陛下如用若人，不但愚臣得舉所知而已。它時出使者皆知陛下德意，將見異人輩出，得賢之盛，視古無愧，惟陛下留意焉。」

文中講述所謂賢才者能用於時、用於事。國家混一南北之後，統治者應該視南北為整體，不應該偏廢，以此來顯示其至公的心胸。在批判了目前的用人

〔註15〕《劍橋中國遼西夏金元史 907～1368》第 431 頁。

〔註16〕羅沙比：《忽必烈汗：他的生活和時代》，第 245 頁，注 12。

之法後，程鉅夫毛遂自薦「然世無賢才則已；有則臣必識之」。程鉅夫進言江南地大物博、歷史悠久、涵養頗深，只要有賢德的人才，自己必定能識得。為了說服世祖將「江南訪賢」作為一種朝廷的行為，程鉅夫認為只要磨以歲月，賢否自見。這種行為能夠顯示元世祖的恩德，使得其恩德為江南士人及民眾所熟知，這將作為一個啟動閥，以後有才德之人也將陸續到來，原來「繞樹三匝，何枝可依」的蕭條，將成為「山不厭高，水不厭深。周公吐脯，天下歸心」的局面。

（四）「江南訪賢」，程鉅夫第二次上疏

為了促成「江南訪賢」成行，同年，距至元二十三年（1286）上疏之後不久，程鉅夫繼續上疏陳明御史臺、按察司需參用南人，並陳述厲害，《行狀》中有記載：

> 未幾，復上疏曰：「臣竊為國家自平江南以來，內而省、院與監，外而行省、行院、宣慰司、路府、州縣並皆參用南人，惟御史臺、按察司，獨不參用。臣不知其說也。夫南北人情風俗不同，若欲諳悉各處利害，須是參用各處之人。況江南歸附已十餘年，而偏遠險惡之處，盜賊時時竊發。雖由官吏貪殘所激，亦由臺憲按問失職致然。每年按察司官名為巡察，其實未嘗遍歷，止於安靜之地邊延翱翔，聞有小警，即行退避。至於偏遠之處，曠數年未嘗一到。其間，小民被官吏苛虐，無所告愬，激而為盜，官吏反欲並緣虜掠。興兵之際，良民被害，何可勝言？竊為朝廷為江南設立行臺、按察司，正欲察訪利病。果得其人，何至如此？欲望特降睿旨，御史行臺自中丞以下，各道按察司察使以下併合公選。南方耆德倚望之人與北方官員講論區畫，庶幾諳悉江南事體，周知遠人情偽。內臺中丞至監察御史等官，宜合參用南官，以備採訪。不勝生民之幸。惟陛下裁之。」事下中書集議，大臣咸請如公所言。遂以本官特拜嘉議大夫、侍御史行御史臺事，仍詔搜賢江南。

程鉅夫的這次上疏，陳述了江南各地面臨的實際情況。因為朝廷的政策行省、行院、宣慰司、路府、州縣並皆參用南人，而御史臺、按察司等監督機構卻沒有參用南方士人，這是非常不恰當的。由於擔任御史臺、按察司的北人並不熟悉南方實際情況，造成了不應該有的損失。並且有些官員貪殘、玩忽職守，出現南方各地治安堪憂、良民被害的局面。因為南方士人熟知南方事體，解決

的方案便是內臺中丞至監察御史等監督職權的官員，適合參用南方士人。

至元二十三年三月，程鉅夫向世祖建言：興建國學、搜訪江南遺逸、御史臺按察司宜並參用南士。世祖旋即命建國子監，程鉅夫官職不變，並拜其為嘉議大夫、侍御史行御史臺事，帶著漢字詔書，求賢江南「三月，公入見，陳乞興建國學、遣使江南搜訪遺逸、御史臺按察司並宜參用南士。上即命建國子監，詔公仍本官，拜嘉議大夫、侍御史行御史臺事，賫漢字詔書，乘驛求賢江南。夏四月，公至行臺視事，承詔禮遣葉李、趙孟頫赴闕。公遂遍歷諸郡，廣求賢俊」。〔註17〕

程鉅夫有意琢磨統治者的心理，在贊成認可既有的統治政策基礎上，提出了有利於南方士人的建議。只有如此，才有利於統治者接受該建議並實施「忽必烈在成為中國君主的同時，還需要確認自己蒙古人的大汗以及蒙古統治下的非漢人疆域的統治者。過分強調漢人的特點會減損他作為遼闊蒙古疆域統治者的形象。忽必烈不能讓人覺得他認為漢族文明比他自己民族的文明更有吸引力，並且必須避免被中國文化所吞沒。最終，他制定了用來保護蒙古特性和內部統一的政策。總的來講他不鼓勵蒙古人與漢人之間的親善關係。」〔註18〕

據王惲《秋澗集》「有上書陳言者，皆得實封呈現，若言不可採，並無罪責；如其可用，朝廷優加遷賞，以旌忠直。至是日，有言以求用」〔註19〕當時的納言政策非常開明，若記載屬實，當時如此開明的納言政策，也使得忽必烈接受程鉅夫所提出「江南訪賢」的建議得以實施。這就是程鉅夫的第一次建議《通南北之選》未獲得明確應允，而第二次上疏得以實現的原因。

若依照此內容，程鉅夫被元廷授官職嘉議大夫、侍御史、行御史臺事便是元廷對其建議的賞賜「元廷特拜程鉅夫官職嘉議大夫、侍御史、行御史臺事，仍詔搜賢江南」〔註20〕，這樣的賞賜也使得「江南訪賢」更為便利。

通過君臣之間的磨合，程鉅夫對整個形勢的分析和忽必烈的某些想法不謀而合，於是促成了「江南訪賢」成行。這是南人在整個元朝歷史上留下的第一波足跡，也為倡導科舉，科舉的實行作了良好的鋪墊，奏響了樂章。

為了配合政治上任用南人、江南搜訪遺逸的措施，程鉅夫提出關於經濟的建議，《給江南官吏俸錢》便與經濟相關：

〔註17〕《程譜》。
〔註18〕《劍橋中國遼西夏金元史 907～1368》，第 440 頁。
〔註19〕王惲《秋澗集》第 80，四部叢刊景明弘治本。
〔註20〕《行狀》。

　　　　仕者有祿，古今定法。無祿而欲責之以廉，難矣。江南州縣官
　　　吏自至元十七年以來並不曾支給俸錢，真是明白放令喫人肚皮，椎
　　　剝百姓。欲乞自今，並與支給各官合得俸錢。其有貪贓者，重罪不
　　　恕，人自無辭。〔註21〕

　　為保證江南官吏吏治的清廉，程鉅夫提出增加江南官吏的俸錢。官吏的俸
祿應該足夠他們自給自足，這樣不但能夠減少貪腐現象的發生。若有類似事情
發生，便應加以重罪，這樣涉事官吏便沒有託詞來抱怨朝廷。

　　在江南訪賢之前，程鉅夫做了諸如以上的很多準備工作，包括上疏和上奏
議：《取會江南仕籍》、《通南北之選》、至元二十三年（1286）上疏江南訪賢、
至元二十三年第二次上疏「江南訪賢」、《給江南官吏俸錢》來說服元世祖在用
人政策上需公平。時機成熟後，程鉅夫有意自己承擔「江南訪賢」的任務。程
鉅夫在以後的行為中將江南士人搜訪招納到元廷。一些士人，如趙孟頫等在元
廷擔任重職。程鉅夫以上活動是一次轉折點，此後南北方的接觸融合進一步加
強，忽必烈蒙元統合的願望也正如他希望的那樣步步深入。程鉅夫的建議是在
忖度國主的心意下進行的，君臣願望的一致，也促成了江南訪賢的實現。

三、江南訪賢正式啟動

　　江南訪賢的啟動，是元代重要的政治事件。不管統治者下旨訪賢江南的目
的如何，這次舉動不但招致大批故宋南士入元為官，傳播儒學、交融南北士風、
文風，而且成為一種信號，召喚南士不斷入元廷為官。在未行科舉的元代前期，
江南訪賢對儒學、理學的延續和傳播，意義非凡。

　　王樹林《程鉅夫江南求賢所薦文人考》〔註22〕一文對程鉅夫江南求賢所
推薦文人逐一做了考察。該論文梳理較為全面，分類細緻，有些被薦文人雖名
不載於程鉅夫本傳及《行狀》內，但能據此文並根據其他文獻，互相印證得出
結論。

　　其文《元初「江南求賢」及其文壇效應》〔註23〕在前文研究的基礎上，總
結了江南訪賢對元代的重要意義：元世祖至元二十三年（1286），程鉅夫奉旨

〔註21〕《雪樓集》卷 10。
〔註22〕王樹林《程鉅夫江南求賢所薦文人考》，《信陽師範學院學報》（哲社版）1996
　　　　年第 2 期。
〔註23〕王樹林《元初「江南求賢」及其文壇效應》，《南通大學學報》（社會科學版）
　　　　2005 年第 2 期。

「江南求賢」。這一場為鞏固元朝政權的政治運作產生了始料未及的文學效應，成了元代文學發展的轉機，使中國因長期政權分據而形成的南北兩條文學潮流，出現了真正全面的碰撞、交融和整合。

元世祖至元二十三年（1286），三月，向世祖建言：興建國學、搜訪江南遺逸、御史臺按察司宜並參用南士。世祖旋即命建國子監，程鉅夫官職不變，並拜其為嘉議大夫、侍御史行御史臺事，帶著漢字詔書，求賢江南。

《行狀》中載：「初，詔令皆用國字，至是，上特命以漢字書之。上素聞趙孟頫、葉李，臨發，密諭必致此二人。公至行臺，宣上德意，禮趙、葉二公赴闕。同時薦者若趙孟頫、萬一鶚、余恁、張伯淳、凌時中、胡夢魁、曾衝子、孔洙、包鑄、何夢桂、曾晞顏、楊應奎、范希文、方逢振、楊伯大等二十餘人」，江南訪賢之士人，除世祖特意指出徵召的葉李、趙孟頫外，有名有姓者為趙孟頫等十五人。

江南訪賢名單中有袁桷父親袁洪，但袁洪拒絕北上為官「世祖即位二十有七年，某被旨求賢江南。時四明袁君以永嘉之命居里，以應詔，不起。後數年，與君之子桷同與史事，相知，狀君平生，請為墓道碑文」〔註24〕。後袁洪子袁桷與程鉅夫同朝為官，應袁桷之請，程鉅夫為袁洪作《故同知處州路總管府事袁府君神道碑銘》，後來袁洪於元廷為官，不能忽略江南訪賢對其的影響。

《神道碑》中所列江南訪賢未行之際，除葉李、趙孟頫外，有姓名可考的南方士人為十一人「趙孟頫、萬一鶚、余恁、張伯淳、凌時中、胡夢魁、包鑄、曾衝子、孔洙」，包含於《行狀》所記載的名單中。

《元史本傳》記載江南訪賢人數為二十餘人，除孟頫、葉李外，列舉了十二人「趙孟頫、余恁、萬一鶚、張伯淳、胡夢魁、曾晞顏、孔洙、曾衝子、凌時中、包鑄」，曾晞顏為《行狀》中未記載江南士人。

畢沅編《續資治通鑒》：「文海復薦趙孟頫、余恁、萬一鶚、張伯淳、胡夢魁、曾晞顏、孔洙、曾衝子、凌時中、包鑄等」。〔註25〕記載名單與《元史本傳》一致。

《宋史謝枋得傳》：「至元二十三年，賢學士程文海薦宋臣二十二人，以枋得為首。」〔註26〕記載人數為二十二人。

〔註24〕程鉅夫《故同知處州路總管府事袁府君神道碑銘》，《雪樓集》卷20。
〔註25〕〔清〕畢沅《續資治通鑒》卷187，清嘉慶六年遞刻本。
〔註26〕脫脫《宋史》卷425《謝枋得傳》，清乾隆武英殿刻本。

謝枋得《疊山集》：「執事薦士凡三十，賤姓名亦玷其中。」〔註27〕可知，謝枋得名字也在江南訪賢名單之列。

綜上所述，江南訪賢名單中所列舉人數為二十餘人，訪得江南名士的人數為二十四人。江南訪賢的有關南士包括：趙孟藹〔註28〕、葉李、趙孟頫、萬一鶚、余恁、張伯淳、凌時中、胡夢魁、曾衝子、孔洙、包鑄、何夢桂、曾晞顏、楊應奎、范晞文、方逢振、楊伯大、吳澄、袁洪等十九人。

《故建昌路儒學教授蔣君墓誌銘》中，程鉅夫自言江南訪賢得到南士二十四人：「至元二十三年，余以集賢學士行臺侍御史將旨江南，搜羅遺逸，得二十四人焉」。〔註29〕

《故國子助教李性學墓碑》中則說：「得士二十三人，獻之天子。」〔註30〕江南訪賢得到南士的人數為二十三人。

程鉅夫在自己文章記載人數並不統一。根據王樹林相關論文：「實際這次應薦的是二十四人，因其中蔣松魁赴京時『未行而病，病而卒』，所以只剩二十三人。」〔註31〕

筆者認為，上文確定的二十三人，只是推論。程鉅夫江南訪賢的人數是他自己所提到的二十四人是確定的，甚至比此人數還要多一些。

名單記載南士數目的不一致，更能說明江南士人對於北上元廷為官的心態。如吳澄，婉拒北上出仕的邀後，在程鉅夫的邀約下，答應北遊「至元二十三年丙戌（1286年）八月釋服。程文憲公以江南行臺侍御史承詔訪求遺逸，有德行才藝者，即驛送入覲。冬，程公至撫州，命郡縣問勞迎至，強公出仕。力以老母辭。程公曰：『誠不肯為朝廷出，中原山川之勝可無一覽乎？』公諾之，歸白，遊夫人許行。十一月，如建昌路」〔註32〕程鉅夫採取迂迴的方式，使得排斥出仕的南方士人得以接近元廷，從而逐漸接受元政府。後來程鉅夫還上書元廷以吳澄之書為國子監教學讀物，對某些士人的邀請取得的效果是逐步深入的，所以在記載江南訪賢名單之時，便出現了誤差。

〔註27〕〔宋〕謝枋得《疊山集》卷4，四部叢刊續編景明本。
〔註28〕文獻中僅提到趙孟藹名字，未見其生平詳盡資料。
〔註29〕《雪樓集》卷16。
〔註30〕《雪樓集》卷16。
〔註31〕王樹林《程鉅夫江南求賢所薦文人考》，《信陽師範學院學報》（哲社版），1996年第2期。
〔註32〕《吳澄年譜》。

陳得芝《程鉅夫奉旨求賢江南考》通過考證，列出了較為詳盡的薦舉名單：

> 春，舉薦趙孟頫、凌時中、胡夢魁、曾衝子、孔洙、何夢桂、
> 曾晞顏、方逢振、楊必大、萬一鶚、余恁、包鑄、楊應奎、吳澄等二
> 十三人赴闕覆命。所舉薦謝枋得、袁洪、白珽、王泰來等人，固辭
> 未赴。蔣松魁因病而卒，未能成行。本欲舉薦李淦、吳定翁、周從
> 周，李、吳固辭不見，周亦以年老辭。〔註33〕

此名單包括：趙孟頫、凌時中、胡夢魁、曾衝子、孔洙、何夢桂、曾晞顏、
方逢振、楊必大、萬一鶚、余恁、包鑄、楊應奎、吳澄、謝枋得、袁洪、白珽、
王泰來、蔣松魁、李淦、吳定翁、周從周。但有些被舉薦的南士，因種種原因，
未能成行，尚未對此也進行了分類，固辭未赴之人有：謝枋得、袁洪、白珽、
王泰來、李淦、吳定翁；因病而卒、未能成行者有蔣松魁；以年老辭者為周從
周。此次舉薦還有趙若恢、孫潼發、謝國光、曾子良，均未應舉。

將以上訪賢名單與實際訪得南士的名單放在一起，筆者總結，有關江南訪
賢士人名單為：趙孟頫、葉李、趙孟頫、萬一鶚、余恁、張伯淳、凌時中、胡
夢魁、曾衝子、孔洙、包鑄、何夢桂、曾晞顏、楊應奎、范晞文、方逢振、楊
伯大、吳澄、袁洪、白珽、王泰來、蔣松魁、李淦、吳定翁、周從周等二十五
人。不知為何訪得南士名單中未有趙孟蘦，文獻中也未記載當時關於趙氏的情
況。上述名單中，婉拒者為吳澄；固辭未赴之人有：謝枋得、袁洪、白珽、王
泰來、李淦、吳定翁；因病而卒、未能成行者有蔣松魁；以年老辭者為周從周；
未應舉者有趙若恢、孫潼發、謝國光、曾子良。

四、江南訪賢名單之南士

列於「江南訪賢」名單之南士有人跟隨程鉅夫北上，但更有婉拒者、固辭未
赴之人、因病而卒、未能成行者、以年老辭者、未應舉者。現介紹如下：〔註34〕

（一）江南訪賢時北上之南士

此類江南士人包括：葉李、趙孟頫、萬一鶚、余恁、張伯淳、凌時中、胡
夢魁、曾衝子、孔洙、包鑄、曾晞顏、楊應奎、范希文、方逢振、楊必大。

1. 葉李

葉李（1242～1292）宋末補太學生，天生奇才，於賈似道當權之際，孤危

〔註33〕陳得芝《程鉅夫奉旨求賢江南考》，《蒙元史研究叢稿》第540～570頁，2005
年。

〔註34〕以下介紹參考了陳得芝、王樹林論文。

斥其奸，彈劾賈似道，元世祖聞此，特囑程鉅夫江南訪賢徵召之。

關於葉李的生平事蹟，詳見《元詩紀事‧葉李》〔註35〕、張伯淳《送葉亦愚》〔註36〕、方回《送葉亦愚序》〔註37〕

2. 趙孟頫

趙孟頫（1254～1322），元書畫家、文學家。字子昂，號松雪道人、水晶宮道人，湖州（治今浙江湖州）人。據楊載《大元故翰林學士承旨榮祿大夫知制誥兼修國史趙公行狀》：「公諱孟頫，字子昂，姓趙氏。宋太祖子秦王德芳之後。……自稱『趙太祖十一世孫』號松雪道人，宋宗室之後。宋末以父陰補官，宋亡家居。累官拜訓大夫、兵部郎中、集賢直學士、奉議大夫、朝列大夫、集賢侍講學士、中奉大夫。匾燕處曰：『松雪齋』，自號松雪道人，所著詞章曰《松雪齋文集》。……其年（至治二年）辛巳，薨於里第之正寢。是日猶觀書作字，談笑如常時。至暮翛然而逝，年六十有九。」〔註38〕宋太祖趙匡胤十一世孫。至元二十三年（1286），程鉅夫奉詔往江南搜訪遺逸，趙孟頫被引薦於忽必烈，漸見親近，官至集賢直學士。延祐間，官至翰林院學士承旨。所畫山水、木石、花竹、人馬，十分精緻，山水師法董源、巨然，人馬學李公麟，並用抒發技巧寫木石、花竹，傳世作品有《重江疊嶂》、《東洞湖》、《秋郊飲馬》等；能篆、籀、分、隸、真、行草書，尤精正、行書和小楷，圓轉遒麗，有「趙體」之稱，今存碑石、拓片及真蹟較多；詩文清邃奇逸，有《松雪齋集》。卒，追封魏國公，諡文敏。趙孟頫是程鉅夫所推薦江南士人中，聲明最顯赫的一位，也許因為他故國皇室宗室的身份，也是有元一代最飽受爭議的一位士人。

《元史趙孟頫傳》中記載了程鉅夫江南訪賢之後，趙孟頫跟隨程鉅夫北上，為元廷任用的情景，世祖將趙孟頫列為最上等的才士：「孟頫才氣英邁，神采煥發，如神仙中人。世祖顧之喜，使坐右丞葉李。」〔註39〕。

趙孟頫被詔入元朝，世祖任命其為兵部郎中。後程鉅夫致仕，趙氏代其官職翰林學士承旨。趙孟頫的門生相繼為翰長，成為官宦士家為人稱道的美事。「初，程鉅夫薦公，起家為郎。其後程公以翰林學士承旨致仕，公遂代之，先

〔註35〕〔清〕陳衍《元詩紀事》卷3，清光緒本。
〔註36〕張伯淳《養蒙集》卷7，清文淵閣四庫全書本。
〔註37〕方回《桐江續集》卷32，清文淵閣四庫全書本。
〔註38〕下簡稱《趙公行狀》。《全元文》第25冊，第579～588頁。
〔註39〕《元史》卷172《趙孟頫傳》，第4018～4022頁。

往拜其門，而後入院。坐主、門生，相繼為翰長，真衣冠盛事也。」〔註40〕「先往拜其門，而後入院」強調程鉅夫江南訪賢引薦趙孟頫入元朝，對趙孟頫的命運與仕途所產生的重要影響。

世祖和仁宗對趙孟頫非常倚重和信任，世祖召見趙孟頫經常暢談至深夜「（世祖）每見公語，必從容久之，或至夜分乃罷。」〔註41〕還曾要求「大臣奏事，卿（趙孟頫）必與俱」〔註42〕。仁宗對其趙孟頫「聖眷甚隆」評價趙孟頫「帝王苗裔，一也；狀貌昳麗，二也；博學多聞知，三也；操履純正，四也；文詞高古，五也；書畫絕倫，六也；旁通佛老之旨，造詣玄微，七也。」〔註43〕趙孟頫身世、樣貌及學問、操守品德，再到文辭、書畫與佛老之學各各方面，元仁宗對趙孟頫的評價之高。

《元史趙孟頫傳》中對趙孟頫在政治上的建樹作了詳細的敘述：

> 在捐稅方面，桑哥實行並力主至元寶鈔法，趙孟頫主張以「米絹計之」。桑哥責成趙孟頫嚴懲不以寶鈔為捐稅的官員，趙孟頫雖迫於桑哥的淫威，負責巡行，但他始終堅守「君言不揆於理，徒欲以勢相陵，何也？」始終沒有鞭笞一人。其後，趙孟頫以計謀說服桑哥大赦天下：「讀至除免逋欠，桑哥怒，搖手以為不可。」其他人「屏息不敢出氣」趙孟頫曰：「凡錢糧未徵者，皆無用虛數。其人死亡已盡，何所於取。非及是時因詔書除免，他日言事者，倘謂尚書省界失陷錢糧數千萬，丞相何以自解？詎不為己深累耶？」桑哥悟，乃曰：「吾料不及此」詔下，「萬姓大悅，有蘇息之望焉。」後來，世祖問其葉李與留夢炎的優劣，趙孟頫據實相答。在看到徹里時，趙孟頫對其言「桑哥誤國之罪，甚於賈似道」在眾臣一致聲討下，「上大悟，遂按誅桑哥」。後來世祖問閣復與宋渤誰可為宰相，趙孟頫據實相對，「二人皆非相才」。壬辰正月，趙孟頫在任地方官之際，斷出冤案。解官之後，百姓「數人者送至京師，嚎哭不能去」，其人感泣曰：「公仁人也」。

在程鉅夫江南訪賢之後，趙孟頫作為第一批被搜訪到達元廷的南方士人。在元廷做官，政治上做出了很大的建樹。在捐稅方面，桑哥實行並力主至元寶

〔註40〕楊載《趙公行狀》。

〔註41〕楊載《趙公行狀》。

〔註42〕楊載《趙公行狀》。

〔註43〕楊載《趙公行狀》。

鈔法，趙孟頫主張以「米絹計之」，以減輕百姓的負擔；並以計謀說服桑哥大赦天下，百姓大悅；直指桑哥誤國之罪；在任地方官之際，斷出冤案，被旁人評為「仁人」。

除了政治方面的作為和影響力，趙孟頫在學問和學術、文學藝術等方面的成就都非常人能及，諸多成就在楊載《趙公行狀》中有記載：

> （成宗皇帝任用趙孟頫修《世祖皇帝實錄》）召至京師，……公治《尚書》，嘗為之注，多所發明。律呂之學尤精深，得古人不傳之妙，著《琴原》、《樂原》各一篇。性善書，專以古人為法。篆則法石鼓、詛楚，隸則法梁鵠、鍾繇，行草則法逸少、獻之，不雜以近體。他人畫山水、竹石、人馬、花鳥，優於此或劣於彼。公悉造其微，窮其天趣，至得意處，不減古人。事有難明，情有難見，能於手書數行之內，盡其曲折尤善鑒定古器物、法書、名畫，年祀之久近，誰某之所作與其真偽，皆望而知之，不待諦玩也。詩賦文辭，清邃高古，殆非食煙人語，讀之使人飄飄然若出塵世外。或得其書，不翅拱璧，尺牘亦藏去為榮。手寫釋道書，散之名山甚眾。天竺國在西徼數萬里裏外，其高僧亦知公為中國賢者，且寶其書。

在學術方面，善治《尚書》，曾為之作注，並多有闡發；音樂方面，精通律呂之學，曾著《琴原》、《樂原》；擅長書法、篆刻；善畫畫山水、竹石、人馬、花鳥；詩賦文辭，清邃高古。

釋來復《蛻庵集原序》說：「逮及於元，靜修劉公復倡古作，一變浮靡之習；子昂趙公起而和之，格律高深，視唐無愧。至若德機范公之清淳，仲宏楊公之雅贍，伯生虞公之雄逸，曼碩揭公之森嚴，更唱迭和於延祐、天曆中，足以鼓舞學者。」[註44]評價中稱讚趙孟頫是劉因之後一位拂去浮華習氣文風、轉而模擬古風的作家詩歌格律高深，不輸盛唐。趙孟頫和劉因並無師承關係，一為北人，一位南人。趙孟頫所處的時代為元世祖後期及成宗、武宗、仁宗時代，基本為劉因之後的這段時間。在扭轉有元一代的文風過程中，產生了重大影響。這也是程鉅夫江南訪賢、南方士人身居朝廷、藉助自身的影響力影響當時的文壇的明證。

據《趙公行狀》記載：「（元仁宗評價趙孟頫）文學之士，世所難得。如唐

〔註44〕釋來復《蛻庵集原序》，〔清〕陸心源《皕宋樓藏書志》，卷104，清光緒萬卷樓藏本。

李太白，宋蘇子瞻，姓名彰彰然在人耳目。今朕有趙子昂，與士人何異？」元仁宗將趙孟頫的文學才能與唐代的李白和宋代的蘇東坡的文學名望列為同等地位。

趙孟頫是世祖後期、成宗、武宗武宗朝，政治、經濟和、術方面具有巨大的貢獻和影響的士人。因為得到程鉅夫的引薦得以北上，這為趙孟頫實施其影響力提供了可能性。江南訪賢是一次南方士人進入朝廷的契機，在蒙元南北融合方面具有重大的意義。

3. 余恁

余恁，史無傳。《新元史・黃順翁傳》中提到其姓名，時任湖南廉訪副使，並為黃順翁生祠題名「種竹堂」。〔註45〕

《祭余秋山廉使文》中論及程鉅夫與余恁的交往：

> 始吾遊學於撫，得公景定甲子所校程文讀之，一時預選皆名流，次年悉登上第。吾時尚少，於是始聞公名而未能詳也。國家平一土宇，公官於鄂。參政鹿泉賈公，北方宿學，沿政荊湖，於人少所許可；於公獨加器重。吾時留京，於是益聞公名而未及識也。歲丙戌，搜賢來南，公適在盰，首以應詔，公亦勇往不辭。入觀清光，大稱上意。起家風憲，往貳湖南。〔註46〕

咸淳三年（1267），程鉅夫遊學於撫，始聞余恁名，並得以閱讀余恁於景定甲子（1264）所校程文。後南北程平，余恁得北方宿學賈文備器重。至元二十三年江南訪賢之際，余恁勇往不辭，朝廷授其監察御史的官職，往湖南赴任。

4. 張伯淳

張伯淳與趙孟頫、鄧文原交往密切，與程鉅夫、鮮于樞亦為文友，是元代前期有影響的江南文士。所著《養蒙集》十虞集為其《養蒙集》作序。虞集將其比作漢代賈誼，鄧文原將其比作唐代陸贄。程鉅夫評價其為「博洽通達之士」。張伯淳事蹟見《翰林侍講學士張公墓誌銘》和《張侍講伯淳》。

至元五年（1268），張伯淳中進士。張伯淳中進士的年代，程鉅夫撰墓誌銘及《元史》本傳未見記載。今據其自撰《桐廬縣重建學記》〔註47〕，有「會

〔註45〕〔民國〕柯劭忞《新元史》卷229《列傳第一百二十六》，民國九年天津退耕堂刻本：新寧人即（黃）順翁種竹之處立生祠。湖南廉訪副使余恁題曰「種竹堂」，以文記之。

〔註46〕《雪樓集》卷23。

〔註47〕張伯淳《養蒙文集》卷3，清文淵閣四庫全書本。

余戊辰同年進士**孫君潼**」云云，可知在咸淳四年。

《翰林侍講學士張公墓誌銘》詳述了程鉅夫舉薦張伯淳的過程，程鉅夫與張伯淳並非相熟，之所以推薦張氏，是由於周圍人舉薦其為賢士：「至元二十三年，某以侍御史受詔，選士南方。未行，聞廷紳有言公賢者，既至杭，公為博士。時猶未識公，而舊識識公者人人言公，與所聞同也；暨識而心察之，又同也，乃薦之。明年，報命。……有旨問所薦有可相者乎，對曰：「惟上所試，以觀其材耳。……至元二十三年，用薦者言授杭州路儒學教授，遷浙東道按察司知事。二十八年，擢福建廉訪司知事。」〔註48〕可見，程鉅夫江南訪賢之時，在引薦人才方面，是為賢是從的。

張伯淳對程鉅夫是感激的，自稱其為「前幕下士」〔註49〕，表明其對程鉅夫是以師長來尊重的。

張伯淳在政治方面曾上建議並多有建樹：「歲余，召至闕下，論事數十條，皆當世急務，辭意肯切」「其一曰罷冗官」〔註50〕張伯淳的策論應對之策，皆當世急務，辭意肯切。

皇家活動，張伯淳也偶有參與。「大德中，天子命近臣修時祀於嶽瀆，必老成慎重者，公在遣中。……至於今二十有餘年，中外大夫士多能誦公所為世祖言者。」〔註51〕張伯淳得到了世祖的信任，許多奏議策論，出自其手，對於朝廷的政策擬定產生了一定的影響。

張伯淳在文學方面頗有才華：「師道稱趙魏公孟頫為內弟，與巴西鄧文原同直詞林，情義款洽。文原嘗謂師道，為文恥尚鉤棘，而春容紆餘，鏗乎如金石之交，奏然不喜，以藻翰自能。歿後，無成槀，其子河東宣慰副使採長孫武康縣尹炯，訪求遺逸，釐為十卷，蜀郡虞集為序刊之右塾。時至正六年也」〔註52〕在文學方面，其文章風格受到程鉅夫影響，不注重細節的勾勒和曲折情感的描摹，文章大開大闔、春容紆餘。全篇多不足觀，頗多佳句。

5. 凌時中

凌時中：（1254～？年），字德庸，號石岩，湖州安吉縣人。在元軍南下時即已歸降。後授建昌路（今江西南城）司獄。性格緘默，言語不多；卻又能為

〔註48〕《雪樓集》卷17。

〔註49〕《雪樓集》卷30「養蒙詞附」。

〔註50〕虞集《張師道文稿序》，《道園學古錄卷》5，四部叢刊景明景泰翻元小字本。

〔註51〕虞集《張師道文稿序》，《道園學古錄卷》5，四部叢刊景明景泰翻元小字本。

〔註52〕〔清〕顧嗣立編《元詩選》二集，北京：中華書局，1987年，第130頁。

儒者政，正直敢言，平反冤獄。大約在至元末年調為江東道肅政廉訪司知事。仁宗時遷都水監丞，不畏權貴，為民爭利。後官至秘書少監。凌時中生平事蹟見趙孟頫《送凌德庸赴淮東憲府序》〔註53〕、吳澄《凌德庸字說》〔註54〕、戴表元《瓶城齋銘‧序》〔註55〕、孔齊《先君教諭》〔註56〕、《萬姓統譜》〔註57〕。

6. 胡夢魁

胡夢魁〔註58〕：（1234～1307），字景明，號潤泉，建昌新城縣（今江西黎川）人，程鉅夫三子程大本岳父。南宋進士，曾任澧州戶曹、丹徒縣尉、浙西制置司參議官。程鉅夫江南求賢，舉薦於元朝。至元二十四年，授嶺南廣西道提刑按察司僉事。任上四年，決黜甚眾，特別是敢於彈劾當時無人敢惹的海南宣慰使。至元二十八年，辭官告歸。〔註59〕胡夢魁生平事蹟見《僉廣西提刑按察司事胡公墓碣》。

7. 曾衝子

曾衝子（1228～1305），字聖和，北宋名臣曾鞏之裔，撫州金溪縣（今江西金溪）人。父鈺、兄鴻子、淵子皆中進士，仕於宋。〔註60〕曾衝子初以父任補官，應闢佐吉州（治今江西吉安）節制司三年，奉命攝理太和縣（今江西泰和）及幹辦其他公事皆見成效；歷轉數州佐官，改知仁和縣（臨安府附郭），置獄有顯績，遷臨安府主簿兼刑部郎中，出守安南軍（今江西大余），未幾罷歸。至元二十四年程鉅夫薦於朝，授福建閩海道提刑按察司僉事。曾衝子道人後，發文警抑奸吏，同時採取招諭手段平息判民，頗見成效。至元二十七年以老致仕，仕元四年。曾衝子生平事蹟見《僉福建提刑按察司事曾公墓誌銘》〔註61〕。

〔註53〕《松雪齋集》卷10，四部叢刊景元本。
〔註54〕吳澄《吳文正集》卷57，清文淵閣四庫全書本。
〔註55〕戴表元《瓶城齋銘‧序》，《剡源集》卷6，《剡源集》卷20「跋銘箴讚述碑」。四部叢刊景明本。
〔註56〕孔齊《先君教諭》，《至正直記》卷4，清毛氏鈔本。
〔註57〕〔明〕凌迪知編《萬姓統譜》卷56。
〔註58〕《雪樓集》卷23。
〔註59〕從程鉅夫所作《墓碣》看，其倦歸因「久瘴癘地」，恐不僅如此。陳得芝懷疑他彈劾的是朱國寶。據文獻猜測，胡夢魁的彈劾並沒有扳倒這個貪暴的北人大官，也許這正是他對時政失望而提前告退的一個原因。詳見陳得芝《程鉅夫奉旨求賢江南考》，《蒙元史研究叢稿》，2005年，第540～570頁。
〔註60〕曾淵子於咸淳間任臨安府尹兼浙西制置使，後貶雷州；廣王、益王逃奔廣東時，起為廣西宣慰使兼知雷州，崖山敗亡後逃到安南，元軍攻安南時歸降元朝。
〔註61〕《雪樓集》卷17。

8. 孔洙

孔洙：字思魯，一字景清，號存齋，衢州人，孔子五十三代孫，襲封衍聖公。其五世祖衍聖公孔端友與子玠避靖康之亂南徙，寓居衢州；紹興二年（1132）端友死，宋高宗詔以玠襲封衍聖公，後復賜衢州官田以奉先聖祠祀；傳至孔洙，皆世代襲封，主祀事。金朝取中原後，亦以留在曲阜的孔璠（端友弟端操之子）、璠子拯、拯弟惚（手）、子元措相繼襲封衍聖公；蒙古攻取汴京，窩闊台也頒詔以元措襲封。元世祖滅宋後，有人進言南徙喬寓衢州的孔聖後裔才是嫡長系統，乃於至元十九年詔召孔洙來京，太子真金為此還責備詹事臣張九思「學聖人之道，不知有聖人之後。」有關於孔洙生平事蹟，散見於《弘治衢州府志》〔註62〕和《元史‧世祖本紀》〔註63〕。

9. 曾晞顏

曾晞顏：字達聖，號車軒，江西吉州永豐縣人，巽申父。關於曾晞顏的生平事蹟，散見於劉將孫《曾御史文集序》：「兩佐春官，德祐初，以論不合，即去職。」〔註64〕虞集《曾巽初墓誌銘》〔註65〕：「仕宋為御史，為兵部侍郎，為江西安撫。……以子德裕貴，贈某官，追封武城郡伯。」〔註66〕宋景定三年進士，德祐初累官御史，論不合即去。入元，薦授湖南儒學提舉。受程鉅夫推薦後，曾晞顏被授為湖南儒學提舉，階承務郎。

10. 范晞文

范晞文，字景文，號藥莊，錢塘人。宋太學生，咸淳二年，以忤賈似道竄瓊州，後釋歸。元初人遷揚州路提學、江浙儒學提舉，轉長興縣丞，致仕居無錫，著有《對床夜語》五卷，詞約理勝，深得說詩之旨。程鉅夫江南訪賢後，其作為被訪得士人，被授浙東道按察知事。〔註67〕

程鉅夫曾為范晞文作《送范晉教授江陵序》稱讚范晞文為賢才，記載了此

〔註62〕《弘治衢州府志》卷8。

〔註63〕《元史》卷11《世祖八》，第213頁。

〔註64〕〔元〕劉將孫《養吾齋集》卷十清文淵閣四庫全書本。

〔註65〕《道園學古錄》卷19。

〔註66〕陳得芝《程鉅夫奉旨求賢江南考》考證，監察御史（分察）是曾晞顏在宋最後的官職。

〔註67〕陳得芝《程鉅夫奉旨求賢江南考》考證范晞文在入元後，初任杭州路學提學三年，行臺依制上其名，轉授湖州路長興縣丞。張伯淳《送范藥莊序》，《養蒙集》卷二；方回《送范景文長興丞》，《桐江續集》卷一二。據程鉅夫語判斷，范晞文出任路學（提鄉郡學事）及長興丞的年代應在程鉅夫推薦之前。

次訪賢，邀請范晞文北上的詳細過程：「至元丁亥，余以侍御史奉詔求賢，馳驛至杭。眾言范君晞文之賢，余因薦於朝。時范君諸子侍父旦暮來遊，麟角鳳毛，齟齟誃誃，皆不失家法。余既入奏，范君由是連佐憲府。自爾契闊，不四三年而聞范君沒，齟齟誃誃者未知何如也。……蓋范君起家儒業，博謇好修，好交四方名士，又能束諸子以詩禮。故身雖沒而猶存。」〔註68〕

11. 方逢振

方逢振：字君玉，號可齋，淳安人，宋尚書逢辰弟，人稱山房先生。關於方逢振可由《宋詩紀事・方逢振》：「逢振，字君玉，逢辰弟。景定三年進士，歷國史實錄院檢討、遷太府寺簿，宋亡歸隱風潭，有《山房集》」〔註69〕和其自作《至元廿四年十一月二十日得宣命詣朝可菴有詩不敢當次韻以謝》〔註70〕：「老嫗久已乞骸去，瘦骨應難入畫來。當年自是渠無分，明主何曾棄不才。不學晉人反招隱，頗知陶令欲歸來。」〔註71〕略知其生平事蹟。景定三年（1262）進士，歷官國史實錄檢閱文字，遷太府寺簿。宋亡歸家，因程鉅夫薦，起為淮西憲僉，不赴。聚徒講學於石峽書院，有《山房集》，學者稱「山房先生」。

12. 楊必大

楊必大（1227～1294）字伯起，台州臨海縣人。太學生出身，歷州、京教官，升至太學錄、兩學博士，宋末官知台州，德祐二年以城降元，蒙元授其為台州安撫使，謝病歸。至元十九年，楊必大平定衢州、婺州反元起義，甄別並釋放無辜民眾與俘囚數萬，起為浙東宣慰副使。程鉅夫江南訪賢到浙江檢閱官吏爵里，知其太學生出身，遂薦上，仍任原職。二十六年改寧國路同知，三十一年卒，年六十八。程鉅夫曾作《故同知寧國路總管府事楊君墓誌銘》記錄其生平事蹟〔註72〕。

萬一鶚、包鑄、楊應奎四人生平事蹟不詳。〔註73〕

〔註68〕《雪樓集》卷14。
〔註69〕〔清〕厲鶚《宋詩紀事》卷68，清文淵閣四庫全書本。
〔註70〕〔宋〕方逢辰《蛟峰集》附，清順治刻本，卷8。
〔註71〕方逢振事蹟見《萬姓統譜》卷49，《宋季忠義錄》卷13。
〔註72〕《雪樓集》卷17。
〔註73〕陳得芝《程鉅夫奉旨求賢江南考》言，筆者於文集、方志翻檢未見，僅知余恁後來官至湖南道肅政廉訪使（當在至元末），則應為受薦舉出仕者（見危素《黃順翁行狀》，《危太僕續集》卷七：「湖南廉訪使余恁公」云云。）

（二）婉拒者

婉拒者有吳澄、因病辭者為何夢桂、因年老辭者周從周。

1. 吳澄

吳澄（1249～1333），元代著名理學家。十四歲，隨祖父從故鄉崇仁縣到撫州城，從學於臨汝書院之教之朱子傳人程若庸，與其族孫程鉅夫結為同門學友。咸淳六年（1270）應鄉貢中選，次年省試下第，還鄉授徒。程鉅夫江南訪賢，他受邀北上，以覽北地風物，但拒不受薦。後名單仍在被薦之人中，但以母老辭。

程鉅夫甚知其志向，為吳澄住宅題名「草廬」，時人稱其為「草廬先生」。「（吳澄）抱膝《梁父吟》，浩歌《出師表》。……程鉅夫為吳澄住宅題名『草廬』，時人稱其為『草廬先生』……其祖輩世治進士業……（三歲時）……宣慰公抱置膝上，教之古詩，隨口成誦……（十五歲時）宣慰公赴鄉試，先生侍行……以朱子之學教授於臨汝書院。徽庵蓋從雙峰先生遊，先生因鄉人謁之……未見有如子能問者……十六拜程若庸先生，友程文憲公鉅夫。……著有《吳文正集》一百卷，有《草廬詞》。」〔註74〕其祖輩世治進士業，自幼時與程鉅夫家族交往頗深，三歲時，程鉅夫叔父程巖卿曾抱吳澄置膝上，教以古詩，隨口成誦；十五歲時，程巖卿赴鄉試，吳澄侍行。當時程鉅夫的族祖程若庸教授朱子之學於臨汝書院。程若庸曾讚揚吳澄好學多問，特地將程鉅夫與吳澄安排為學友。吳澄於十六歲時拜程若庸為師，與程鉅夫為友。

對北上元廷，吳澄的態度消極，不願意在元廷為官，經過一再舉薦，在任的時間都非常短暫。《吳公行狀》載：「二十三年，程文憲公奉詔，起遺逸於江南，至撫州強起先生，以母老辭。程公曰：「不欲仕可也，燕冀中原，可無一觀乎？』母夫人許其行。與程公同如京師。既至，程公猶薦先生，不令其知。先生覺其意，力以母老辭。二十四年，歸。朝廷老成及宋之遺士在者，皆感激賦詩餞之」程鉅夫第一次舉薦吳澄北上做官，吳澄婉絕。但吳澄被邀北地遊覽，能夠逐漸打消他排斥蒙元政權的心理。

至元二十五年（1287）程鉅夫再次向忽必烈舉薦吳澄，《吳公行狀》：二十五年，程文憲公言於朝曰：「吳澄不願仕，而所定《易》、《詩》、《書》、《春秋》、《儀禮》、《大小戴記》得聖賢之旨，可以教國子，傳之天下。……有旨，江西行省遣官繕錄以進。郡縣以時敦禮。」這次程鉅夫向元廷舉薦吳澄的著重點放

〔註74〕虞集《故翰林學士資善大夫知制誥同修國史臨川先生吳公行狀》，下簡稱《吳公行狀》，《道園學古錄》卷44，四部叢刊景明景泰翻元小字本。

在吳澄的學術文章和對教育獨特的見解和能力方面。

從此吳澄開始了治學講學的生涯，元明善一直跟從其學習，也成為元代一大家。這是吳澄身份轉變最為關鍵的一次事件，程鉅夫的建議與吳澄所擅長的學術相吻合，從側重政治為官到治學為官的推薦，是程鉅夫伯樂相馬的嘗試，因為其與吳澄自幼相熟、同在臨汝書院讀書，因此才能諳熟吳澄所擅長的領域，吳澄成為元代理學大家，其理學著作對元代士大夫和當政者為政影響巨大，因此江南訪賢意義重大。

後來吳澄又受到董士選的推薦。《吳公行狀》：「（元貞）三年，董忠宣公士選，任江西行省左丞，史中丞，入奏事，首以先生為薦。及在樞府，又薦之。一日，議事中書，起立謂丞相曰：『士選所薦吳澄，經明行修，大受之器。論道經邦，可助治世。』」在有司一再敦促下，到京師為官，他對待做官的態度是消極的，幾次請辭，又受邀請重歸朝廷也只是偏愛於治學教學。

對待蒙元政權，吳澄持抗拒的態度，因而其政治作為有限，但在政治個也曾上疏免豫章包銀、蠲除雜稅減輕農民負擔：《吳公行狀》：「先生在朝，數言於執政者。泰定改年，中書會議便民之事，先生復以二事為言。詔書始免包銀，且命體復減削之名而蠲免其稅，有司因循未行。」

在經明行修的學術教學方面，吳澄作品豐產，影響巨大而廣泛：「延祐三年，先生深入宜黃山中五峰僧舍以居，六越月，修《易纂言》。……天曆元年，《春秋纂言》成。二年《易纂言外翼》成。……四年，《禮記纂言》成。」〔註75〕

延祐三年六月吳澄修《易纂言》、天曆元年編《春秋纂言》、二年編成《易纂言外翼》、四年年編《禮記纂言》當時士大夫評其為：「經學之師，當代寡二」，元明善稱其：「學通天人，行足師表」。

元代當時士人及吳澄後學對吳澄評價頗高，揭傒斯曾說：「皇元受命，天降真儒；北有許衡，南有吳澄；所以恢弘至道，潤色宏業，有以知斯文未喪，景運方興也。」〔註76〕

揭傒斯從宏觀上評價吳澄為當時真儒、其存在的意義是弘揚儒學、潤色宏業、使得文道未喪。

四庫館臣指出他的文章特點為詞華典、斐然可觀、文質彬彬：「澄則詞華

〔註75〕《吳公行狀》。
〔註76〕揭傒斯《大元敕賜故翰林學士資善大夫知制誥同修國史贈江西等處行中書省左丞上護軍追封臨川郡公謚文正吳公神道碑》，下簡稱《吳公神道碑》，《揭傒斯全集》第538～542頁。

典雅，往往斐然可觀。據其文章論之，澄其尤彬彬乎」〔註77〕。作為理學家，與當時理學家相異的是，吳澄的理學作品注重文辭。

據《吳公行狀》：「（元貞）七年春，中丞猶抗章論朝廷失待士之禮。先生歸至揚州，時憲使趙公弘道，及寓公珊竹公玠、盧公摯、賈公鈞、趙公英、詹公士龍、袁公明善等，先後留先生，身率子弟諸生授業」元貞七年春，一批士人包括趙弘道、珊竹玠、虞摯、賈鈞、趙英、詹士龍、元明善等留吳澄在揚州並率眾子弟跟從吳澄學習，可見其對後學之輩影響之大。

若未有程鉅夫的江南訪賢之舉，也許吳澄及其作品與學問、詩文將湮沒不聞。其最終成為一代理學之宗、元代大家，其文學之風與文風影響著元代政壇，不得不說是江南訪賢在此處起了關鍵作用。

2. 何夢桂

何夢桂（1228～？年），字巖叟，號潛齋，嚴州淳安縣（今屬浙江）人，家在縣之安樂鄉富昌村。咸淳元年（1265）進士第一甲第三名。初授台州軍事判官，改太學錄（尋遷博士），吉州通判，除太常博士，轉監察御史。程鉅夫江南訪賢，何夢桂被薦，元廷授其為江西儒學提舉，無意仕進取富貴，因疾辭。其生平事蹟見徐象梅《太府卿何巖叟夢桂》〔註78〕。

3. 周從周

周從周（1227～1298）字文郁，南城人。十七歲從貴溪象山書山院長工部尚書湯文清遊學，以詞賦擅名。淳祐六年舉於鄉，入翁合幕，又館於曾淵子。蚤學詩於南昌縣曾原一、大宗正丞趙棠幡，得其精微。宋亡，歸隱山中。後程蜚卿與程鉅夫皆有意薦引，周從周以老辭。儒學提舉黃謙亨薦其為為旴江書院山長，不就。常與淳安令曾子良倡酬問答。大德二年卒，年七十二。危素曾為周從周作墓碣名《宋鄉貢進士周先生墓碣名》〔註79〕。

（三）江南訪賢固辭未赴之人

江南訪賢固辭未赴之人有：謝枋得、袁洪、白珽、王泰來、李淦、吳定翁。

1. 謝枋得

謝枋得（1226～1289），字君直，號疊山，信州弋陽縣人。寶祐四年（1256）舉中進士，因對策中極言丞相董槐、宦官董宋臣姦佞，被抑為第二甲，除撫州

〔註77〕〔清〕永瑢《四庫全書總目》卷166，清乾隆武英殿刻本。
〔註78〕〔明〕徐象梅《太府卿何巖叟夢桂》，《兩浙名賢錄》卷1，明天啟刻本。
〔註79〕危素《危學士全集》卷12，清乾隆二十三年刻本。

參軍，棄歸。開慶元年（1259），蒙古軍攻入宋境，江東西宣撫使辟其為屬，奉命募集義兵保衛饒、信之境。景定五年（1264）江東鄉試，為主考，在冊文中揭露賈似道誤國弊政，以謗訕罪謫居興國軍（治今湖北陽新）。咸淳三年（1267）赦歸，在家講學。德祐元年（1275），宋廷授其為江東提刑、江西詔諭使、知信州，總兵守土。次年，抗擊元軍，兵敗，信州失守，妻女弟姪皆被俘，乃更姓名易服走匿福建建寧山中。程鉅夫江南訪賢，謝枋得致信程鉅夫，以居母之喪堅辭。他自己直言：「宋室孤臣，只欠一死……某不能為忠臣，猶願為孝子。……執事豈不聞某為江南一愚直人乎？人無所不至，惟天不可欺」〔註80〕。其生平事蹟見《宋史·謝枋得傳》〔註81〕。

2. 袁洪

袁洪（1245～1298）字季源，慶元府鄞縣人，袁桷父，出身顯宦之家。年十七即以祖父遺澤補官，宋淳熙九年累官通判建康，德祐元年建康失守，微服詣行在，授沿江制置司參議，不拜而歸。至元十五年，以宋故官入朝，授邵武路同知，因疾辭。至元二十年，改授溫州路同知，疾作辭。因其家藏書豐富，又好延請各地碩儒故官教授弟子，故王應麟、胡三省、戴表元及僧園等都館於其家。〔註82〕程鉅夫訪賢聞其名欲薦舉，被其推辭。其生平事蹟見程鉅夫為袁洪所作神道碑銘《故同知處州路總管府事袁府君神道碑銘》。〔註83〕

3. 白珽

白珽（1284～1328），字廷玉，號湛淵，錢塘人。本四明儒舒少度遺腹子，白氏收養為嗣。曾授經太學，詩文書法俱佳，為當時名士。後蒙元徵其為安豐縣丞，辭。館於杭州北關外富實藏書家為塾師。他是「月泉吟社」成員之一。程鉅夫與劉宣〔註84〕舉薦入朝，以疾辭「至元壬辰歲，余赴闕廷。時近侍之臣亦嘗以君姓名進，不果行。」〔註85〕

4. 王泰來

王泰來（1236～1308）字復元，自號月友處士，嘉興華亭縣（松江）人。

〔註80〕〔宋〕謝枋得《疊山集》卷四，四部叢刊續編景明本。
〔註81〕脫脫《宋史》卷425《謝枋得傳》，清乾隆武英殿刻本。
〔註82〕陳得芝《程鉅夫奉旨求賢江南考》說他本人並無多大學識，只是憑財力結交、資助了許多名士，在詩人中頗有聲望，又是宋故官，因此其名亦在程鉅夫推薦之人中，被其推辭。
〔註83〕《雪樓集》卷20。
〔註84〕劉宣於至元二十五年出任南行臺御史中丞時。
〔註85〕張伯淳《養蒙文集》卷2，清文淵閣四庫全書本。

宋末放浪江湖間，所至人爭延致之。元初家居，至元十五年，浙西宣慰使游顯薦於元，以疾辭；次年，崔彧奉召下江南求醫卜之人，因王泰來生於卜筮之家而徵之，又辭。至元二十三年程鉅夫江南求賢，與葉李同徵入朝，館於集賢院，未授官即乞歸，遷居錢塘，自號月友處士。至大元年卒，年七十三。大德四年，以其術被聘北上，辭官不拜而歸。王泰來的生平事蹟見趙孟頫為其所作墓誌銘《有元故徵士王公墓誌銘》〔註86〕。

5. 李淦

李淦字性學，建昌南城人。程鉅夫舊相識時為提刑按察使推薦李淦，稱道其學問文章，因此程鉅夫將其列於江南訪賢名錄之中，使者拜見多次，李淦不予相見。程鉅夫在文章中表達出未見到李淦的遺憾之意。後程鉅夫與其論議，李淦博通經史。元帝力徵其為國資助教，時人信服、名重一時。至元中任明道書院山長，上書御史臺，言桑哥誤國，桑哥敗，徵為國子助教，未幾卒。一生清貧，無以治喪。皇慶二年夏，江浙等處行中書省左丞吳君某畏死者日益遠，知者日益寡，李淦之名湮沒無聞，特請程鉅夫為李淦撰寫墓誌銘。程鉅夫為其作《故國子助教李性學墓碑》〔註87〕。

6. 吳定翁

吳定翁（1263～1339）字仲谷，臨川金溪縣人，出詩書之家。從曾子良遊，宋亡後，隱居獎勵講學授徒，其學與陸九淵頗有淵源。因講授鄉里，薦辟相望，終身不為之動。程鉅夫仰其名，列於江南訪賢名單中，卻未得見其人，仍不應薦辟。後至元五年卒，年七十七。從虞集《故臨川處士吳仲谷甫墓誌銘》可知吳定翁生平事蹟〔註88〕。

（四）因病而卒、未能成行者

蔣松魁（1235～1286）：字仲方，嚴州壽昌（今屬浙江）人。宋太學生，元初官建昌路儒學教授。是時，程鉅夫隨叔父建昌通判程飛卿居此，與蔣松魁相識。〔註89〕後程鉅夫江南訪賢，擬攜他入朝，未行而病故，程鉅夫為其撰寫《故建昌路儒學教授蔣君墓誌銘》。程鉅夫曾為蔣松魁作《故建昌路儒學教授

〔註86〕趙孟頫《松雪齋集》卷10，四部叢刊景元本。
〔註87〕《雪樓集》卷20。
〔註88〕《全元文》第27冊，599～610頁。
〔註89〕據陳得芝《程鉅夫奉旨求賢江南考》考證：程飛卿以建昌降元，仍守其地，至元十八年入覲奏事，舉薦蔣松魁，被沮格。

蔣君墓誌銘》〔註90〕。

（五）未應舉者

未應舉者有趙若恢、孫潼發、謝國光、曾子良。

1. 趙若恢

趙若恢，宋宗室，字文叔，東陽人。二十歲時，登咸淳乙丑（咸淳元年1265）進士。據《浙江通志》記載：「（趙若恢）字文叔，生而秀異。甫成童，能默誦五經，為文數千年立就。嘗應詔言事，悉時政所急。弱冠登咸淳乙丑進士。宋亡，避地新昌山，遇族子孟頫，與居相得甚。時元主方求索趙氏之賢者，子昂轉入天台，依楊氏，為元所獲，若恢以間地脫。程鉅夫之使江南也，有司強起之，稱疾。且曰：『堯舜在上，下有巢由，今孟頫、貫已為微、箕，頗容某為巢由也。』鉅夫感其義，釋之。於是避處城東北隅，杜門不出。深衣大帶，摩挲古柏間。」〔註91〕宋亡，避地新昌山，遇族子孟頫，相處甚歡。後元代招賢士，趙若恢隱匿不出。程鉅夫訪賢，稱疾不應詔。未被逼迫，程鉅夫還以茶贈趙氏。〔註92〕

2. 孫潼發

孫潼發（1243～1310），字帝錫，一字君文，別號盤峰，為桐廬隱士。年少力學、工於文辭。因劉克莊賞識，名動州邑。咸淳四年，登進士第。在宋官衢州軍事判官、階文林郎，後闢御前軍器所幹辦公事。古貌野服、高談雄辨，並喜汲引後進。空閒時常研究性理之學，後學從中得到啟示。宋亡後，孫潼發避地萬山中。程鉅夫江南訪賢，薦孫潼發於朝，孫氏固辭。後官吏部尚書，向朝廷推薦前進士七人，所薦王龍澤任行臺監察御史。後辭官布衣終老。孫氏所著述多散逸，惟《桐君山集》流傳。黃溍曾為孫潼發作《盤峰先生墓表》〔註93〕。

3. 謝國光

謝國光，字觀夫，號節齋，華亭人。《宋史翼》中有關於謝國光的生平事蹟介紹：「宋咸淳九年領鄉薦，明年上春官，以所對策剴切，主司畏賈似道，不敢取，例補太學生。宋亡，遂不仕。元治書侍御史程鉅夫奉詔搜賢，或以國

〔註90〕《雪樓集》卷16。
〔註91〕〔清〕嵇曾筠《浙江通志》卷1，清文淵閣四庫全書本。
〔註92〕《宋詩紀事補遺》卷九三有趙若恢《謝程鉅夫惠茶》詩，轉引自陳得芝《程鉅夫奉旨求賢江南考》。
〔註93〕《全元文》，第30冊，第105頁。

光薦，輒杜門稱疾，以經史自娛。卒，遺命題其墓曰『安節』，以表其志。」
〔註94〕宋咸淳九年（1273）領鄉薦，第二年入試，有司因畏賈似道，不敢錄取
他，按例補太學生。宋亡，不仕。或稱程鉅夫江南訪賢，向元廷推薦謝國光，
以病辭，以經史自娛。去世後，遺命題其墓曰「安節」，以表其志。

4. 曾子良

曾子良，金谿人，擅性理之學，登咸淳第，仕至縣令。晚年隱居講授，臨
川饒宗魯每日授其《易》，後將所記憶。輯成《周易輯說》，吳澄為之作序。吳
澄《周易輯說序》：「金谿曾先生，諱子良。在宋兩貢於鄉，擢進士科，仕至縣
令。晚節隱居講授，以通經學古、能詩能文為後進師。臨川饒宗魯遊其門，每
日授《易》，所聞皆能記憶。師既卒，乃祖述其意，撰著新辭，文口談之質俚，
如傳注之純雅，名曰《周易輯說》。」〔註95〕

五、江南訪賢的影響

隨程鉅夫江南訪賢北上的士人進入元廷，其行為對觀望中的江南士人影
響非同尋常。尤其是故宋宗室趙孟頫由南入北及元廷對他的態度，影響著江南
士人對待出仕元朝的看法。世祖一見趙孟頫，歎為神仙中人，在中丞耶律鑄進
言排斥趙孟頫入朝為官的情況下，程鉅夫以「立賢無方」來反駁，而世祖是站
在江南士人一方的，他回答說「彼豎子何知」並傳旨將耶律鑄趕出尚書臺，〔註
96〕封趙孟頫為尚書省草書者。即使趙孟頫為宋宗室名臣、也有程鉅夫的據理
力爭，才得到如上效果，但只有世祖的認可和接受才是關鍵。世祖的態度也才
是江南士大夫所關鍵的，看到世祖對耶律鑄的駁斥，才能堅定江南士大夫北上
的決心。

程鉅夫一再推薦吳澄，不斷被拒絕，然而他從未放棄，從向世祖推薦吳澄
其人，再到推薦吳澄之考著，程鉅夫一直未曾放棄將江南士人、儒學及理學引
入元廷並發揚光大的決心。

程鉅夫與吳澄既為同鄉，又是同時授業於程若庸的學友。早在至元二十三
年（1286）八月程鉅夫回撫州返京時，想徵吳澄出仕，在遭到拒絕後，邀其北
上遊覽，吳澄此次遊覽對增進了其對北方的瞭解，逐漸消除著對元廷的牴觸情

〔註94〕〔清〕陸心源《宋史翼》，卷三四34，清光緒刻潛園總集本。
〔註95〕吳澄《吳文正集》，卷20，清文淵閣四庫全書本。
〔註96〕楊載《大元故翰林學士承旨榮祿大夫知制誥兼修國史趙公行狀》，李修生等主
編《全元文》，鳳凰出版社2005年版，第25冊，第580頁。

緒。至元二十五年（1288），程鉅夫又上疏元廷，推薦吳澄所考《易》、《詩》、《書》、《春秋》、《儀禮》、《大戴記》、《小戴記》，認為有益於儒學傳播，應置國子監，令諸生之以傳天下，朝廷從之。這是吳澄在大德間年出仕的序曲。

程鉅夫的江南訪賢對袁桷也產生了比較大的影響。在至元二十三年（1286）訪賢行動中，程鉅夫曾到四明徵袁桷之父袁洪出仕，袁洪拒絕，但對其生了不小的影響，其在《師友淵源錄》中層提到程鉅夫：「程鉅夫，舊名文海，郢州人。今居建昌。善鑒裁。為侍御史時，奉詔徵江南遺逸，首薦先子，以疾辭。所薦士皆知名，多至大官。今為翰林學士承旨。」〔註97〕將程鉅夫視為師友般敬重。大德元年（1297），袁桷在程鉅夫連同閻復、王構薦舉下，被元廷授翰林國史院檢閱官，開始了任職大都的仕宦生涯，一直到泰定元年（1324）致仕，一度為元廷重要的士人。

程鉅夫使得元廷重視江南，並促使江南士人北上的重大意義在於，對江南士人來說，他所舉薦的人在當地具有相當大的影響力。元廷對趙孟頫等人的態度，在那些持觀望態度的南方士人眼裏，折射出北上之後的命運。趙孟頫是宋宗室子弟，張伯淳、袁桷為世家子弟，吳澄是經學領袖。他們接受徵召、受到禮遇，為新政權服務，其他南方士人便可放心北上展示政治方面的才能。

南人北進的風潮以江西籍文人為主流，元代中期政壇重要人物如虞集、揭傒斯、范梈、何中、危素、周伯琦等都是江西士人。這些人中，虞集是吳澄的學生，揭傒斯是程鉅夫門生，何中是吳澄的表弟，從中可看出程鉅夫影響之大。

《元典章》中記載：「（至元二十九年（1292）六月，湖廣潭州（長沙）官員會同『耆老儒人』集議，認為）：今江南歸附已後一十八年，人心寧一。燈火之禁似宜寬弛。忽必烈應允：『上開禁施行』」〔註98〕。

此中見出，程鉅夫的江南訪賢，已成為元廷在政治上接受南人的重要行為。作為影響的結果和餘緒，這種接受還在進一步深入，南方士人被逐漸接受，元廷對南方的政策逐漸放鬆、禁忌陸續解除。

由於江南訪賢的影響和示範作用，元廷對江南地主及士人的政策也漸趨鬆弛。《元末的江南士人與社會》實錄了在財稅政策上，元廷對江南地主相應寬鬆：「相應的，在具體財稅政策上，元廷也對江南地主及士人實施了有限的籠絡措施，包括：對江南地主收稅減輕、對江南地主兼併土地採取無視和縱容

〔註97〕《全元文》第 23 冊，第 529。
〔註98〕陳高華等點校《元典章》，北京：中華書局，2011 年，第 46 頁。

的政策、利用江南士人參與政權，拉攏有名望的士人、地主」。〔註99〕

　　江南士人對元廷的懼怕心理也逐漸消失，願意入蒙元政權為官。陳得芝《元代江南地主階級》：「江南士人對元廷的示好政策，也做出了自己的回應。最初南宋滅亡之時，江南隱逸之風盛行，多數的隱逸是為了躲避在元廷做官。混一南北後，江南的士人因對於新朝廷的懼怕也因出仕無門，多呈現觀望態度。但隨著江南訪賢，隨著元廷政策的開化和對江南政治、經濟政策的寬鬆，當時南人北上獵官之風甚炙」〔註100〕江南訪賢打通了南北在士人心理上的組合，對混一南北具有重大作用，當時出現了「南人求名赴北都……朝朝迎送名利客，身身消薄非良圖」〔註101〕逐漸出現了南北士人流動的繁盛局面。

第二節　程鉅夫與元代科舉

一、科舉概略

　　「科舉」是內涵複雜、動態變化的概念。廣義的「科舉」約略等同於「貢舉」，始於漢代；狹義的「科舉」為「進士科舉」，起始於隋代。從隋煬帝大業元年（605）進士科的設立，到清代光緒三十一年（1905）廢科舉興學堂，科舉制在中國歷史上存在了一千三百年。但以元代為界，前段科舉與後段科舉有著顯著的差異。〔註102〕

　　科舉制度淵源於秦漢，肇始於隋唐，成熟於宋元，完備於明清。隋代科舉考試的特點是：考試科目不固定；每年都設科舉考試，考試的內容多為儒家經典，選拔的過程為分科錄取，再授予相應的官職。唐代科舉考試比隋代成熟了許多：考試科目豐富，進士科尤重；創立武舉制度；確立分級考試和三場考試制度；投牒自舉；建立科舉專用考場（貢院）；收官等級有明確規定。宋代科舉的設置重文輕武、考試制度更嚴密化和客觀化、取士名額擴大、宋代武舉重

〔註99〕鄭克晟《元末的江南士人與社會》，《東南文化》1990 年第 4 期。

〔註100〕陳得芝《元代江南地主階級》，《元史及北方民族史研究集刊》第 7 期（1983），第 86～94 轉引自蕭啟慶《內北國而外中國》。

〔註101〕薩都剌《芒鞋》，殷孟倫、朱廣祁校點《雁門集》，上海古籍出版社 1982 年，第 12 頁。

〔註102〕以下論述內容可參看：李子廣《科舉與古代文學》，內蒙古教育出版社，1999年版。關於宋代科舉制度的相關情況，可參看祝尚書《宋代科舉與文學》，中華書局，2008 年版。金代科舉制度，可參見薛瑞兆《金代科舉》，中國社會科學出版社，2004 年版。

「文」、中舉士人待遇進一步提高。在遼、金政權統治區域,科舉制度也得到廣泛推行。

元代正式下詔恢復全國性的科舉考試是在仁宗皇慶二年(1313),距離金亡已有七十九年,距離宋亡三十餘年,行進道路曲折而漫長。余來明《元代科舉與文學》中言:「對於元代科舉制度恢復的確切時間,一種觀點認為是元太宗窩闊台十年(1238)舉行的戊戌選試,一種觀點認為『戊戌選試』不能算是真正意義上的科舉考試,元代實行科舉是在延祐二年(1315)。然而,即使承認戊戌選試的科舉性質,延祐二年以前未舉行全國性的科舉考試則是無可否認的事實」。〔註103〕

與隋、唐、宋科舉相比較,元代科舉科目專試儒經,考試制度也更趨於嚴密。元代科舉以德行、經術為先,而後文辭「各有科目。要其本末,舉人宜以德行為首,試藝則以經術為先,詞章次之。浮華過實,朕所不取」〔註104〕。

明代科舉沿革自元朝。明代科舉的特點是進士中文科獨重;科舉必由學校:專取四書及五經等命題,科舉的階梯化和層級化逐漸增強。武舉重策略輕武藝;科舉取士後,授官從六品以下官職起。

清代科舉最違礙複雜。科舉科目多樣,包括文科、武科、宗科、旗科、翻譯科和制科。其中文科、武舉都實行四級考試制度,包括童試、鄉試、會試和殿試。於相應考試中選取秀才、舉人、進士科名。考試內容繼承明代,取四書、五經命題,制定標準答案。沿用明代的武科考試,授官也沿用明代。清朝晚期(鴉片戰爭以後),科舉考試經過多次改革,並最終被廢除。文舉改革通過停止八股取士、改革科舉內容,減科舉中試名額直到最後完全廢止了科舉考試。

從宋代到元代,科舉取士取得了實質性的變化,這就是考試內容的確定和考試標準的實行。元代科舉除了為明代科舉提供了良好的範例之外,還對當代社會產生了一定影響。正如有人評價:「把儒家學說作為甄選精英的標準,給漢族士人入仕提供了一條正常的道路。這對江南士人更為有利,因為直到此時,他們多被排除在官場之外」〔註105〕。

〔註103〕余來明《元代科舉與文學》,武漢大學出版社,2013年版。第2頁,頁下注。
〔註104〕《雪樓集》卷1。
〔註105〕〔德〕傅海波〔英〕崔瑞德編《劍橋中國遼西夏金元史(907~1368)》,中國社會科學出版社1998年8月,第524頁。

二、元代科舉的背景

　　元初用人制度最大的特點就是「以吏取士」〔註106〕和「士出多途」〔註107〕。導致的結果是官員結構的變化，即儒生在朝廷為官的人數變少、比例減低。關於「以吏取士」優劣的爭論此起彼伏，支持的觀點在統治階級內部始終佔據上風，反對意見從未停止，由於反對者的堅持，使得科舉被重視，儒士地位得以提升。

　　蒙元統治者較為注重功利實用，重視財政鈎考等經濟措施措施，這便使得儒士不被重視，科舉推進的速度遲緩。〔註108〕正如杉山正明所說：「蒙古是一個世界性的政權。忽必烈在尋找依樣作為國家理念模範的先例。中華帝國的模式，姑且不論財務及經濟面，對忽必烈而言，遠較『羅馬帝國模式』和「伊斯蘭模式』要來的現實。不管怎麼說，中華帝國是擁有一個作為巨大帝國機構的長遠傳統與經濟積累的。……但是，在大元汗國統治下的其他區域姑且不論，在有關軍事、政體、財政等，涉及國家與政權最根本的層次上，吾人不得不說中華色彩簡直是淡的不得了。」〔註109〕

　　元仁宗恢復科舉，並非是要從根本上改變蒙元注重實用的官員選拔標準，而是要在既有選拔標準的基礎上，通過增添新的銓選方式，來糾正由吏入仕帶來的越來越明顯的弊病，進而達到儒吏合一的狀態。〔註110〕

　　元代（尤其是元代前期）吏尊而儒卑，與廢止科舉制度相應「我元有天下，所與共治出刀筆吏十九」〔註111〕，選官制度也以根腳和吏選為主，漢人、南人中儒者的地位極低。而當時的吏員出職制度，使得原本只是從事具體行政事務的吏的地位上升，由吏入官取代科舉取士，成為選拔人才的主要渠道。許有壬在《吏員》中說：「我朝建元以來，百度修舉，惟科舉條目議而未行，出官之制，大率由吏」〔註112〕蘇天爵也說：「我國家初由胥吏取人，人才亦多由是

〔註106〕參閱魏崇武《元世祖及成宗時期的儒吏關係》，《文史知識》，2008 年，第 12 期。

〔註107〕參閱許凡《元代史治研究》勞動人事出版社，1987 年版，第 24～26 頁，第 53～54 頁，第 161 頁。

〔註108〕參見本書第二章《程鉅夫的政治作為》。

〔註109〕〔日〕杉山正明著；周俊宇譯《忽必烈的挑戰：蒙古帝國與世界歷史的大轉向》，第 251 頁。

〔註110〕參見余來明《元代科舉與文學》，武漢大學出版社，2013 年版。

〔註111〕《揭傒斯全集》，第 376 頁。

〔註112〕許有壬《吏員》，《至正集》卷 75，清文淵閣四庫全書補配清文津閣四庫全書本。

而顯」〔註113〕。

元代不僅吏員人數多，而且吏員的種類也繁多「據學者統計當時吏員繁多的盛況：元代中央正式在職的吏員總數在 3000 人以內，地方各級機構等級在職吏員總數在 10 萬人以上」〔註114〕「（吏員的種類）曰掾史、令史，曰書寫、銓寫，曰書吏、典吏，所設之名，未易枚舉。曰省、臺、院、部，曰路、府、州、縣，所入之途，難以指計」〔註115〕。

元代前期形成的以吏入仕的銓選制度，在一開始造就了一批極高的吏員，國家官僚選拔體系也體現出由胥吏取人的特點。

最初的吏治對元廷的統治起到了積極作用，由此，有人對其進行了肯定。《鶴田蔣先生文集》描述了當時情狀：「……是故左儒而右吏。吏術既用，大者列臺省，小者佐州縣，為世所貴，人爭習之，睹儒冠則姍笑嫚易」〔註116〕，由此可見，時人重吏而輕儒的風尚。

但是，以吏取士發展到後來，吏的數量逐漸龐大，弊端不斷顯現：「我朝至元間，大興文治，雖一時名儒，用無孑遺。然天下之大，簿書期會之繁，因仍金舊，悉以付吏。任之既久，趨之者日益眾，紛紛弊端於焉。呈露仁皇抑之也，其有激之哉。且儒之與吏幼而誦習也同出」〔註117〕。最初實行以吏取士，是因為「天下之大，簿書期會之繁」依據金朝舊有制度實行。但沒約束，任其發展，弊端逐漸呈現。大概是因為利益的驅使，使得吏員出現了貪污、巧取豪奪之機會，又缺乏相應的監督和懲罰機制，吏員幾乎無所忌憚，不僅行政效率地下，而且貪腐成風。〔註118〕與儒士相比，吏員幾乎不受道德與禮義廉恥的約束，因此以吏取士的各種弊端便呈現出來。

針對由吏取士出現的弊端，時人寫文章提出了批評。有士人提出扭轉這一局面的辦法，這便是儒吏合一的建議。鄭介夫《太平策》中有言：「吏之與儒可相有，而不可相無者也。儒不通吏，則為腐儒；吏不通儒，則為俗吏。必儒

〔註113〕 蘇天爵《元故嘉議大夫工部尚書李公墓誌銘》，《滋溪文稿》卷 11，四部叢刊本。
〔註114〕 趙世瑜《吏與中國傳統社會》，杭州：浙江人民出版社，1994 年，第 106～109 頁。
〔註115〕 《元史》卷 81《選舉一》，第 2016 頁。
〔註116〕 蔣易《送鄭希禮之建寧學錄序》，李修生主編《全元文》第 48 冊，鳳凰出版社 2004 年版，第 70 頁。
〔註117〕 許有壬《故中奉大夫侍御史穆公墓誌銘》，《至正集》卷 59，清文淵閣四庫全書補配清文津閣四庫全書本。
〔註118〕 見本章第二節所述。

吏兼通，而後可以蒞政臨民。」〔註119〕

　　余來明指出了，在「以吏取士」的銓選體制下，程鉅夫在推動科舉取士中的作用及科舉取士對提高儒士地位的重要意義「元仁宗力主恢復科舉取士的制度，既與他的漢文化修養和治國理念以及李孟、程鉅夫等人的極力推動密不可分，同時也是元前期各種政治文化生態聚集下的必然選擇。其中最突出的表現，就是元代前期以吏入仕所造成的諸多弊端」〔註120〕。

三、元代科舉概述

　　元代科舉以經義為重，同時還要兼顧古賦、詔誥、章表、策。科目更多，難度更大。這《元史》中有詳細論述：

　　　　至仁宗皇慶二年十月，中書省臣奏：「科舉事，世祖、裕宗累嘗命行，成宗、武宗尋亦有旨，今不以聞，恐或有沮其事者。夫取士之法，經學實修己治人之道，詞賦乃摛章繪句之學，自隋、唐以來，取人專尚詞賦，故士習浮華。今臣等所擬將律賦省題詩小義皆不用，專立德行明經科，以此取士，庶可得人。」帝然之十一月，乃下詔曰：

　　　　惟我祖宗以神武定天下，世祖皇帝設官分職，徵用儒雅，崇學校為育材之地，議科舉為取士之方，規模宏遠矣。朕以眇躬，獲承丕祚，繼志述事，祖訓是式。若稽三代以來，取士各有科目，要其本末，舉人宜以德行為首，試藝則以經術為先，詞章次之。浮華過實，朕所不取。爰命中書，參酌古今，定其條制。其以皇慶三年八月，天下郡縣，與其賢者能者，充賦有司，次年二月會試京師，中選者朕將親策焉。具合行事宜於後：

　　　　科場，每三歲一次開試，舉人從本貫官司於諸色戶內推舉，年及二十五以上，鄉黨稱其孝悌，朋友服其信義，經明行修之士，結罪保舉，以禮敦遣，資諸路府。其或徇私濫，舉並應舉而不舉者，監察御史、肅政廉訪司體察究治。

　　　　考試程序：蒙古、色目人，第一場經問五條，《大學》、《論語》、《孟子》、《中庸》內設問用，朱氏章句集注。其義理精明，文辭典

〔註119〕鄭介夫《太平策》，〔明〕黃淮《歷代名臣奏議》，卷67，清文淵閣四庫全書本。
〔註120〕余來明《元代科舉與文學》，武漢：武漢大學出版社，第155頁。

雅者為中選。第二場策一道，以時務出題，限五百字以上。漢人、南人，第一場明經經疑二問，《大學》、《論語》、《孟子》、《中庸》內出題，並用《朱氏》章句集注，復以己意結之，限三百字以上；經義一道，各治一經，《詩》以朱氏為主，尚書以蔡氏為主，《周易》以程氏、朱氏為主，已上三經，兼用古注疏，《春秋》許用《三傳》及胡氏《傳》，《禮記》用古注疏，限五百字以上，不拘格律。第二場古賦詔誥章表內科一道，古賦詔誥用古體，章表四六，參用古體。第三場策一道，經史時務內出題，不矜淨藻，惟務直述，限一千字以上成。蒙古、色目人，願試漢人、南人科目，中選者加一等注授。蒙古、色目人作一榜，漢人、南人作一榜。第一名賜進士及第，從六品，第二名以下及第二甲，皆正七品，第三甲以下，皆正八品，兩榜並同。〔註121〕

從科舉體制來看，為了避免類似宋、金科舉偏於以文取人的弊病，元代科舉在制定參加科試資格準則時，試圖融合漢代鄉舉里選、宋代博學鴻詞科在選拔人才上的優長，採取舉薦的方式，並將德行作為重要的考量標準。對於這一做法在學術發揚、人才選拔等方面的功效，劉岳申予以肯定：「竊伏念今之科舉，周漢隨唐宋之遺意也，周漢隋唐宋所不能行之地，今皆行之矣。此豈獨刀筆筐篋之徒，驚悸歎息，出所不意；雖儒生學士，亦夢寐所不敢僥倖萬一者。……宋科尤盛，不獨為國名臣者，代不乏人者。而為往聖繼絕學，為萬世開太平者，亦出於其間。今國家所表章以為天下法程者，皆宋科目中人也。然則科目何負於人也哉！」〔註122〕

到元順帝至元年間，科舉再度中輟，士人的為學熱情所受影響較小「雖科舉已廢，而講學於家者不輟。……及至正初復科舉，處士累戰累北，且不罪有司，益發書讀之，期必得而後已」〔註123〕。科舉制度在被廢黜數十年後得到重新實施，從國家層面來說，對推動儒學教育的興起具有重要作用。

四、程鉅夫倡導仁宗朝科舉

程鉅夫以南人和儒士的身份參與政權，方便了向統治者建議實施科舉。吳

〔註121〕《元史》卷81《科目一》第2015～2026頁。

〔註122〕劉岳申《與江西參政廉公邁書》，《申齋集》卷4，清文淵閣四庫全書本。

〔註123〕貝瓊《故拙齋處士張公墓碣銘》，《清江貝先生文集》卷21，四部叢刊景清趙氏亦有生齋本。

澄說：「公（程鉅夫）之位朝，著被寵光，其素也。今以儒臣預政，前所未有。是不為公一家賀，為天下賀」〔註124〕。

程鉅夫曾向元廷進言開設科舉，並提出了科舉取士的要求「科目取經明行修之士」〔註125〕。

在議行科舉時，仁宗命程鉅夫參與其中。程鉅夫建言，貢舉法相應部分的實施標準為「經學當主程頤、朱熹傳注，文章宜革唐、宋宿弊」〔註126〕。

《行科舉詔》為程鉅夫所擬，黃溍為李孟所寫的《行狀》中記載了李孟對推動實行科舉之時的具體的細節：先德行經術，而後文辭：「先是，上（仁宗）與公（李孟）論用人之道。公曰：『自古人材所出，固非一途，而科目得人為盛。今欲取天下人材而用之，捨科目何以哉？然必先德行經術，而後文辭，乃可得其真材以為用。』上深然其言，遂決意行之。延祐元年冬十二月，復拜公中書平章政事，依前翰林學士承旨、知制誥、兼修國史。二年春，遂命公知貢舉。及親策多士於廷，仍命公為監試官」〔註127〕。

從中可看出李孟的科舉實施方案與程鉅夫所提出的如出一轍。科舉要明確科目、先德行經術而後文辭，才能將真正有才之士網羅到中央。這一具體方案，暗含著重視儒家「仁義」及追求文辭的「平易正大」之意。

（一）程鉅夫及其理學意識

皇慶元年，在議行貢舉法之時，程鉅夫主張科舉取士應以朱熹《貢舉私議》損益行之；其經學主張主程朱傳注；文詞宜革宋金宿弊。〔註128〕

李好文在論及程鉅夫的學術修養時候，強調了其中蘊含的理學氣質「公之文悉本於，輔之以六經，陳之為軌範，措之為事業。滔滔汩汩，如有源之水流而不窮，曲折變化，合自然之度。愈出愈偉，誠可謂一代之作者矣」〔註129〕。在總結其文章風格時，李好文重點強調了理學學術滋養對文辭風格形成的重

〔註124〕吳澄《晉錫堂記》，《吳文正集》卷35，文淵閣四庫全書本。

〔註125〕《年譜》。

〔註126〕《元史本傳》：於是詔鉅夫偕平章政事李孟、參知政事許師敬議行貢舉法，鉅夫建言：「經學當主程頤、朱熹傳註，文章宜革唐、宋宿弊。」命鉅夫草詔行之。

〔註127〕黃溍《元故翰林學士承旨中書平章政事贈舊學同德翔戴輔治功臣太保儀同三司上柱國追封魏國公諡文忠李公行狀》，下簡稱《李公行狀》，《全元文》第30冊，40頁。

〔註128〕《行狀》。

〔註129〕李好文《雪樓程先生文集序》。

要作用。

「仁義」、「六經」都是儒學經義，程鉅夫將儒家學養整合為自我的「軌範」，並且「措之為事業」。因此，程鉅夫成為朝代更迭之際，文章新變的開路者和探索人。其儒學思想表現在《諭立魯齋書院》中：

> 西臺侍御史趙世延請依他郡先賢過化之地，為立書院前怯憐口
> 總管王某獻地宅以成之。……（立魯齋書院的目的是）中書左丞許
> 衡首明理學，尊為儒師。世祖皇帝在潛邸，嘗以禮徵至六盤山，提
> 舉陝右學校，文風大行。〔註130〕

魯齋書院為元延祐元年（1314）五月，即許衡逝世三十三年並從祀孔子廟廷一年後，西臺侍御史趙世延請依他郡先賢過化之地築造而成。書院建成之際，元仁宗敕令程鉅夫寫文章紀念。程鉅夫在文章中借敘述建立魯齋書院的目的，表達了自身學術思想：許衡因首明理學，被宗為儒師，因被世祖禮遇於六盤山，為陝右學校提舉，從此儒學文風盛行。程氏自己也為儒士出身，也贊成理學治國。

程鉅夫對理學的推崇、對理學導師的尊崇，也表現在其後不久他所作的《魯齋書院記》中。該記作於延祐二年（1315）十一月初一，即魯齋書院建成的第二年：

程鉅夫說上古文章最盛在文、武、周公之際。此時聖人之道與天地並立、日月並明。程鉅夫崇尚的是文武周公之教，並希望將此學術傳承下來「聖人之道未始一日不在講求」〔註131〕。以聖人引入元初儒學的佈道者許衡，對許衡的教諭之功甚為讚賞。

程鉅夫表達了他所認可的文道關係「夫子不曰斯道而曰斯文，學於此者亦可以深長思矣」，他希望通過「文」即書院的建立和擴大來傳播儒家道統思想。

《魯齋書院記》：「（許衡）使聖人之道復明於簡籍，許先生之立事，使聖人之道得見於設施，皆所謂豪傑之士也。……然非私也，所以為道也，所以廣聖天子之教，也所以使學者知所宗也，所以志先生之志而學先生之學者也。」〔註132〕追述了道學和道統的來源，古代儒學始自伊洛，朱熹續之，許衡的作為是使得聖人之道在書院中傳播。許衡的行為令程鉅夫欽佩不已，稱之為「豪

〔註130〕《雪樓集》卷1。
〔註131〕《雪樓集》卷13。
〔註132〕《雪樓集》卷13。

傑之士」。程氏借對許衡的尊重欽佩表達了自身致力於儒學的志向。

程鉅夫的儒學主張還可建於其上疏之中，他所作《議災異》〔註133〕中說：

中書省臣欽奉聖旨，以恒暘、暴風、星芒之變，同御史臺，集賢、翰林院會議者，竊惟事有本末，政有後先。摭其本與先者言之，其略有五：一曰敬天，二曰尊祖，三曰今特清心，四曰持體，五曰更化，具列於後。

一敬天

於是，陰陽和，風雨時而萬物育，天相之也。乃若政令之或戾天，必出災異以儆之。而儆之者，所以仁愛人君，欲其久安長治，而萬物得其育也。故明君遇此，則必省躬以知懼，昭德而塞違。誠格政修，天意乃得。於是，災變弭而和氣復矣。故雖堯湯之世不能無水旱，而卒以無害者，堯湯用此道也。

一尊祖

用一財，則必曰：此民力也，自祖宗艱難而得之也，豈可輕用。

一清心

心清則四海之廣無不燭，萬幾之微無不察。光明洞徹，不言而信。讒諛不得施，邪偽不敢前。百官有司各安其職，無有撓格之患。則法制流行，紀綱振舉，災變息而天下治矣。《語》曰：「本立而道生。」故帝王以清心為本，實總攬權綱之要道也。

一持體

故為君之道在乎持大體，先有司。裁制予奪，必信必一，則雍熙之治可坐而致，何災異之有哉。

一更化

《傳》有之：「琴瑟不調，甚者必解而更張之。為政不行，甚者必變而更化之。」……宜敕有司詳校一歲錢穀所入幾何，所出幾何。若所出皆為當出，則財之不足將無法可理；若猶有不當出而可以已者，如不急之營繕、無名之賜予，據其名件，一皆止之，則財用必足矣。又詳校銓選，除合格外，越格與非格者幾何。任回，量其根腳功過；定奪，仍原其所由跡轍。一禁絕之，則選法必行矣。官府之制，上下、內外相維相資，各有條理。果皆得人，何有不治？

〔註133〕《雪樓集》卷10。

在「敬天」中，他認為災異是政令爽天之後上天發出的警告。若遇仁愛之君，能反省躬親以知畏懼、誠格政修，便可弭災變、復和氣。在「尊祖」中，他說，民力不可輕用。在「清心」中，講述心清就會本立而道生，帝王清心便可得總攬權綱之要道。在「持體」中，申說為君之道在於裁制予奪，信守前言。在「更化」中明言，「更化」為《左傳》中提出的儒家觀念：「為政而不行，甚者必變而更化之，乃可理也」〔註134〕。《輟耕錄‧俞竹心》對此作出解釋：「婁深信其說，棄職別進，適值壬午更化，俯就省掾，陞除益都府判」〔註135〕若有災異，為政者必變而更化之。若有不當出，需立即更化並停止。行選法需要詳校銓選、考量任回中根腳的功過是非。若皆得人，治世必行。以上全部為儒家道統觀念在為政上的體現。

更化為「改制、改革」之意。

清心為純正之心。在《後漢書‧匈奴列傳》和《資治通鑒‧晉武帝咸寧五年》中有解釋：「詳其清心釋纍之訓，空有兼遣之宗，道書之流也」〔註136〕「省吏不如省官，省官不如省事，省事不如清心」〔註137〕。

以上都是儒家「敬天保民」的思想。此次事件在危素為程鉅夫所作《大元敕賜故翰林學士承旨光祿大夫知制誥兼修國史贈光祿大夫司徒柱國追封楚國公諡文憲程公神道碑》〔註138〕和《元史本傳》皆有記載。

類似的上疏還有大旱時，程鉅夫舉「成桑林六事自責」之事：

> （至大四年）時六月，大旱，上命廷臣講求致災之由、弭災之道。眾皆循習常故，各疏數事以進。公獨舉成桑林六事自責為對，每至一事，必曰：「不識今有是乎？有，即致災之由。有而能改，即弭災之道。」言極懇切，大忤時宰意。翌日，上命中使持上尊勞之，曰：「昨中書集議，惟卿所言甚當。後復臨事，其極言無隱。」〔註139〕

「成湯桑林六事」為有記載的商湯時代重要的祝禱乞雨事件。史書中記載如下「湯旱而禱曰：「政不節歟？使民疾歟？何以雨至斯極矣！宮室榮歟？婦

〔註134〕〔漢〕班固《漢書‧禮樂志》卷22，清乾隆武英殿刻本。
〔註135〕〔明〕陶宗儀《輟耕錄‧俞竹心》南村輟耕錄卷23，四部叢刊三編景元本。
〔註136〕〔南北朝〕范曄《後漢書‧匈奴列傳》，百納本景宋紹熙刻本。
〔註137〕〔宋〕司馬光《資治通鑒‧晉武帝咸寧五年》，四部叢刊景宋刻本。
〔註138〕危素《大元敕賜故翰林學士承旨光祿大夫知制誥兼修國史贈光祿大夫司徒柱國追封楚國公諡文憲程公神道碑》，《雪樓集》卷末。下簡稱《神道碑》。
〔註139〕《行狀》。

謁盛歟？何以雨至斯極矣！苞苴行歟？讒夫興歟？」何以雨至斯極矣！」〔註140〕「祈求若湯旱告雩曰：『政不節歟？使民疾歟？宮室崇歟？婦謁盛歟？苞苴行歟？讒夫昌歟？』六者自責以說天」〔註141〕：商朝初期普天大旱，湯曾經在桑林祝禱，因為六件事而自責自己。自責的具體內容為天不降雨的原因：君王的政治是沒有節制嗎？為政者使得百姓普遍生病了嗎？為政者的宮室構建太豪華了嗎？宮廷寵幸女子太過嚴重了嗎？官吏內部的賄賂之風太盛了嗎？讒佞之人四處皆是嗎？經過這次自問與反思，後來天降大雨。以上責問全部是儒家觀念中對自我的反省和行為規範的修正。將天災的原因歸為己身，是儒家士人有擔當、責己尋求問題解決問題之道的表現。

程鉅夫敕寫《延祐改元詔（正月丁未）》也是儒家「敬天保民」思想的體現：

> 惟天、惟祖宗眷佑有國。朕自即位，於今四年。比者，陰陽失和，星芒示儆。豈朕躬脩德之未至歟？抑官吏之未選而政令之或乖歟？思以回天心，召和氣，側身脩行，實切余衷。庸勅攸司，各共廼職，爰布惟新之令，誕敷濟眾之仁。可改皇慶三年為延祐元年。
>
> 於戲！以實應天，爰書新於庶政。用孚有眾，同保合於太和。〔註142〕

「星芒示儆」雖是神秘不可知論的思想，但得出的結論卻與儒家的「德行」觀念與治國理念有關：「脩德之未至歟」、「官吏之未選而政令之或乖」。所以改變局面的措施應該涉及到德行和為政措施方面。由此提出改正方案：「思以回天心，召和氣，側身脩行，實切余衷」。歸結到儒家的「仁義」和「敬天保民」思想「誕敷濟眾之仁」、「同保合於太和」。

雖然以上兩次上疏和一次敕寫詔書體現了儒家的愛民之道與程鉅夫心寄黎庶的責任心及儒家士大夫的道義感。

（二）平易正大之文風

程鉅夫以平易正大之學振文風。就寫作風格上，程鉅夫的文章風格與元代科舉在設科立意上避免宋、金科舉弊端相一致：「公在朝，以平易正大之學振文風、作士氣，詞章議論，為海內所宗尚者四十年。累朝實錄、詔制典冊、紀功銘德之碑，多出公定撰」〔註143〕。

〔註140〕《荀子・大略》〔清〕郝懿行《荀子補注》卷下，清嘉慶光緒間刻郝氏遺書本。
〔註141〕劉青芝《周禮質疑》卷4《春官》，清乾隆二十一年刻本。
〔註142〕《雪樓集》卷1。
〔註143〕《神道碑》。

　　虞集《跋程文憲公遺墨詩集》對程鉅夫詩文能夠改前代積弊、開風氣之先評價甚高，認為「元代古文之盛，實自鉅夫創之」。他還批評宋末元初以時文相尚的陳腐文學風氣，認為扭轉鄙陋文風的關鍵人物是程鉅夫：

　　　楚國程文憲公早年以功臣子入見，即受世祖皇帝知遇，歷踐文
　　學、風憲清要之職，時遊廟堂，禪贊國論，起家東南者未能或先之
　　也。故宋之將亡，士習鄙陋，以時文相尚。病其陳腐，則以奇險相
　　高。江西尤甚，識者病之。初，內附時，公之在朝，以平易正大振
　　文風，作士氣，變險怪為青天白日之舒徐，易腐爛為名山大川之浩
　　蕩。今代古文之勝，實自公倡之。既去世，而使吾黨小子得以淺學
　　末技，濫奏於空乏之餘，殆不勝其愧也。……相望纔三四十年，而
　　風聲氣習邈乎遼絕，敦厚之風猶可繼耶！敬書其後而歸之。〔註144〕

　　虞集將「平易正大」作為程鉅夫詩歌風格的特點。列舉程鉅夫在武昌時所作八十九首詩歌，認為程鉅夫的詩歌風格為沖淡悠遠、平易近民、有古人作者之風。而其為政特點是：不言而自威重。

　　在行為方面，程鉅夫以身作則，立身行事能以儒家思想為指導「其立身行己，經綸大節」〔註145〕，並且「忠亮鯁直，為時名臣」〔註146〕成為影響當代的名臣。

　　關於程鉅夫應制文章的風格，四庫館臣在《雪樓集題要》中評價甚高：「誠以廟堂製作，溫厚典雅，有合於訓誥遺風，足為歐陽修、王安石等嗣音，固非南宋以來雕鏤藻繢者所可及也」〔註147〕其敕賜文風格溫厚典雅，文章內容有合於訓誥遺風，足以成為歐陽修、王安石等散文大家之嗣音。程鉅夫散文的品格遠遠高於南宋以來雕鏤藻繢的文章。

　　顯然，程鉅夫身處由宋入元之際，對扭轉宋末鏤藻雕飾的文風起到了關鍵作用。

　　李好文在《雪樓程先生文集序》中解釋了程鉅夫文風「平易正大」的原因：

　　　聲音與政通，文章與時高下。原其理，則理與氣合，道與時合；
　　要其歸，則亦泯然而無間。……三代而上，醇乎醇者也。漢猶近古，
　　其文則雄偉渾厚，由其氣質未漓，故其發為聲音者似之。魏晉以降，
　　剝削分裂，作者厖乎弗醇。豈風氣乖而習弗善與？至唐，韓柳氏出，

〔註144〕虞集《跋程文憲公遺墨詩集》，《全元文》26冊，335～336頁。
〔註145〕《年譜》。
〔註146〕《四庫總目提要·雪樓集提要》。
〔註147〕《四庫總目提要·雪樓集提要》。

起弊扶弱，剗垢易新，遂為後世作者之宗匠。宋盛於前，而靡於後。

金則無以議為也。〔註148〕

李好文認為程鉅夫文風「平易正大」的原因在於，其理學思想與個人氣質相一致，其道統思想與為政觀念吻合無間。程鉅夫自身所具備的儒學、理學氣質是滋養其文章風格的形成。

關於程鉅夫文章「平易正大」風格的原因，揭傒斯《行狀》中也有相似論述：「公平生潛心聖賢之學，博聞強識，誠一端莊，融會貫通，窮極蘊奧，而復躬踐力行，始終不怠，故其措諸事業，發為文章，非它人之所可及也」〔註149〕。

對於程鉅夫的文風，顧嗣立評價也頗高：「所著有《雪樓集》三十卷。虞文靖公謂宋季士習卑陋，以時文相尚；病其陳腐。則以奇險相高，江西尤甚。公之在朝，以平易正大之學振文風，作士氣。今代古文之盛，實自公倡之，公之致仕也。趙文敏公孟頫代為承旨，先往拜其門，而後入院，時人以為衣冠盛事焉」〔註150〕。

元代中期雅正文風的形成，除了南北混一的穩定環境外，主流文人的倡導與身體力行也至關重要。正如陳高在《上達祕卿書》〔註151〕所說：「文章之氣，與世變上下，而亦有繫夫上之人與夫作者之為之倡也。故有世道方盛而文章不振者，非世之然也，倡之者無其人也。非無其人也，有其人而不為文章之司命；或為文章之司命，又循常習故而莫之變焉。此文氣所以日卑下，而其勢固不能以振起也」〔註152〕。關於此，陳櫟在《跋朱草庭程文》中也有過論述：「科目

〔註148〕《雪樓集》卷首。

〔註149〕《行狀》。

〔註150〕〔清〕顧嗣立編《元詩選》初集，北京：中華書局，1987 年，第 51 頁。

〔註151〕陳高《上達祕卿書》，《不繫舟漁集》卷 15，清文淵閣四庫全書本。

〔註152〕與此類似的論述還在楊維楨《故翰林侍講學士金華先生墓誌銘》、王禕《上蘇大參書》、張養浩《牧庵姚文公文集序》、陳基《程禮部集序》、歐陽玄《梅南詩序》中有相似論述。並非所有人都認為促成元中期文章之盛的力量主要在臺閣文臣。倪中《白雲稿序》中不覺得文章和世運有關：「先輩稱文章盛衰關乎世運，愚竊以為未必然也。彼見歐、蘇、王、曾諸子，以文迭興，而適當宋祚之隆，故因得以為說。至若唐貞觀、開元之治，豈下於慶曆、元豐間哉？然文習弊陋，未聞有能掘起之者。及韓、柳輩出，辭章始復於古。而唐室之政，日就衰亂，何在其能關世運哉？我朝政化之弘，遠過前代，延祐以降，可謂極治者矣。是以選舉法行，得人為盛。然數十年中，名公鉅人往往由科目而進，其能作為文章，以上尊孔、孟而下襲揚、馬者，顧多在於窮賤之士。吁，又不可詰矣。」但即使這樣，臺閣文臣作為一股力量，並且是標杆力量對當時平易正大文風的影響是不可忽視的。

聿興，悉更舊弊，題不斷章，文不綺靡，一是皆以明經為本，士能精熟《四書》為典雅不崖異文字，摘髭即可第」〔註153〕。

元代中期文壇形成的雅正文風的形成，是一個逐漸實現的過程，與科舉實施之前文人共同提倡和推進關係密切，其中許衡、姚燧、盧摯、程鉅夫、趙孟頫、吳澄等人發揮了顯著的作用。

前期文人有許衡、姚燧、盧摯、程鉅夫、趙孟頫、吳澄。其中趙孟頫、吳澄、袁桷是程鉅夫訪賢江南或後來薦舉的江南士人（雖然只有趙孟頫一人跟隨程鉅夫北上元廷後被重用；袁桷不在江南訪賢名單中，程鉅夫後來與其他人一同舉薦了袁桷）。

吳澄雖然當時並未一起北上元廷為官，但他同意了程鉅夫北上遊覽的邀請，並藉此熟悉北方的生活，瞭解大都的政治情況，對元廷的看法可能出現改變。同時，程鉅夫因學識向世祖舉薦吳澄，並進言希望能以吳澄的理學書籍作為官方教育範本，得到應允而實施。這就為吳澄成為布儒家之道的師者，準備了條件。

張浦曾對程鉅夫江南訪賢的效果和影響作出過論述：「元世祖至正二十三年，從程文海請詔訪江南人才，趙孟藎、葉李、趙孟頫、張伯淳等咸見擢用，求才殷矣。乃科舉一法數議不決，迄仁宗皇慶二年始詔行之。國歷三主取士無制，未識。四十餘年間，天下俊乂，釋褐登朝何，途之從也」〔註154〕。

張浦的論述涉及到程鉅夫江南訪賢所擢用葉李、趙孟頫、張伯淳等人對科舉實行的重要作用。正因為過程的艱難，程鉅夫在此過程中所起的重要作用顯而易見。

《元史葉李傳》記載葉李曾請立太學、薦舉周砥等十人為祭酒等官，並進言人才選拔要有長期機制，訓以德義、摩以《詩》《書》，使士人知古聖賢行事方略，才能賢良輩出：「又請立太學。一日，從至柳林，奏曰：『善政不可以徒行，人才不可以驟進，必訓以德義，摩以《詩》《書》，使知古聖賢行事方略，然後賢良輩出，膏澤下流。唐、虞、三代，咸有冑學，漢、唐明主，數幸辟雍，匪為觀美也。』乃薦周砥等十人為祭酒等官，凡廟學規制，條具以開，帝皆從之」〔註155〕。

〔註153〕 陳櫟《定宇集》卷3清文淵閣四庫全書補配清文津閣四庫全書本。
〔註154〕 〔明〕陳邦瞻《科舉學校之制》，《元史紀事本末》卷8，明末刻本。
〔註155〕 《元史》卷173《葉李傳》，第4049頁。

張伯淳在宋代即舉進士、除太學錄，入元被授予杭州路儒學教授、浙東道按察司知事。世祖諮冗官、風紀法度、鹽策、錢幣政策等大政方針於張伯淳，其皆能以儒家觀點應對：「明年，入見，帝問冗官、風憲、鹽筴、楮幣，皆當時大議，所對悉稱旨，命至政事堂，將重用之，固辭，遂授翰林直學士，進階奉訓大夫，謁告以歸。授慶元路總管府治中，行省檄按疑獄衢、秀，皆得其情。大德四年，即家拜翰林侍講學士」〔註156〕。

元代科舉機構設定由設立學校發端的，學校的設立由漢人、南人開始，範圍擴大到蒙古、色目。學校本身的規模，從國子監擴大到小學。書院的數量不斷增加，教授儒學的先生被元廷授予了明確的稱謂。

江南訪賢所薦之南士，曾為宋朝宗室或科舉中選者，諳熟科舉，一旦任官蒙元政權，對科舉的啟動產生重要作用。

不得不說，程鉅夫興建學校、勉勵後學、江南訪賢對元代重開科舉起到了重要作用。

（三）程鉅夫的科舉觀

為科舉所作的準備及程鉅夫的科舉觀，在其所作《大元國學先聖廟碑》可以體現出來。程鉅夫一一列舉科舉之前儒士為科舉所作努力，表明其對發揚儒學的熱誠：

> 皇慶二年春，皇帝若曰：「我元胤百聖之統，建萬民之極，誕受厥命，作之君師。世祖混一區宇，亟修文教，成宗建廟學，武宗追尊孔子，所以崇化育材也。朕纂丕圖，監前人成憲，期底於治，可樹碑於廟。詞臣文之。」臣某拜手稽首，奉詔言曰：臣聞邃古之初，惟民生厚，風氣漸靡。聖人憂之，越有庠序學校之制。天下之治，胥此焉出。中統二年，以儒臣許衡為國子祭酒，選朝臣子弟充弟子員。至元四年，作都城，畫地宮城之東為廟學基。二十四年，備置監學官。元貞元年，詔立先聖廟，久未集。大德三年春，丞相臣哈喇哈孫答爾罕大懼無以祗德意，乃身任之。飭五材，鳩眾工，責成工部郎中臣賈馴馴。心計指授，晨夕匪懈，工師用勸。十年秋，廟成，謀樹國子學。御史臺臣復以為請，制可。至大元年冬，學成。……皇帝御極，陞先儒周敦頤、程顥、程頤、司馬光、張載、邵雍、朱熹、張栻、呂祖謙、許衡從祀，廣弟子員為三百。……又詔天下，

〔註156〕《元史》卷178《張伯淳傳》，第 4147 頁。

三歲一大比，興賢能於是。……教有業，息有居，親師、樂友、諸
生各安其學，咸曰：「大哉！天子之仁至哉！」……列聖相承，謂天
下可以武定，不可以武治。所以尊夫子，建辟雍，復科舉，誠欲人
人被服儒行，為天下國家用耳。……考制程材，審時相宜，適成厥
功。……禮明樂備，永作神主，播頌無斁。〔註157〕

　　世祖亟修文教、成宗建廟學、武宗追尊孔子都為科舉作了準備，這與科舉
取士之前士人們包括程鉅夫自己的推廣、光大儒學不無相關。這篇敕賜文寫作
的根由是仁宗欲監前人成憲，用儒學作用於政治，希望對政局有進一步推進。
程氏認為學校制度的建立是因為聖人看到民生風氣漸靡，故建立庠序學校之
制天下的治世之道從建立學校開始。

　　文中，程鉅夫記載了儒學在元代建立並推廣發揚光大的過程：中統二年，
以儒臣許衡為國子祭酒，選朝臣子弟充弟子員。至元四年，畫宮城之東為廟學
基。二十四年，置監學官。元貞元年，詔立先聖廟。大德三年春，丞相臣哈喇
哈孫答爾罕，責成工部郎中修建。十年秋，廟成，謀樹國子學。至大元年冬，
廟學成。到仁宗即位，陞先儒周敦頤、程頤、程頤、司馬光、張載、邵雍、朱
熹、張栻、呂祖謙、許衡從祀，當時出現了弟子員人數達到三百的盛況。此時，
親師、樂友、諸生各安其學，並贊天子之仁。

　　於君主而言，天下可以武定、不可以武治是推行儒學的原因。於是出現了
當時尊崇儒學的盛況：尊夫子、建辟雍、復科舉、欲被服儒行、為國所用。銘
文中有對當時儒學復興盛況的描述「考制程材，審時相宜；禮明樂備，永作神
主」〔註158〕。

　　程鉅夫於皇慶二年（1314）十一月作《行科舉詔》。《行科舉詔》雖是仁宗
下詔命程鉅夫書寫，但結合程鉅夫在前後的一些列文章和其他文章中的觀點，
可以推斷此詔表達了程鉅夫自己推行科舉的思想和熱望：

惟我祖宗以神武定天下，世祖皇帝設官分職，徵用儒雅。崇學
校為育才之地，議科舉為取士之方，規模宏遠矣。朕以眇躬，獲承
丕祚，繼志述事，祖訓是式。若稽三代以來取士，各有科目。要其
本末，舉人宜以德行為首，試藝則以經術為先，詞章次之。浮華過
實，朕所不取。爰命中書參酌古今，定其條制。其以皇慶三年八月，

〔註157〕　《雪樓集》卷6。
〔註158〕　《大元國學先聖廟碑》，《雪樓集》卷6。

> 郡縣興其賢者、能者，充貢有司，次年二月會試京師。中選者，朕
> 將親策焉。於戲！經明行修，庶得真儒之用；風移俗易，益臻至治
> 之隆。〔註159〕

詔首強調從世祖朝代開始就實行「徵用儒雅」的用人措施，說明這次科舉的合理性和必要性為「祖訓是式」。再從建學校、立科舉和國家昌隆的關係說起，認為建學校與興科舉緊密相連「崇學校為育才之地，議科舉為取士之方」。並列出科舉取士的標準「各有科目。要其本末，舉人宜以德行為首，試藝則以經術為先，詞章次之。浮華過實，朕所不取」表達了其實行科舉的決心。「風移俗易，益臻至治之隆」才是封建帝王想要的結果，但畢竟藉此促成了科舉的實現，程鉅夫功不可沒。

在某些記文作品中，程鉅夫表達出自己對「科舉」的看法，即自己的「科舉觀」，如《寧德縣重脩學記》：

> 福州舊領縣十有二，二百年來，士學為東南最。寧德較他縣若
> 弗及。雖然，此以科舉之士言也，初無與乎人才之實……若余所及
> 見寧德孫君駪者，又豈敢以科舉之士例視之哉？君少年遊太學，方
> 眾人汲汲進取之時，獨能師其同舍之先輩俞君晢，從事於經學世務。
> 及既成進士，官於浙，往來猶造其師之廬而考業焉。今老矣，務學
> 如少年時。……某竊惟，朱子以道鳴於建。閩之士家藏其書，人誦其
> 說，而能實傳其道者蓋鮮。前此猶曰有科舉之累也，而今無之。有能
> 一日實用其力者乎？謂朱子之後不復有朱子，余不信也。〔註160〕

程鉅夫認為寧德科舉無人才之實但孫駪是特例。眾人汲汲進取之時，只有崔駪能師其同舍先輩俞晢，從事於儒家經學世務。在崔駪中科舉成為進士之後，仍舊能夠造訪其師，精進學業。崔駪年齡漸長，對學問的熱切程度仍如少年時代。

可見，傳承朱子之道的科舉之實才是程鉅夫所重視的，筆者將此作為程鉅夫的科舉觀。

元貞元年四月程鉅夫作《漳州路重建學記》，論述了關於科舉時為詩作文的標準：

> 為詞章者毋拘拘於科舉，而用力乎詩書六藝之文。明理義者毋

〔註159〕《雪樓集》卷1。
〔註160〕《雪樓集》卷13。

嘐嘐於訓詁，而篤志乎聖賢體用之學。孝悌忠信以養之，禮義廉恥以維之。求放心，黜陋見，而嚴恭祇畏以守之，以盡其材，成其德，不至於古人不已。是則朝家建學立師之意，亦文公所望於漳之父老之裔孫也。〔註161〕

詞章不能被科舉的陳式所羈絆。這裡的「科舉」是指宋代科舉。宋代科舉詞章流於綺靡艷麗，不尚實用。程鉅夫認為理學的正確方向不是只沉迷於訓詁，要講求聖賢體用之學，「孝悌忠信」、「禮義廉恥」、「求放心」都是程鉅夫肯定的理學和儒家經學的學養，也是其所言「朝家建學立師」之根本目的。這就闡釋了程鉅夫自己的科舉觀。

《福寧州學記》中有關於科舉詞章和性理的論述：

士無科舉之累，盍亦思古人所謂明人倫者為何事，脩其孝悌忠信，於家為孝子，於鄉為善人，於國為忠臣，斯無負於國家設學之意。若夫工詞章而不窮其理，談性命而不踐其實，其不為功利智術之歸者無幾矣。吾為此懼。〔註162〕

此記文批判宋代科舉，希望利用目前無科舉的有利時機，真正體味儒學。言外之意，一旦科舉復行，士人便有用武之地。

程鉅夫在《台州路學講堂記》中藉對周公之文、孔子之文、文章作用、人才、教授方法的看法，表達出自己的觀點：

某竊謂官先事矣，士不先志，可與不也？吾儒何儒？斯文何文？文王而下，惟周公謚文憲，夫子謚文宣。周公之文，製作之文也。夫子之文，雖不得位，而製作豈止性天道云乎哉？「文不在茲」之歎，豈止刪《詩》定《書》明《禮》正《樂》修《春秋》云乎哉？如有用我，東周可西。時輅冕舞，規模四代。泰伯堯曰，歷敘唐、虞、夏、商、周聖學之傳、治道之盛。此則吾夫子之儒之文。宇宙宏闊，學問浩大。今儒無科舉之累，而或昧辭遜羞惡之端，間有志理義之實，而或欠經天緯地之略。平居講貫，無半知解，異時臨事，必錯路歧。故不患百年之無善治，決不可一日而無真儒。俗流變俱，溝瞀嘵嘵。解果其冠，屈奇其服，羣槀孔氏之門，直視越下之袜。若斯儒也，有之無益，無之無闕。人材，器也。教授，造就人材官也。

〔註161〕《雪樓集》卷11。
〔註162〕《雪樓集》卷11。

　　　　倘以余言朝夕誨儒書者，庶幾臺之人士一一成材，大器遠識，時乃

　　　　之德。〔註163〕

　　目前沒有科舉之累，但文章卻出現詞章華麗的弊病，其中雖然散佈著理義
之實，但少有經緯天地的系統經學理論。導致對知識一知半解，解決的問題時，
手忙腳亂選錯了方案。所以比起「無善治」而言，「無真儒」才是最可怕的，
國家最需要真儒。而目前所謂的儒者為無用之人，所以「有之無益，無之無闕」。
在文末，程鉅夫進一步說明了人才的實質和教授的重要作用「人材，器也。教
授，造就人材官也」，強調了教授在識人方面的重要作用。元代實施科舉（有
別於宋代科舉）要有筆試、面試，面試官的學養和慧眼直接決定了科舉取士士
人的質量，此文提出了對科舉考官應具備素質的要求。

　　在《閩縣學記》中，對科舉被廢黜所造成的後果，程鉅夫同樣表示了擔憂：
「科舉廢，後生無所事，聰明日以放恣。詩書而刀筆，衣冠而皂隸。小有材者
溺愈深，居近利者壞愈速，不能不蹈先儒之憂」〔註164〕科舉的廢黜使得後輩
學生遠離儒學，無所事事；居於功利者，品德低下，令人憂慮。

　　程鉅夫清楚宋代科舉帶來的弊端的，他這樣推測：宋末科考內容太過浮
華，其流弊使得士人急功近利。所以在元初未實行科舉時，程鉅夫將學校教育
視為儒學延續與治國方略的重要內容。其文章，致力於勉勵德行修為，少了功
利色彩。儒學的學習要沉浸下來，逐步向前推進。他能從大局著眼，重實用，
懂得審時度勢。

　　元代科舉正式啟動是在仁宗時期，由程鉅夫、李孟、許師敬等人倡導完成
的「至是，帝與李孟論用人之方，孟曰：『人材所出，固非一途。然漢、唐、
宋、金科舉得人為盛。今欲興天下之賢能，如以科舉取之，猶勝於多門。而進
然必先德行、經術，而後文辭，乃可得真材也。』帝深然其言，決意行之。冬
十月丁卯，敕中書省議行科舉」〔註165〕。在重實的元代，儒學和科舉的推行
非常艱難。政策的實施者需要長時間接觸儒學與理學，才可能啟動科舉，這是
個長期的過程。從此意義上來講，程鉅夫以上一系列舉動，對科舉制度的實施，
起著重要的推動作用，是科舉行進路上不可或缺的一環。

　　元代（尤其是元代前期）吏尊而儒卑，選官制度也以根腳和吏選為主，漢

〔註163〕《雪樓集》卷11。
〔註164〕《雪樓集》卷11。
〔註165〕〔清〕畢沅《續資治通鑑》卷198，清嘉慶六年遞刻本。

人、南人中儒者的地位極低。在「以吏取士」的銓選體制下，程鉅夫一直致力於提高儒士地位。此舉在推動科舉取士中起到重要作用。程鉅夫以南士和儒士的身份參與政權，為以後向統治者建議實施科舉提供了可能性。他曾向元廷進言開設科舉，並提出了科舉取士的內容和要求，在議行科舉時，又得以參與其中。後來的貢舉法相應部分的實施標準也是按其「經學當主程頤、朱熹傳注，文章宜革唐、宋宿弊」所進行的。

從程鉅夫的儒學觀念、理學意識、重科舉之實的科舉觀、對文章新變的探索、對文道關係的理解、身為提刑按察司有監督科舉的職能等幾個方面來看。元代科舉的實行，程鉅夫功不可沒。

第三節 關心民瘼

一、元代社會

蒙元時代，統治者推行四等人制〔註 166〕，在《遼史》、《元史》中多有論及：「至於太宗，兼制中國，官分南、北，以國制治契丹，以漢制待漢人」〔註 167〕；「（為了限制漢人進入最高統治階層，至元二年 1256 規定）以蒙古充各路達魯花赤，漢人充總管府，回回人充同知，永為定制」〔註 168〕；「罷諸路女直、契丹、漢人為達魯花赤，回回、畏吾、乃蠻、唐兀仍舊」〔註 169〕；「（至元二十八年 1291）詔路、府、州、縣，除達魯花赤外……遴選色目、漢人參用」〔註 170〕。元代中後期更出現了官員貪贓枉法的行為，下層人民生活艱難。此時，身兼朝廷重任的官員，具有有明確的責任意識和一心為民主的願望便顯得尤為重要。程鉅夫在元代四朝任上的作為，便體現出其關心民瘼的政治理

〔註 166〕 可參見李翀《多角度解讀元代四等人制形成的原因》，《黑龍江民族叢刊》，2008 年第 1 期。該文認為：四等人制是元代統治的一個重要特徵，從社會歷史、文化心理、地域差別和社會政治四個方面分析了四等人制形成的原因，從而得出以下結論：階級社會、等級制度的存在是四等人制形成的歷史根源；民族心理差別，也是影響其形成的一個重要因素；地域差別的存在是元代四等人制形成的一個客觀條件；而漢人世侯李壇的叛亂，是蒙古統治者實施民族差別對待的一個直接原因。

〔註 167〕 脫脫等《遼史》，685 頁，北京，中華書局，1997 年。

〔註 168〕 《元史》卷 6《本紀第六》，第 106 頁。

〔註 169〕 《元史》卷 6《本紀第六》，第 118 頁。

〔註 170〕 《元史》卷 82《選舉二》，第 2038 頁。

念，他的行為給百姓帶來了福祉。

蒙元政權從建立伊始便採取各種措施加強自身統治。從金末到蒙古初期，蒙古的統治政策從「北人能以州縣下者即以為守令」〔註171〕「州縣守令上皆置監」〔註172〕到建十路課稅所「析天下為十道，沿金之制，畫界保之」〔註173〕，再到遍置達魯花赤於天下，從畫境之制演變為定官制，「易置」州郡武職之議「歲辛亥，朝議吏釐定官制，州郡武職多見易置」〔註174〕。種種方式，清楚地顯示出蒙古族鞏固和加強自己在漢地統治地位的主觀意識。

元初二三十年中，關於懲治官吏的刑法，沒有單行法，更談不上編纂系統、完整的刑法法典。派駐各地的蒙古斷事官達魯花赤多「倚勢作威」，濫施刑法。〔註175〕掌握漢地很大權利的世侯、長吏同樣對治所百姓盤剝嚴重。關於蒙古國時期中原漢地的司法行政，雖然沒有具體的統計數字和詳細記載，但從劉秉忠等人的一些文章可以見出，刑法紊亂是十分明顯的事實，宋子貞《耶律楚材神道碑》中記載：「少有忤意，則刀鋸隨之。至有全室被戮，襁褓不遺者。」〔註176〕《元史劉秉忠傳》的記載中，也有類似事件發生：「（劉秉忠曾向忽必烈進言）今百官自行威福，進退生殺惟意從之。……（並建議世祖）會古酌今，均為一法，使無敢過越」。〔註177〕

蒙元時代，並沒有完整成體系的法律律令的存在。胡祗遹曾經用《論治法》中一段話解釋了出現以上現象的原因：

> 法之不立，其原在於南不能從北，北不能從南。然則何時而定乎？莫若南自南而北自北，則法自立矣。以南從北則不可，以北從南則尤不可。南方事繁，事繁則法；北方事簡，事簡則法簡。以繁從簡，則不能為治；以簡從繁，則人厭苦之。設或南北相關者，各從其重者定罪。若婚姻，男重而女輕，男主而女賓，有事則各從其

〔註171〕姚燧《高澤壋道碑》，《牧庵集》卷25，清武英殿聚珍藏從書本。
〔註172〕姚燧《譚澄神道碑》，《姚牧庵集》卷24，清武英殿聚珍藏從書本。
〔註173〕王磐《張柔神道碑》，〔清〕李衛《畿輔通志》卷168，清文淵閣四庫全書本。
　　　　蒙古滅金之後，在中原漢地「析天下為十道，沿金之制，畫界保之」，企圖加
　　　　強對世侯的控制，在北方引起一場政治鬥爭。
〔註174〕劉敬立《王氏世德碑》，《山右石刻叢編》卷30。
〔註175〕《元史》卷128《阿里海牙傳》，第3124頁。
〔註176〕宋子貞《耶律楚材神道碑》。蘇天爵《元文類》卷57，四部叢刊景元至正本。
　　　　關於蒙古國時期中原漢地的司法行政，雖然沒有具體的統計數字和詳細記
　　　　載，但從一些文章可以見出，刑法紊亂是十分明顯的事實。
〔註177〕《元史》卷157《劉秉忠傳》，第3687～3693頁。

夫家之法論；北人尚續親，南人尚歸宗之類是也。〔註178〕

很明顯，南北法制呈分裂狀態。胡祗遹認為南北因為情況不同，應該有兩部法律並存，分別適行於南北。南方的情況複雜，法律也相應需要繁雜；北方的事務較為簡單，法律的設定也應偏向於簡單。

元朝刑法體系主要以條格、斷例形式頒發的單行法構成。楊士奇編《歷代名臣奏議》中說：「遇事有難決，則搜尋舊例；或中無所載，則比擬施行。」〔註179〕所以，當時內而省部、外而郡府，各衙門均需置簿，類編有關格例，稱為「格例簿」。

這種用例不用律的做法，給元朝司法帶來了很大的弊端，《元史》中這樣評價：「扶情之吏，舞弄文法，出入比附，用詭行私（增加了極多的便利）」〔註180〕。由於在斷例中對構成犯罪行為的諸要素（或曰犯罪構成條件）往往缺乏精確明瞭的敘述，以致對同一犯罪事實，可以從不同角度拿它與不同的斷例相比附，對它的量刑自然也不同。隨著歲月積累，條例的增多使得新舊並存、冗雜重出，也會產生罪同罰異的後果。

蒙元後期，突出地以「惟和」為施政重心。《曲阜重修宣聖廟碑》〔註181〕與《松亭集序》〔註182〕記載，元末士人回憶起一三一○年代，或曰「我朝重儒，於斯為盛」，或曰「我朝重儒，於斯為盛」，或曰「尊尚儒學，化成風俗，本朝極盛之時」。

依據「惟和」這一國策，元貞、大德間，元廷對外停止了忽必烈後期的連年征戰，但是內政卻演變為姑息臣下、「繩吏法寬」〔註183〕、恤民有不足而「吏弊連根株」〔註184〕的局面。

到武宗執政時期，「惟和」政治在「溥從寬大」〔註185〕的標榜下，繼續盛行。

〔註178〕 胡祗遹《論治法》，《紫山大全集》卷21，清文淵閣四庫全書補配清文津閣四庫全書本。

〔註179〕 〔明〕楊士奇編《歷代名臣奏議》卷67，引鄭介夫奏議，清文淵閣四庫全書本。

〔註180〕 《元史》卷102《刑法一》，第2613頁。

〔註181〕 歐陽玄《曲阜重修宣聖廟碑》，《圭齋文集》卷9，四部叢刊景明成化本。

〔註182〕 危素《松亭集序》卷12，清乾隆二十三年刻本。

〔註183〕 馬祖常《趙思恭神道碑》，《石田文集》卷12，元至元五年揚州路儒學刻本。

〔註184〕 劉敏中《九事》，《中庵集》卷15，清鈔本。

〔註185〕 《元史》卷22《武宗》，第477頁。

　　元代的四等人制度以及對官吏的偏袒、法律條文的不完善，於是社會滋生了一系列貪腐現象，使得南方偏遠地區人民生活黑暗無光。如此環境中，程鉅夫堅守自己心中從政為民的理念，關心民瘼，在自己力所能及的範圍內進行關心民生疾苦、打擊貪腐、開啟民智的嘗試和努力。〔註186〕

二、程鉅夫的人本、民本思想

　　程鉅夫所具有的人本、民本思想，是指導其行為的根本所在。民本思想是上古時代的儒家傳統思想，《呂氏春秋》有「湯乃以身禱於桑林，……以身為犧牲……」〔註187〕《尚書‧泰誓》中也有「天視自我民視，天聽自我民聽。……惟天地萬物父母，惟萬物之靈。」〔註188〕孟子繼承了夏商周時期的「重民」思想和孔子的「仁愛」理念，並對其進行了發展，形成了相對完備且系統的民本思想，甚至《孟子‧萬章下》有言：「君有大過則諫，反覆之而不聽，則易位。」〔註189〕孟子民本思想將人民放在政治統治的根本位置，承認並重視百姓在國家安定和發展中的地位和作用，強調統治者要關愛民眾，施仁政。孟子的民本思想緣於殷周時期「民為邦本，本固邦寧」〔註190〕思想，孔子的「仁者愛人」的觀點。〔註191〕孟子「民本思想」主要包括以下幾種關係：「民本」與「重民」、「王道」與「霸道」、「君主」與「民眾」之間的關係以及實現民本思想的制度安排。〔註192〕孟子的觀點雖是為了王道才以民為貴，但於百姓而言，確是得到了一些生存所需的保障。

　　程鉅夫將「民本」思想置於「神」之上。如《太一觀記》中所說：「民，神之主也。」〔註193〕

　　再如《通城縣社壇記》中所述〔註194〕：

　　　　予謂治中曰：「民人、社稷，王者受於天，以授於下，而分理者

〔註186〕以上只是法律方面，政治和經濟方面在已完成的政治作為的其他章節中已經有論述。
〔註187〕〔秦〕呂不韋《呂氏春秋‧季秋紀第十‧順民》，呂氏春秋第8卷仲秋季第8，四部叢刊景明刊本。
〔註188〕〔漢〕孔安國《尚書‧泰誓》卷2，四部叢刊景宋本。
〔註189〕〔春秋戰國〕孟軻《孟子‧萬章下》卷10，四部叢刊景宋大字本。
〔註190〕〔春秋戰國〕孟軻《孟子‧萬章下》卷10，四部叢刊景宋大字本。
〔註191〕〔南北朝〕皇侃《論語義疏》卷7，清知不足齋從書本。
〔註192〕〔春秋戰國〕孟軻《孟子‧萬章下》卷10，四部叢刊景宋大字本。
〔註193〕《雪樓集》卷12。
〔註194〕《雪樓集》卷12。

> 知一而不知二，或並忘而遂急且虐之，可乎？夫民，神之主。民本
> 神依人而行，祀固不可廢也。政亦不可慢也。『至治馨香感於神明』
> 之謂何？『民為貴，社稷次之』之謂何？任其寄者皆不可莫之知也。
> 且吾之所能言者，治中亦能之，盍不遂記諸？」治中曰：「公之言，
> 我之心也。請以為記。」

程鉅夫探討了人民、社稷、王者、上天（神）之間的關係。人民和社稷是
上天恩賜於君王的禮物，上天的恩澤需要君王施予下民，但君王權利的實施者
們（各級官吏）或只知其一不知其二，或忽略怠慢虐待人民。這樣是極端錯誤
的做法。人民，是上天（神）之主人。「民本」思想是上天（神）依據人民的
行為所實行的，因此要依靠祭祀使得統治者深知此理。

可見，程鉅夫將人民置於與社稷同等重要的地位，希望君王及其權利的執
行者（各級官吏）能時刻記得人民的重要地位，不敢忽略怠慢人民。

此種民本、人本思想，在當時社會非常難得，尤其是「夫民，神之主」的
思想的指導下所產生的行為，給人民帶來了福祉。

程鉅夫的民本思想進一步表現在對憂民官吏的褒揚方面，下面以《岳州路
三皇廟記》為例來說明：

> 《岳州路三皇廟記》：三皇，聖人，而非土木也。今方有其書，
> 藥有其物，而實實虛虛，誰之過歟？治民亦猶是也，有民人焉，有
> 社稷焉，又授以治之之具焉，而曰不治，獨不愧於心乎？亦獨不懼
> 於心乎？予既嘉王君之能憂民，又慮學醫者之費人也，於是索言之
> 復以告來者。〔註195〕

此文中程鉅夫毫不掩飾地講出：百姓和社稷同時存在，上天授予官吏治民
之具，卻出現了「不治」的局面，難道治上的官吏能「獨不愧於心乎？亦獨不
懼於心乎？」出現問題，官吏需要承擔很大的責任。應該引以為懼，反思並改
進做事方法。

程鉅夫指出此文的寫作目的是：褒揚君王能夠憂民，鄙夷滋擾百姓之人。
是否「憂民」成為程鉅夫判斷官吏治理能力的標準。

三、在用人方面，力主「行恤民之典」

至元二十三年（1286）七月，忽必烈委以時任總制置使的桑哥重任「廷中

〔註195〕《雪樓集》卷12。

有所建置，人才進退，桑哥咸與聞焉」〔註196〕。

至元二十四年二月，忽必烈復設尚書省，以桑哥、鐵木兒任尚書平章政事，阿魯渾撒里為尚書右丞，葉李為尚書左丞，馬紹、忻都為尚書參知政事。十一月，桑哥陞任尚書右丞兼總制使、領功德使司事，次年總制院改名為宣政院，仍由桑哥兼領。至元二十六年閏十月，中書省保留的對任命官吏時頒發宣敕的權利也歸尚書省，中書形同虛設，政府權利盡歸桑哥。桑哥擅政四年，改行鈔法，造成鈔額激增，幣值猛跌，人民因此受到很大的經濟損失。

至元二十五年九月，桑哥奏請設置徵理司，專理追查錢穀，無不鉤考。結果，天下錢穀，已徵者數百萬，民不聊生。陳邦瞻《元史紀事本末》記錄了當時民不聊生的情形：「民嫁妻賣女，殃及親鄰。維揚、錢塘，受禍最慘，無辜死者五百餘人」〔註197〕。

桑哥公然賣官鬻爵，造成剛紀大壞、人心不穩。《元史桑哥傳》中說：「貴價入，則當刑者脫，求爵者得。剛紀大壞，人心駭愕」〔註198〕。

至元二十八年二月，忽必烈諭御史大夫玉昔帖木兒將桑哥以沮抑臺綱、箠監察御史諸罪下獄。

至元二十六年，恰逢桑哥專政期間，面對剛紀大壞、人心不穩、民不聊生的局面。揭傒斯《行狀》記載：「二十六年，公乘傳入朝，奏疏曰：『臣聞天子之職莫大於擇相；宰相之職，莫大於進賢』」程鉅夫所奏，即是這篇《論時相》。程鉅夫上《論時相》疏針砭時弊，認為宰相之職責任重大：

> 臣聞天子之職莫大於擇相。宰相之職莫大於進賢。苟不知以進賢為急，而惟以殖貨為心，非為上為德，為下為民之意也。昔漢文帝以決獄錢穀問之，丞相周勃不能對。陳平對曰：「陛下問決獄，責廷尉。問錢穀，責治粟內史。宰相上佐天子理陰陽，下遂萬物之宜，外鎮撫四夷，內親附百姓。」觀其所言，可謂知宰相之職矣。今權奸用事，立尚書省，以鉤考錢穀、剝割生民為務，所委任者率皆貪饕徵利之徒。四方盜賊竊發，良以此也。臣竊以為，清尚書之政，損行省之權，罷言利之官，行恤民之典。於國為便。謹冒昧以聞，伏取聖旨。〔註199〕

〔註196〕《元史》卷205《桑哥傳》，第4573頁。
〔註197〕〔明〕陳邦瞻《元史紀事本末》卷8，明末刻本。
〔註198〕《元史》卷205《桑哥傳》，第4574頁。
〔註199〕《雪樓集》卷10。

《論時相》認為，於天子而言，選擇宰相這一行為責任重大。因為宰相的重要作用在選賢任能。但如今的局面是宰相併不以擇賢良為急務，卻以殖貨為首要職責。這並非君主治國之本「非為上為德，為下為民之意」。程鉅夫認為君主決獄應詢問廷尉；問錢穀應詢問治粟內史；鎮撫四夷、親附百姓才是宰相的職責所在。如今宰相卻鉤考錢穀、剝割人民，民不聊生。所以建言清理宰相政務、減損行省權利、實行恤民方案。

正值宰相桑哥得到重用、氣勢薰天之時，因為程鉅夫具有以民為本、痛感民不聊生、關心民瘼的思想，才不顧危險、違拗權勢提出上述奏疏。

導致的後果是桑哥怒急敗壞前後六次奏請世祖，欲加害程鉅夫：「相怒，羈留京師不遣，凡六請加害。賴上察其忠誠，不允，相謀益舉。明年春，有旨，還公行臺」〔註200〕。

從程鉅夫自己作《辛卯九月行臺解組西歸十四日泰州教授適齋胡先生送別真州是日乃先生初度》〔註201〕可得知至元二十八年九月，從行臺侍御史職位卸任還江西。十四日離真州，時任泰州教授的胡自明送別，是日乃胡自明生日。此前一年有程鉅夫彈劾桑哥之事，其卸任或可能與此有關。

四、以民為本的具體作為

（一）大饑荒之時，程鉅夫賑濟災民

《程譜》勾勒出來的材料顯示，當湖北連年受災之際，程鉅夫賑濟因貧病難以生存之家，因此而得救濟者甚多：「大德七年癸卯，公年五十五歲。湖北連年大禩。公以公田祿入悉賑貧病之不能存者，惠濟甚眾」。

《行狀》中記載了程鉅夫治理惡奴的舉動：「大德四年，遷江南湖北道肅政廉訪使。……適湖廣平章家奴為民害者，即命有司逮捕械之，榜其惡於市，三日乃巨決遣。民大悅。」大德四年（1300）閏八月，元廷拜程鉅夫為江南湖北道肅政廉訪使。程鉅夫到沙羡〔註202〕就職辦公，第一件事便治理為害百姓的平章家奴，自此上下肅然。

惡奴狐假虎威危害百姓的事件時有發生，這成為地方官棘手的案件。程鉅夫敢於出手，迅速解決，足見其為民剷除禍患，剛直不阿。

〔註200〕揭傒斯《行狀》。
〔註201〕《雪樓集》卷26。
〔註202〕沙羡，古縣名，其位置為今湖北省武漢市江夏區金口。

（二）舉「成湯桑林」六事自責

《元史本傳》言及：「二年，旱，鉅夫應詔陳桑林六事，忤時宰意。」大旱之際，程鉅夫將責任歸於己身和當政者，引起宰相的不滿。

「成湯桑林六事」，為有記載的商湯時代重要的祝禱乞雨事件，《荀子·大略》中記載如下：「湯旱而禱曰：『政不節歟？使民疾歟？何以雨至斯極矣！宮室榮歟？婦謁盛歟？何以雨至斯極矣！苞苴行歟？讒夫興歟？』何以雨至斯極矣」〔註203〕。

看似迷信祝禱，但究其根源是禮樂文明與道德昇華的表現。《周禮質疑》中說：「祈求若湯旱告雩曰：『政不節歟？使民疾歟？宮室崇歟？婦謁盛歟？苞苴行歟？讒夫昌歟？』六者自責以說天。」〔註204〕商湯桑林禱雨及《大濩》樂的製作，反映了商代帝王把「以民為本」作為衡量自己政績優劣的治國理念，其中「以民為本」、「以德治國」是其核心內容。

《禮記集解》中認為：「樂者，天地之和也。禮者，天地之序也。和，故百物皆化。序，故群物皆別。樂由天作，禮以地制。過制則亂，過作則暴。明於天地，然後能興禮樂也。」〔註205〕《竹書紀年注》中記載：「二十四年大旱王禱於桑林雨。二十五年作《大濩》樂」。〔註206〕《呂氏春秋》中也有關於此事的記載：「昔湯克夏而正天下，天大旱，五年不收。湯乃以身禱於桑林，曰：『余一人有罪，無及萬夫，萬夫有罪，在余一人；無以一人之不敏，使上帝鬼神傷民之命。』於是翦其髮，磨其手，以身為犧牲，用祈福於上帝。民乃甚悅，雨乃大至」。〔註207〕禮樂文明能融合天地。禮，是天地萬物的秩序；樂是天籟之音；和，能夠教化百姓。

商湯時代的祭祀活動非常頻繁，甲骨卜辭中有多項記載，但史籍中有明確記載的只有商湯時代這次桑林禱雨事件。

此事記載了桑林禱雨的起因、經過和結果，可謂詳備。大旱發生於商湯攻克夏朝建國不久，天下大旱，五年顆粒無收，生民貧病。商湯將天不雨歸結為人為原因，自責不已。為使百姓免受其苦，商湯剪髮、磨手，向天祈雨。因統

〔註203〕〔春秋戰國〕荀況《荀子·大略》，卷19，清抱經堂叢書本。

〔註204〕劉青芝《周禮質疑》卷4《春官》，清乾隆二十一年刻本。

〔註205〕〔清〕孫希旦《禮記集解》卷37，清同治七年孫鏘鳴刻本。

〔註206〕〔南北朝〕沈約《竹書紀年注》卷上，四部叢刊景明天一閣本。

〔註207〕呂不韋等編《呂氏春秋·順民篇》，〔清〕錢大昕《潛研堂集》卷8，清嘉慶十一年刻本，《答問五·三體》。

治者有此誠心「民乃甚悅，雨乃大至」。

《左傳‧襄公十年》中記載了「成湯之樂」：

> 晉侯以偪陽予宋。宋公享晉侯於楚丘，請以桑林。《注》云：桑林殷天子之樂名。按：《桑林》、《大濩》成湯之樂。雖然《桑林》樂和《大濩》樂是一支樂曲還是兩支，現在存疑。但古代因為商湯禱雨而出現禮樂文化的代表之作的樂曲是確有其事的。《左傳》杜預注云：「桑林，殷天子樂名。」〔註208〕

司馬彪《莊子》注：「桑林，湯樂名」〔註209〕。桑林祝禱體現出先秦禮樂文明，是政治上的「以民為本」觀念的表現。周公制禮作樂，將禮樂制度進一步完善，對後世禮樂文明、以德治國思想影響深遠。他提出「以民為本」、「以德治國」理念，是在此基礎上的進一步發展。

皇慶二年大旱，程鉅夫「以桑林六事自責」「極言無隱」〔註210〕。自責是其心繫蒼生責任感的體現，也是一次召喚和態度，是對當政者的警醒和呼籲。警醒無惡不的作貪腐官吏，呼籲君王要擦亮眼睛，利用好監督制度，防患於未然，免得蒼生負累、百姓受苦。

（三）弭災之策：敬天、尊祖、清心、持體、更化

《元史本傳》：「十年，以亢旱、暴風、星變，鉅夫應詔陳弭災之策，其目有五：曰敬天，曰尊祖，曰清心，曰持體，曰更化。帝皆然之」針對久晴不雨，有暴風潦災和彗星出現的災異，程鉅夫提出五點應對措施：敬天、尊祖、清心、持體、更化

「敬天」為了限制君主權力，以「天」給予君主威懾，仁愛的君主才能做到「敬天」。敬天表現在明君能「省躬」、「知懼」、「昭德」、「修政」〔註211〕。這些皆為儒家德政，用此化育萬民，便得治世。

「尊祖」提醒統治者記得立國艱難，財取於民，所以用時要斟酌；官吏任用，不可輕與，需為民利而謀。

「清心」提醒帝王清心為本，沉靜而不改初心。此處的「初心」，便是以民為本之心。帝王若做到「清心」，會呈現「光明洞徹」的社會景象。

〔註208〕楊伯峻編著《春秋左傳注》，北京：中華書局，2007年，第391頁。
〔註209〕陳鼓應《莊子今注今譯》，北京：中華書局，2007年，第108頁。
〔註210〕《行狀》。
〔註211〕《雪樓集》卷11。

「持體」意在說明人君治國最要緊的事為「任宰輔以馭百官，守法度以信萬民」。

目前才用不足、違法擾亂滋生，官府不治、賞罰不明等問題層出不窮，所以需要「更化」。銓選官吏時，除其他要求合格外，量其根腳功過才能任用。任上的官吏杜絕財用不足、違法滋生、官府不治、賞罰不明等問題，才能做到以民為本。

敬天、尊祖、清心、持體、更化五個方面的政論文提醒統治者從人民利益出發，維護政綱，昌盛國家。

程鉅夫提出敬天、尊祖、清心、持體、更化的觀點，結合其「成湯桑林六事自責」的行為，再次體現其「敬天保民」的民本思想和「以德治國」的儒家政治理念。

（四）修橋並重修社壇

為了實現自己「敬天保民」的「民本思想」和「以德治國」的為政理念，程鉅夫身體力行修橋、重築社壇。

《雪樓集》卷十一中有《建昌路重建太平橋記》，表達了程鉅夫「一橋雖微，可以觀治矣」的儒家為民思想：

> 太平之世，民有餘力，一橋雖微，可以觀治矣。……一物廢興，莫不有數。……其自今始，舟車之輻湊、商賈之都會，千萬里重譯之遠，夷然而安，曠然而四達。凡自此塗出者，其可不知君上之所賜乎？……維盱為郡，江閩通衢。郭東有橋，又盱要樞。前此簷楹，星斗可 。中厄於數，或艇或泭。而後來者，思濟輿徒。梯梁雖駕，風雨則虞。比來一載，木運石驅。鴈齒罿飛，鬼呵神扶。日東西行，萬武奔趨。邦人士語，疇昔所無。伊誰之功，公侯大夫。拜稽對揚，臣何力乎？明明天子，澤被我盱。涼颸暖曦，晴江漫湖。童謠老壤，載歌褲襦。祝橋壽者，其樂居居。國語音。魚臣賦此詩，天保嵩呼。

〔註212〕

從修橋這樣的微細小事件可看出治亂盛衰。修橋行為，方便了民眾生活，民眾因此感念統治者恩德。文末附詩一首，表明程鉅夫對此次修橋行為的重視，讚頌了修橋的實際效果是為民謀福利，希望百姓能珍惜來之不易的生活。

〔註212〕《雪樓集》卷11。

除了修橋之外，程鉅夫的「敬天保民」的「民本思想」和「以德治國」的為政理念還體現在社壇的修葺和重建方面，體現在其自作的《崇陽縣社壇記》中：

> 鄂屬邑七，崇陽為望，乖崖公舊治，有異政焉。大德五年春，余來觀風，考其遺跡，僅有存者，而社壇窳陋最甚。乃擇善地，示以禮經，俾之改築，越三月而成。……予曰：「可哉！」雖然，張公之政非一事一物之謂也，張公之政之異非求奇於撫字催科之外也。為邑長於斯者尚其思之。壇四，在美美亭前。……其制一本於晦庵朱子所定云。〔註213〕

崇陽縣社壇所在之地為湖南崇陽張詠舊有治所。張詠（946～1015年）字復之，號乖崖，謚號忠定。宋太平興國年間進士。累擢樞密直學士，真宗時官至禮部尚書，詩文俱佳，為北宋太宗、真宗兩朝名臣，尤以治蜀著稱，時有功績。大德五年春，程鉅夫來此，觀覽遺跡，見社壇窳陋。便擇善地，俾工匠改築，越三月而成。

「其制一本於晦庵朱子所定云」表現出了程鉅夫對程朱理學的認可與推崇，將自己的理念落實到為政行為當中，與「敬天保民」的民本思想和「以德治國」的為政理念結合起來，並滲透到為政的各個領域當中。

除了重修崇陽縣社壇之外，程鉅夫讚賞安侯祜謀築鄂州路新社壇、首勤於民、民鄉皆治的善政。寫下《鄂州路新社壇記》，勸受民社者：

> 蓋自宋淳熙十年更築，新安朱子為之《記》。《記》石故在，而地久入浮圖。郡吏相承綿蕝，望祭於是。歲比不登，民多流冗。大德四年春，總管安侯祜以妙柬來，首勤於民。民鄉治矣，則與部使者謀築新社。予為之行視，得地於城東北隅，高明夷曠，面勢具宜，乃屬徒就事。越明年，成。其數度悉本朱子所記，且輦樹其石齋廬東，又請予記。予惟國家之所委寄者在是，民人之所生息者在是，可弗重歟？守者眾矣，侯獨能知之。聖人先勤民而後致力於神，侯又能承式之，可尚也已。謹書其事，以為受民社者勸。〔註214〕

鄂州路社壇自古與朱子理學具有淵源關係「宋淳熙十年更築，新安朱子為之《記》」。程鉅夫認為，官員的責任是「重民」，社壇為百姓生息所在，必須

〔註213〕《雪樓集》卷11。
〔註214〕《雪樓集》卷11。

重視。聖人是先「勤民」，而後才「致力於神」，這便是「德治」。地方官吏應該效法德治，才能形成「可尚」的行政局面。最後，程鉅夫敘述了自己寫作此文的目的是規勸各級官吏，為了實現自己「敬天保民」的「民本思想」和「以德治國」的治國理念。

元代雖為較為開明的朝代，但其統治方式之下埋藏著潛在的危機，如四等人制、貪贓枉法、刑法紊亂等一系列因素容易導致剛紀大壞、人心不穩、民不聊生的局面。需要士人官員努力扭轉此局面，程鉅夫即此類士人的代表，他試圖通過上奏章、行為實踐的方式來實行「以民為本」的為政理念和「以德治國」的德治思想。

程鉅夫所具有的民本、人本思想，追溯上古而來、延續孔孟之道。程鉅夫自述為「民，神之主也。」〔註215〕其民本思想進一步表現在對憂民官吏的褒揚方面，褒揚君王能夠憂民生之多艱，鄙夷滋擾百姓之人。

程鉅夫舉「成湯桑林」六事自責，體現出其內心被禮樂文明薰染下的「民本思想」。他提出的「以民為本」、「以德治國」的政治理念，與商湯的德治思想一脈相承。在《議災異》中提出中「敬天、尊祖、清心、持體、更化」的觀點。深化了「敬天保民」的「民本思想」和「以德治國」的治國理念。

在用人方面，程鉅夫力主「行恤民之典」。在討論政治方針和用人政策之際，程鉅夫將是否有利於百姓生活當做衡量人才的標準。《論時相》是程鉅夫「行恤民之典」施政主張的代表之作。在文末，程鉅夫提出建議：肅清尚書省職能，削減行省職權，罷免買賣斂錢的官員，實行保護民眾利益的律典。

在「民本」思想的指導下，程鉅夫身體力行做好每一件關係民眾生存之事。大饑荒時，程鉅夫以己之俸祿賑濟災民；遷任江南湖北道肅政廉訪使時，速決平章奴為民害案件，公正嚴明；所到之處，興學校、明教化、翻新廢棄廟學、社堂祭祀之地、新建書院；後有災年，程鉅夫賑災於民，減少災民之苦。程鉅夫以此種種行為實現自己著「敬天保民」的「民本思想」和「以德治國」的治國理念。

〔註215〕《太一觀記》，《雪樓集》卷13。

第三章　程鉅夫與文化建設

第一節　程鉅夫的學術思想

　　程鉅夫的學術思想散見於其作品中。具體表現為具有濃厚的理學涵養，以儒學為行事的指導思想，並接受佛家學說，對其持寬容態度。在儒學方面：他感歎儒學傳播艱難；對儒家思想的傳播者，表現出尊重；提倡儒家的忠孝觀念、仁義思想、民本思想和視「靜」為體、「動」為用的觀點。在理學思想方面，對經世之文提出「該體用、具本末」的要求；推崇「物歸於理」學說；對朱熹所作字畫，程鉅夫表現出欣賞與敬意；修建以傳播朱熹之學為目的的學校。在佛學方面，他也與佛教中人交往，對佛教教義與語錄持理解、寬容的態度：他認可和接受佛學思想；對佛法經義的要點做出過解釋；以佛法理論解釋「宗鏡」之義。

一、倡導儒學

　　元代建國之初，為了建立真正的大一統國家。忽必烈參用漢法，採取一系列措施來整頓南北戰亂下的經濟殘局。滅掉南宋後，元廷大力減免故宋冗繁的差稅：「公私逋欠，不得徵理」〔註1〕，如此政策，使得社會貧病的狀況得到恢復，逐漸臻於承平氣象。同時統治者注重以儒家之法治理國家，於是各類士人進入政權中樞。

　　忽必烈採取一系列漢化措施統治大一統國家，建立了中央集權的中原模

〔註1〕〔民國〕柯劭忞《新元史》卷9《本紀第九》，民國九年天津退耕堂刻本。

式官僚機構。

特別是他實行了一系列的文化政策，集中表現為尊崇儒學，如擢用儒臣、學習儒家經典、興辦國子學及地方學校、定立儒戶制度、尊孔子等，其後繼者亦遵循此種政策，並設立了經筵官，沿襲前代進講制度。〔註2〕元文宗元順帝都有漢語詩傳世。〔註3〕

《雪樓集》中的作品體現出程鉅夫濃厚的儒學思想。對於儒家經典的傳播之艱難，程鉅夫一再感歎。對儒家思想的傳播者，表現出尊重。《題趙仲遠伏生授書圖》「龍鍾九十餘，猶及漢三葉。哀哉窮獨叟，有女幸傳業。授數纔四七，錯歸已德色。遂令讀書人，終古猜梅」〔註4〕伏生本西漢經學家，壁藏《尚書》並將其傳播。漢文帝非常重視，欲召他進朝，伏生因腿疾不能出行。文帝派晁錯到其家，當面授受。伏生之語，只有其女羲娥才能聽懂，只能先由伏生言於其女羲娥，再由羲娥轉述給晁錯。後晁錯終於將伏生胸藏《尚書》整理記錄下來，補敘出所失篇章，才使《尚書》得以完整流傳。自此之後，《尚書》為學，伏生實為傳授淵源。程鉅夫作此詩，表達其對傳授《尚書》的伏生的敬重，也可看出《尚書》在其心中的地位與其自身具有的尊崇儒學的思想。

儒家的忠孝觀念也是程鉅夫所崇尚的。周厔為咸淳進士，其族亦賢，其後輩賢大學士郭君名其堂曰「致樂」，謁程鉅夫請為記，程氏有感於「故孝者必忠，忠者必孝」，為作《致樂堂記》〔註5〕。《停雲軒記》表達出對孝子的尊重和對益友的追尋「其孝子之羹墻、益友之筌蹄乎？」〔註6〕

儒家仁義思想也是程鉅夫所提倡的。《臨川吳文正公年譜》記載吳澄於大德四年六月作中正堂於咸口之源。三年之後，吳澄之子攜書稿找到程鉅夫請其為正中堂作記。《正中堂記》中有對儒學的討論：「元亨利貞，天之道。仁義中正，人之德。正者，體之定。貞者，陰之靜，屬夫北者也。中者，用之應。亨者，陽之動，屬夫南者也。」此議論將《易》中的「元亨利貞」作為天之道，與之相對應的便是「仁義中正，人之德」。

《靜山說》中說：曰：「艮之象為山。山有不遷之體焉，故曰：『艮，止也。』

〔註2〕陳高華、張帆、劉曉《元代文化史》，廣州：廣東教育出版社，2009年8月，第165～175頁。
〔註3〕〔清〕顧嗣立編《元詩選》初集，北京：中華書局，1987年，第1頁。
〔註4〕《雪樓集》卷26。
〔註5〕《雪樓集》卷13。
〔註6〕《雪樓集》卷13。

為學之道，知止而後有定，定而後能靜。世以山為仁者之所樂，因以仁者之靜歸之而曰靜山。夫山固靜矣，不靜惡能為山？然山不徒靜而已也。若曰山徒靜而已，則觸石而出，膚寸而合，不崇朝而遍天下，與夫不捨晝夜，盈科而後進，放乎四海者，獨非出於山歟？蓋靜，其體也；動，其用也。言用不及體，無本；言體不及用，非道。劉君，體用之士也，默而識之吾言，初不必竟。」〔註7〕

　　程鉅夫視「靜」為體、「動」為用，並追根溯源到《易》中的「艮」掛。「艮」為山為止，故為靜。後根據《論語》中「仁者樂山智者樂水」〔註8〕，得出「山為仁者之所樂」，「靜山」則「仁」的結論。

　　儒家的民本思想在《雪樓集》中也有體現。《通城縣社壇記》〔註9〕不止一次強調「夫民，神之主。」

二、理學涵養

　　北宋統治下的中原地區是理學最早的發祥地。宋室南遷後，知識分子隨之南下，理學重鎮逐漸南移到江南地區。

　　元代具有影響力的理學著作包括《諸儒鳴道集》與《道學發源》二書。《諸儒鳴道集》為宋儒所輯，收錄了周敦頤《通書》，司馬光《遷書》，張載《正蒙》、《經學理窟》、《橫渠語錄》，程顥、程頤《二程語錄》，謝良佐《上蔡先生語錄》，劉安世《元城先生語錄》、《譚錄》、《道護錄》，江公望《心性說》，楊時《龜山語錄》、《安正忘荃集》，劉子翬《崇安聖傳論》，張九成《橫浦日新》等兩宋重要的理學著作。〔註10〕這些書的流傳，引起過一些爭論，使得士人對兩宋理學思想有了較為全面的瞭解。

　　許衡、劉因和吳澄是影響最大的三位理學家。三人中，只有吳澄來自南方。吳澄的生平跨域了元朝前後兩期，他尊奉程朱理學，著書授徒，對理學的傳播、發展作出了重要貢獻，在理學史和教育史上佔有比較突出的位置。吳澄為程鉅夫舉薦，但並未北上赴任。武宗至大元年（1308）六十歲時，始應聘為國子監丞。後陞國子司業，因與同僚意見不合，致仕還家。英宗至治三年（1323），召拜翰林學士，泰定帝開經筵，充經筵講官，泰定二年（1325）辭官歸鄉。

〔註7〕《雪樓集》卷23。
〔註8〕〔三國〕何晏《論語》卷3，四部叢刊景日本正平本。
〔註9〕《雪樓集》卷13。
〔註10〕詳見陳高華、張帆、劉曉《元代文化史》，廣州：廣東教育出版社，2009年8
　　　　月，第101、102頁。

程鉅夫五歲入小學讀書，即通大義。十二歲從叔父程岩卿授業，表現出極高的天賦。十七歲開始遊學，在大儒胡自明胡氏家塾就讀。十九歲於臨川遊學，受學於朱熹的再傳弟子饒魯的門人理學家族祖程若庸。因此其詩具有理學背景，自覺不自覺弘揚著理學正統，以昌明雅正宗旨。《程譜序》中記載程鉅夫「以研精性理為務」，時間長達二十餘年「幾二十餘年」。李好文《雪樓程先生文集序》中講述了其理學與其文學的關係，程鉅夫文章具有雅正的特點，並且文學作品能引領當時文壇「聲音與政通，文章與時高下」，追溯主要原因是「理與氣合，道與時合」。在武昌時，程鉅夫有詩八十九首，其風格沖澹悠遠、平易近民「公孫之來尉崇仁也，乃得公持節武昌時，行部近縣親書五十日所為詩八十九首。伏而讀之，至於再三，不忍去手。見其沖澹悠遠，平易近民，古人作者之風，其可及哉」〔註11〕。

朱熹理學中，對文道關係影響重要的理論是顛覆了傳統的「文以明道」的主張，強調了文道之間的關係為：道為文之本，而文為道之末。

作為朱熹學術的傳承者，程鉅夫在《李仲淵御史行齋漫稿序》中的敘述，與以上觀點一致：

> 古人一章、一句，該體用，具本末，備終始，猶有餘；後世累千萬言，欲究其理而不足。……若《原道》、《原人》、《太極圖說》、《通書》、《西銘》等作，方可稱繼三代者，然必如是而為文，則天下之文廢矣，又豈通論哉？作述之體既殊，古今之尚亦異。學足紹先聖之道，言足垂將來之法而已，豈必模《三墳》，擬《大誥》而後為古乎？……我朝之盛，自古所未有，獨於文若未及者。豈倡之者未至，而學之者未力耶？今天子方以復古為己任於上；弘其風，濬其流，懍焉而任於其下者，非我輩之責耶？而吾老矣，仲淵不可辭也。

文中的「該體用、具本末」，是對經世之文提出的要求，也是給合乎要求的古文所下的定義。在此，「本」，即「理」；「末」，即「文辭」。因此，他反對文章「模三墳，擬《大誥》」，合乎標準的文章應該做到「其本則六經，其辭則雜出西漢而下」以六經為本，雜以西漢以後的文章。

萬物歸於理的理學觀念也是程鉅夫所推崇的。《本善堂記》中有「聖人之訓，脩、齊、治、平，爰有次第，然皆本於此身，身必本於此心，心又本於此

理」〔註12〕脩、齊、治、平的倫理道德修養是有先後次序的，但都可以歸結為「理」。

程鉅夫還主張建祠堂和孔廟，也是為了延續聖賢的學術思想。陸九淵世居青田，陸氏先祠中遭寇燬，星分瓦解。至元二十三年，程鉅夫以侍御史身份將旨江南，過金溪，顧瞻遺址，閔然興懷，欲郡縣修復，未成。大德五年，陸九淵孫陸如山謀於諸賢士大夫，重為修築陸氏先祠。程鉅夫作《青田書院記》〔註13〕紀念。

對朱熹所作字畫，程鉅夫表現出欣賞與敬意。《鑑綱目稿》為遂良出示給程鉅夫。手稿出自朱熹之筆，程氏以為朱子之為人、綱目之為書，皆有可寶之處，為作《跋朱文公通鑑綱目稿》〔註14〕。

為了朱熹理學的延續，程鉅夫不斷努力修建以傳播朱熹之學為目的的學校。《寧德縣重脩學記》〔註15〕中所記寧德縣是程鉅夫到福州之後促成重修的縣學。重修的原因是「閩之士家藏其書，人誦其說，而能實傳其道者蓋鮮」，為了改變這種局面，使朱熹理學在福建延續「某竊惟，朱子以道鳴於建」，改變「朱子之後不復有朱子」的局面，程鉅夫寫下了這篇重修縣學記。

三、對待佛學的態度

藏傳佛教及禪宗的臨濟宗對元代的佛教影響較大。

藏傳佛教為佛教在吐蕃地區與當地的宗教相融合，成為藏化後的佛教，也被稱為喇嘛教。忽必烈即位後，藏傳佛教中的一支薩斯迦派教主八思巴被尊為「國師」，藏傳佛教尤其是薩斯迦派成為元朝的「國教」，影響到了政治生活和宗教生活以及日常生活的方方面面。

同時，在江南地區，禪宗的臨濟宗得到了時人的重視，元代有影響的禪師多出自大慧宗杲的門下。禪師們以深邃的禪學思想與詩文創作與當時江南文人產生良好的交往，推動了臨濟宗在江南的復興。

元朝的佛教與國外交流頻繁，與高麗、日本、印度諸國均有往來，而與高麗的佛教交往較為頻繁。

與藏傳佛教、臨濟宗同時存在的教派還有白蓮教和白雲宗，在傳播過程

〔註12〕《雪樓集》卷13。
〔註13〕《雪樓集》卷12。
〔註14〕《雪樓集》卷24。
〔註15〕《雪樓集》卷11。

中，其教義與民間信仰逐漸相融，演變為半世俗化宗教，被佛家視為異端。但在相當長時間內，受到元廷的保護。

　　元代著名的道教在北方有全真、太一、大道諸派，南方道教以龍虎宗為最。龍虎宗以江西龍虎山為中心，龍虎宗正一教第三十六代天師張宗演於至元十三年（1276）觀見忽必烈後，留其弟子張留孫於大都。張留孫利用便利條件，與元廷執政者密切接觸，地位上升，形成了以張留孫為中心的玄教。

　　元代的宗教除佛、道二教外，還有基督教（信奉者成為也里可溫）、伊斯蘭教（信奉者稱為答失蠻）、摩尼教、印度教諸教。〔註16〕

　　程鉅夫思想兼容並包，傳統儒學和理學是其主導思想，但他也與佛教中人交往，對佛教教義與語錄持理解、寬容的態度。

　　佛教思想為程鉅夫認可和接受，在其作品中有過表露。虎林山大明慶寺，肇於唐，盛於宋景定，為國祠壇場。至元益大。後重建佛殿，至元丙午（1306）正殿成。集賢侍讀學士趙孟頫請程鉅夫作文，程氏以為可以「致崇極，寄瞻仰」，為作《虎林山大明慶寺重建佛殿記》〔註17〕。

　　佛法高深玄之又玄、不可言說。在《用晦和尚語錄序》中，程鉅夫總結用晦和尚語錄之要旨為「佛法，非言不立，非人不傳」「若因人以求法，則其人已滅；因言以求法，則法不可言」〔註18〕，佛法並非因無人而不立，因人去而不傳。如果沿著創始者的足跡尋求佛法，則創始者身已不在；若沿著語錄去求佛法真諦，然而佛法卻不可言說。

　　程鉅夫為《宗鏡錄》作序，《宗鏡錄詳節序》〔註19〕解釋「宗鏡」之義為「蓋聞學以離言，說為宗心，以了空相為鏡。」修行是為了掙脫言語的束縛，講說為了追尋本心，以空空如也的潔淨之地為鏡。該解釋深得佛法經義。《宗鏡錄》一百卷，五代吳越國延壽集。延壽是法眼文益的嫡孫，法眼在《宗門十規》裏鼓勵參禪的人研究教典。所述都是針對當時的禪師們輕視義學落於空疏的流弊而發，延壽編集《宗鏡錄》的動機，源於此。關於宗教的義學：指佛教教義的學說，如般若學、法相學等。程鉅夫的解釋與佛法相吻合。

　　儒學、理學、佛學思想雜糅，以儒學、理學思想為主導是程鉅夫思想的主

〔註16〕陳高華、張帆、劉曉《元代文化史》，廣州：廣東教育出版社，2009年8月，第176～200頁。
〔註17〕《雪樓集》卷14。
〔註18〕《雪樓集》卷15。
〔註19〕《雪樓集》卷15。

要特點。思想指導行為，程鉅夫一系列行為，包括江南訪賢、倡導元代科舉、
關心民瘼、興建國學、修繕學校、建藏書閣等都是在其該種特徵的思想指導下
進行的。

第二節　興建國學、修繕學校、建藏書閣

一、元代儒學教育概述

（一）元代學校發展概況

蒙古在滅金之後，未建國之前，建立了儒戶戶籍，讀書成為一種職業[註20]，在《廟學典禮‧選試儒人免差》中有詳細記載：

> 丁酉年八月二十五日，皇帝聖旨道與呼圖克、和塔拉、和坦、
> 諤嚕、博克達扎爾固齊官人每：自來精業儒人，二十年間學問方成。
> 古昔張置學校，官為廩給，養育人才。今來名儒凋喪，文風不振。
> 所據民間應有儒士，都收拾見數。若高業儒人，轉相教授，攻習儒
> 業，務要教育人材。其中選儒士，若有種田者，輸納地稅，買賣者，
> 出納商稅，開張門面營運者，依行例供出差發，除外，其餘差發並
> 行蠲免。此上委令斷事官蒙格德依與山西東路徵收課程所長官劉中，
> 〔行〕諸路一同監試，仍將論及經義、詞賦分為三科，作三日程試，
> 專治一科為一經，或有能兼者但不失文義者為中選。其中選儒人，
> 與各住處達嚕噶齊、管民官一同商量公事勾當者。隨後照依先降條
> 例，開辟舉場，精選入仕，續聽朝命。准此。[註21]

「戊戌選試」是耶律楚材、郭德海等力請的結果。該則記載認為儒人學問
的成就需要較長的週期，自古為學校為官方興建，官方供給廩給、養育人才。
目前名儒凋零、文風疲憊。為此，民間儒者應被官方禮遇，為的是轉相教授，
教育人材。從業儒者依情況應對其差發進行蠲免。付諸實施，指定官員進行監
試，中選的標準也已設定：三日分別測試有關於經義、詞賦分為三科，專治一

〔註20〕魏崇武《「儒戶」與蒙元初期的文學功用觀》，《西南民族大學學報》（人文社科
　　　　版）2008 年，第 9 期。魏老師認為：「儒戶」的創設，是蒙元初期的大批儒士
　　　　走上了職業化的道路。國家對儒戶的實用責求與「文以載道」思想傳統相結
　　　　合，會使蒙元初期文論更加突出強調文學在社會政治方面的功能。儒戶的出
　　　　現，表示蒙元初期的眾多儒士步入了職業化的軌道。
〔註21〕〔元〕佚名撰《廟學典禮‧選試儒人免差》卷 1，清文淵閣四庫全書本。

科為一經，若有能兼者但不失文義者為中選。

李修生先生認為：這（《廟學典禮‧選試儒人免差》）是一則重要的歷史文獻，它是這次選試儒人的指導性公文的原件。「戊戌選試」是耶律楚材、郭德海等力請的結果。……這道聖旨包含了幾方面內容：首先講的是這項工作的重要性和要求。……第二是儒人免差。……第三是「高業儒人，轉相教授，攻習儒業，務要教育人才。」儒人講學是重要的使命。許衡就是此後開始授徒的。第四是這次選試的具體安排。最後是關於儒人的政治出路問題。……取得儒人身份，得以入籍。有的儒人開始講學，也有少數人進入仕途。儒戶成為諸色戶計之一，是一種身份的標誌。〔註22〕

元世祖較為重視發展中原漢地文化，在儒學教育政策的制定方面所作的貢獻巨大。至元十六年（1279），元朝統一全國，忽必烈在江南制定了有關儒學學田〔註23〕政策。當地劃分學田歸儒學掌管，盈利作為各地學校的辦學經費。在客觀上，忽必烈的相關措施有利於元代儒學教育的發展。所以，元代江南各級儒學教育，逐漸呈現出規模漸趨擴大、教學設施越來越完備的局面。

元代儒學表現為以下四個方面的特點：

一是廟學合一，重視祭祀等儒學活動。〔註24〕

至元四年，廟學基建成；成宗建廟學：「至元四年，作都城，畫地東北之東為廟學基」。「成宗建廟學」。〔註25〕廟學即各級儒學，元代在儒學教育上繼承了兩宋以來的廟學合一制度，使祭祀與教學相結合的廟學制度更加完備，朔望祭祀、講書是元代各級儒學教學活動的重要內容之一，注重祭祀是元代廟學制度的一個特點。

元代儒學教育廟學合一，祭祀成為教學活動中的重要組成部分，對此，朱德潤發出了感歎：「今則典學者以造祠像為先務，而以教養次之，是可嗟也」〔註26〕。

〔註22〕 李修生《元代的儒戶——元代文化史筆記之一》，《元代文獻與文化研究》，韓格平魏崇武主編，北京師範大學古籍與傳統文化研究院編，1頁～17頁。

〔註23〕 參見孟繁清《元代的學田》北京大學學報（哲學社會科學）1981年第6期。此文認為：元朝建立之後，元世祖忽必烈「講前代之定制」（《元史》卷4《世祖本紀一》），主張推行「漢法」。他認識到崇立學校、「徵用儒雅」是爭取和籠絡漢族地主階級的一個重要的、必不可少的手段，於是「崇學校為育才之地，議科舉為取士之方」（《元史》卷81《選舉一》）。

〔註24〕 可參閱申萬里《元代廟學考辨》，《內蒙古大學學報》（人文社會科學版）2003年3月。

〔註25〕 《雪樓集》卷6。

〔註26〕 朱德潤《送長洲教諭序》，《存復齋文集》卷4，明刻本。

二是重視儒學經典，對於孔子提倡的六藝（禮、樂、射、御、書、數）等實用學問較為輕視。

元代嚴防漢地人民的反政府活動，因此禁止射圃這樣的六藝實踐活動。胡務《元代廟學的建築結構》中說：「元代對江南人民防範極嚴，不許擁有武器，各儒學習射的內容也相應廢除，儒學射圃基本上就荒廢了」〔註27〕。

在程端學《贈國學生巴延歸觀序》看來，六藝和儒學結合才是最佳學習方式：

> 今之學者，當六藝盡廢之餘，兀坐終日，誦四書五經，宜若簡且易，而造其微者難其人。蓋六藝之事少，而肄之以至於壯，即其事可以明其理，故人樂為，其學而易為。力四書五經聖賢之蘊，誦而不得其意，則其心困以怠，怠則終棄之，而難為功，自然之理也。然則今之學者終無成乎？亦在乎不已而已，夫禮缺樂壞，射御書數相繼而廢，非一朝一夕矣，不可得而學也，苟能即四書五經而專之，詳其句讀，審其訓詁，涵泳從容，以求其意，不已則熟，熟則浹，浹而樂生焉。學而至於樂，雖微六藝之具，而六藝之本在我矣，意既得、知既至而行有不得者，吾未之信也。〔註28〕

四書五經和六藝的學習需達到一定比例，六藝所佔的比例需要相應減少，才能即事明理。反之，若不習六藝，耗力研習四書五經，便會誦而不得其意，導致心困以怠，終怠則棄之。

三是因為科舉時斷時續、開設的時間又短，儒學教育管理並非始終嚴格，儒學生源待遇不高，導致當時儒學教育水平有限。

元代對於儒學生員的管理，相比歷代，較為寬鬆。各級儒學會給生員提供食宿，生員可根據自身情況選擇就學的地點。在學習內容方面，元代提倡朱子之學和經學，但限制的並非異常嚴格，元代生員入佛、道、陰陽之門者眾多。元代教育發展起伏較大，由於學田被侵，學校破敗，導致士人失其養，無法進行正常的學習。元代生員的出路也非常狹窄，大多數只能成為「吏員」，在待遇方面的免役和供應不徹底，並且有廩稍不繼的情況發生。〔註29〕

四是元代教育發展不平衡。

〔註27〕胡務《元代廟學的建築結構》，李治安主編《元史論叢》第8輯，北京：中國廣播電視出版社，2003年7月。

〔註28〕程端學《贈國學生巴延歸觀序》，《積齋集》卷3，民國四明叢書本。

〔註29〕可參見許凡《論元代的吏員出職制度》，《歷史研究》，1984年06期。

元代各地教育發展不平衡，江南教育水平高於北方，在江南三省中，江浙行省的教育水平又高於江西和湖廣：「今遊之最夥者，莫如江西，其拙遊者，惟浙東」〔註30〕。

（二）元代學校的分類及各級儒學教官的制度化

元代的學校包括各級儒學、國子學、民間拜師、地方書院、義塾。元代時期，國子學是全國最高學府，很多知名學者在這裡任教，而且國子學又是高官顯貴子弟的匯聚之所。到國子學讀書，既可以學習知識、學成做官，又能交接權貴，為以後的仕宦鋪平道路。

元代國子監教育的最終確立，經歷了一個過程，在此過程中，國子監教育逐步成熟和完善。〔註31〕

元世祖在位期間積極推行朝廷和地方的儒學教育，地方普遍官辦儒學。按照制度，元朝地方行政路府州縣四級均設有學校，即路學、府學、州學、縣學，而且鄉村每五十家立一「舍」，每舍都設立學校一所，農閒時令子弟入學。

設立國子監第一次的探索肇始於元代首任國子祭酒許衡。蘇天爵《左丞許文公》載：「國學之置，肇自許文正公。……時所選子弟皆幼稚，衡待之如成人，愛之如子，出入進退，其嚴若君臣」〔註32〕。《元史許衡傳》載：「衡善教，雖與童子語，如恐傷之。故所至，無貴賤賢不肖皆樂從之，隨其才昏明大小皆有所得，可以為世用。……（據稱不到五年）『其諸生俱能通經達禮，彬彬然為文學之士，及其入仕皆明敏通疏，果於從政。』」〔註33〕

第二次探索時，許衡已經離開國子監。以劉秉忠、姚樞、竇默等為首的漢地儒士，仍舊以許衡為國子監乃至儒學復興的旗幟。

不久，北上的江南人士對完善國子監的辦學模式提出了建議。吳澄所注之五經皆為許衡教學內容所不具有，程鉅夫請置其書於國子監：「（至元二十五年1288年程鉅夫向朝廷建議）吳澄不願仕，而所定《易》《詩》《書》《春秋》《儀禮》、大小戴《記》，得聖賢之旨，可以教國子，傳之天下。」〔註34〕程鉅夫加強朱子之學的意圖十分明顯。

〔註30〕《清容居士集》卷23，四部叢刊景元本。
〔註31〕可參見李瑞傑、寧煒婷《元朝國子學教學模式初探》，《滿族研究》2008年第一期。
〔註32〕蘇天爵《左丞許文公》，《元朝名臣事略》卷8，清文淵閣四庫全書本。
〔註33〕《元史》卷158《姚樞傳》第3711～3714頁。
〔註34〕《元史》卷171《吳澄傳》，第4011頁。

　　第三次建立國學的探索是在仁宗時期，以國子司業吳澄為首的教育職官再次強調了義理育人的辦學取向。

　　吳澄的理論視野更為開闊且符合實際，它主張在會和朱、陸的基礎上進一步發展理學。

　　吳澄在《張達善文集序》說：「夫朱子之學不在於文，而未嘗不力於文也。」〔註35〕他綜合了程頤、胡瑗、朱熹的學校改革思路並加以發展，設置了經學、行實、文藝、治事四大門類組合成大學之道的載體。經學科教學要求每個學生在學習《小學》和《四書》的基礎上，各選一經深入鑽研，做到熟讀經文，旁通諸家，講說義理度數，明白分曉，以奠定紮實的理學基礎。行實科強調道德實踐，要求學生從身邊小事做起，以孝、弟、睦、姻、厚、恤六德身體力行。文藝科要求學生學好古文和詩。

　　除吳澄之外，當持此觀點的還有李好文，他堅持以程朱之學作為教學內容：「欲求二帝三王之道，必由於孔氏，其書則《孝經》、《大學》、《論語》、《孟子》、《中庸》」〔註36〕。

　　忽必烈之後，成宗、武宗，反覆覆議行科舉，但一直未能實現。元代的高層統治者也沒有建立完整的出比科舉制更好的銓選制度，直到元仁宗朝各方面條件成熟之後，才由尊崇儒學、重用儒士的元仁宗得以實施。

　　元仁宗延祐二年（1315），在李孟、程鉅夫、許師敬等人的推動下，元代科舉制度才得以推行。元代程朱理學至延祐恢復科舉定之為官學，確定了明清兩代理學作為官方哲學的基礎地位。科舉與教育是一種共生互動的關係，教育是為了成就人才，以備朝廷任使。

　　元代科舉的考試標準由程鉅夫等人根據朱熹《學校貢舉私議》損益而成：「（程鉅夫說）朱子《貢舉私議》，可損益行之，又言取士當以經學為本，經義為用，程朱傳注。唐宋辭章之弊不可襲」〔註37〕。

　　在朱熹影響下，元代科舉廢除詩賦科，獨留經義科，而稱之為「德行明經科」。仁宗在詔令中要求：「舉人亦以經術為先，詞章次之。浮華過實，朕所不取」〔註38〕。

〔註35〕《吳文正公集》卷9。
〔註36〕《元史》卷183《李好文傳》，第4218頁。
〔註37〕〔民國〕柯劭忞《新元史》卷237《列傳第一百三十四》，民國九年天津退耕堂刻本。
〔註38〕《元史》卷81《選舉一》，第2018頁。

科舉復行後，元代國子監教學迅速朝著應試科舉的方向傾斜，國子諸生學習也逐漸向操練文法的方向傾斜。由此觀之，道統與政統聯手將元代國子監關於辦學宗旨的探討劃上了句號。

元代書院在有識之士的共同支持，數量不斷增多，書院建築和教學規模也明顯擴大。義塾是後來興起的一種民間教育形式，大概時間為元朝中後期。

元代重視書院教育的事例記載於黃溍《重修月泉書院記》中，據黃溍所描述的浙江地區修復書院盛況：

> 溍竊觀在昔郡縣之未有學之時，天下唯四書院，其在大江以南潭之嶽麓、南康之白鹿洞而已，三吳百粵所無有也。今郡縣悉得建學，而環江浙四封之內，前賢遺跡名山勝地為書院者，其多至八十有四，好事之家慕做而創為之，未見其止也。〔註39〕

元代重視書院教育，不少南宋時期的書院在元代被修復。因而，興起於唐代、繁榮於兩宋，以藏書、聚徒講學為主旨的書院，大量興起。如鷺州、嶽麓、淮海、月泉、慈湖、道州、鐮溪等崇尚程朱之學的書院得到了修復。據黃溍所描述，可見浙江地區修復書院盛況。元代盛行在朱熹及其弟子的故居修建書院，其中以朱熹出生、任官、講學以及終老的福建為最盛。

元朝還鼓勵私人創辦書院，蒙哥汗時期在陝西大荔設立的贛州紫陽書院，及真定路元氏縣封龍書院的修復。至元初年（1264），姚樞在家鄉河南輝縣重建白泉書院，十五年的時間在其中潛心講學。

元代遊學之風也較為興盛。宋濂《元故湛淵先生白公墓銘》：「（白珽字廷玉為江浙儒學副提舉，致仕之後）遠近學者籝簦相從者，殆無虛月。」〔註40〕《元史吳澄傳》：「（吳澄被任命為江西行省儒學提舉，居三月，歸於家）士大夫皆迎請執業，而四方之士不憚數千里，躡履負笈來學山中者，常不下數千人。」〔註41〕儒士跟從遊學的講師大多是名儒，且有較高的社會地位。有些在元朝中央集賢院、國子學等機構任職，有的做了地方官，有的在路、府、州、縣的儒學做官，有的曾被聘為書院、義塾的講師。卸任時候，開門講學。所以遊學的儒生，可以通過這種方式結識名人名士，為以後從學、從政創造條件。

〔註39〕黃溍《重修月泉書院記》，《金華黃先生文集》，四部叢刊初編本。

〔註40〕〔明〕宋濂《元故湛淵先生白公墓銘》，《宋學士文集》卷35，《宋濂全集》，第1043頁。

〔註41〕《元史》卷171《吳澄傳》，第4013頁。

元代儒學教師的職務包括：博士、助教、教授、學正、學錄、山長、教諭等。儒學教育行政管理人員有：祭酒、司業、監承、直學、典給、典書、典薄、令史、譯史、知印、典吏等。

元代中央和地方各級儒學教官的制度化，即國子學設祭酒、司業、博士、助教，各道（後改行省）設儒學提舉司正、副提舉，路學設教授、學正、學錄，散府學和上、中州學設教授，下州學設學正，縣學設教諭。

（三）元代書院興起產生的影響

元代學校和書院的興起，為儒學教育發展提供了比較好的條件，為程朱理學的傳播提供了基地。

元代官學和書院的發展也使得元代文人謀生有了合適的機會，客觀上，儒學的發展有了較為寬鬆的社會氛圍。儒學並非元政權用人的唯一標準，儒士出仕困難，為維持正常生計，許多儒生選擇到官學、詩學、書院、義塾中去教學生。元代前期八十年科舉廢止不行，生活在這段時期的文人們，不僅親身經歷了社會地位和經濟狀況的劇變，元代儒士社會地位下降，失去「四民之首」的優越地位，政治上的出路受到了阻塞，統治者用與不用直接決定了儒士文人的身價與出處。〔註42〕

二、程鉅夫重視並興建國學

程鉅夫於至元二十三年（1286），陳乞興建國學，興學明教。正月，元廷改其官職為集賢直學士，進階少中大夫。三月，程鉅夫向世祖建言：興建國學、搜訪江南遺逸、御史臺按察司宜並參用南士。世祖旋即命建國子監：「大元二十三年，公年三十八歲。春正月，改集賢直學士，進階少中大夫。三月，公入陳乞興建國學、遣使江南搜訪遺逸、御史臺按察司並宜參用南士。上即命建國子監」〔註43〕。

陳高華的《元代文化史》〔註44〕論及程鉅夫上奏說，中統建元以來，中外臣僚傑出者眾多，然而目前，人才卻晨星寥寥，解決的措施是在京師首善之地

〔註42〕此標題可參閱李兵《元代書院與程朱理學的傳播》，浙江大學學報（人文社會科學版），2007年，第一期。
〔註43〕《程譜》。
〔註44〕陳高華、張帆、劉曉《元代文化史》，廣州：廣東教育出版社，2009年8月，第212頁～214頁。

興建國學，以帶動地方學校的興建和地方人才的培養。〔註45〕程鉅夫當時頗得忽必烈信任，雖然該建議當時並沒有實行，但一年後，在葉李請再一次求下，忽必烈命令有關官員議定國學條例，閏二月正式頒行。〔註46〕可見，在興建國學方面，程鉅夫是開風氣之先的人物。

《行狀》記載了程鉅夫在肅政廉訪使任上興學校、明教化的行為：

> 大德四年，遷江南湖北道肅政廉訪使。……公所至，尤以興學
> 校、明教化為己任。其在閩海，湖北諸州縣廟學、社稷之久廢及不
> 如制者，咸一新之。南院書院，公幼時常遊處其中，歲久圯陋尤甚，
> 即捐楮幣增修，以為之倡。後值歲侵，復以祿賑之於民。

大德四年（1301），在閩海道肅政廉訪使任上，程鉅夫重修湖北各州縣久廢廟學。同年遷江南湖北道肅政廉訪使。所到之處，興學校、明教化。翻新已經廢棄廟學、社堂祭祀之地，並新建幼時就學的南院書院。

延祐元年（1314年）五月，仁宗諭立魯齋書院，敕令程鉅夫作文《諭立魯齋書院》「延祐元年……夏五月，京兆立魯齋書院（京兆為故儒臣許衡立魯齋書院，降璽書旌之）」〔註47〕：

> 諭陝西行省、行臺大小諸衙門官吏人等：中書省奏：「御史臺言：
> 『故中書左丞許衡首明理學，尊為儒師。世祖皇帝在潛邸，嘗以禮
> 徵至六盤山，提舉陝右學校，文風大行。西臺侍御史趙世延請依他
> 郡先賢過化之地，為立書院，前怯憐口總管王某獻地宅以成之。延
> 請前國子司業某同主領，教生徒。乞降旨撥田養士，將王某量加旌
> 勸。』」准奏。可賜額曰魯齋書院，仰所在官司量撥係官田土入學，
> 奉朔望、春秋之祀。修繕祠宇，廩餼師生，務在作養人材。講習道
> 義，以備擢用。從本路正官主領敦勸，行省、行臺常加勉勵。其王
> 某，令有司別加旌表，仍禁治過往使臣、官員人等毋得在內停止，
> 褻瀆飲宴，聚理詞訟，造作工役。應贍學產業書院公事，毋得諸人
> 侵擾。彼或恃此為過作非，寧不知懼。

文章除了對許衡首明理學的學術思想予以肯定，並決定承傳之外，還描述了當時興辦書院的盛況和政府對書院的保護。

〔註45〕《雪樓集》卷10。
〔註46〕《廟學典禮》卷二《左丞葉李奏立太學設提舉司及路教遷轉格例儒戶免差》。參見《元史》卷14《世祖紀十一》至元二十四年閏二月辛未，卷81《選舉志一》。
〔註47〕〔明〕胡粹中《元史續編》卷8，清文淵閣四庫全書本。

從中可見，仁宗時期對書院的重視。學田不夠，即由官田撥入以滿足供給，朔望和春秋皆有祭祀活動。書院相當於廟學的功能，對書院的學生有專門的生活補助。

程鉅夫重視國學，在學校教育方面，有著自己全面而獨特的見解。他推崇傳統儒學和理學、重視學校的重要作用、強調師長應有的品德、學習者的素養，並在實踐中貫徹自己的思想。因為其在元代政壇上的重要地位，他的思想對當時許多人產生過不小的影響。

（一）程鉅夫對傳統儒學和理學的推崇

程鉅夫對傳統儒學和理學的推崇表現在其著作中。為使聖人之道復著，程鉅夫修築魯齋書院；為師聖人之心，履聖人之道，他作《青田書院記》；為傳播朱熹理學，他促成重修寧德縣學；為討論詞章和義理的關係，他《福寧州學記》；為呼喚真儒，他作《台州路學講堂記》。

1. 魯齋書院記──使聖人之道復著

在《魯齋書院記》中，程鉅夫追溯上古文章最盛之際在文、武、周公。認為，聖人之道與天地並立，日月並明，崇尚文、武、周公之教，表達了自己讚賞許衡的教諭之功：

> 邠岐、豐鎬之間，周之故都也。三代之文莫尚於周，周之文莫盛於文、武、周公。江漢遠矣，其化猶存於小夫弱女，況千里之近者乎。無他，聖人之道與天地並立，日月並明，孰有外天地日月而能久其生者？吾意有能復興，文武周公之教於其地，特易易焉耳。世祖皇帝經營四方，日不暇給，而聖人之道未始一日不在講求。觀兵隴山，首召河內許仲平先生衡入見。先生亦首謂聖人之道為必可行，嘉言篤論，深契上心。時自陝以西，教道久廢，乃命先生提舉學事。於是，秦中庠序鼎興、搢紳縫掖川赴雲流，文事翕然以起。其所成就，皆足以出長入治。由是，聖人之道乍明。世祖皇帝踐祚，先生又以其道入佐皇明，施於天下，卒能同文軌而致隆平。由是，聖人之道復著。蓋有是君，必有是臣。陰陽之消長，日月之晦明、聖賢之用捨固各有其時也。今天子以天縱之質繼列聖之緒，嚮用經術，尊禮儒先，彬彬雍雍，著者益彰而且廣矣。〔註48〕

〔註48〕《雪樓集》卷 13。

從文可知，許衡是國學教育理論和實踐的開創性人物，也是國學教育三個階段的引領士人，其思想影響了元代學校教育。程鉅夫讚賞許衡的觀點，並用許衡的觀點來支撐自己的觀點。也可得知在興建國學方面，程鉅夫在元代初期就有建設學校的規劃並踐行興建國學的方案。

令程鉅夫欣喜的是，魯齋書院的興建，使得陝西庠序鼎興、儒學興盛、儒學漸明，最終實現「聖人之道復著」的目的。程鉅夫認為聖賢體用各有其時，並認為目前實行的尊禮儒先的文教政策正合時宜。可見，程鉅夫所提倡的教育是儒學教育，並將「禮」與「經術」放在首位。

興儒學應從興孔子之文開始，這是程鉅夫陳述分析文道關係後得出的結論。他希望通過「文」（體現在書院的建立和擴大）來傳播儒家的道統思想。古代儒學始自伊洛，朱熹續之。許衡的作為是使得聖人之道在書院中傳播，令程鉅夫欽佩不已。

總之，該文的寫作目的是使「聖人之道復著」，通過分析文道關係，程鉅夫希望通過「文」即書院的建立和擴大來傳播儒家的道統思想。

2.《青田書院記》——師聖人之心，履聖人之道

據《明一統志》青田書院，在金谿縣北三十里，建之以宗陸氏學「青田書院，在金谿縣北三十里，元邑士洪觀瀾宗陸氏學乃建之。以祠三陸先生」﹝註49﹞。

青田書院由陸九淵開創，其後人所籌建。程鉅夫道出興建青田書院和興建其他書院意義不同。陸九淵與朱熹同朝出仕，二人理學存在學術語言的繁簡之別：

> 道不繫於地也，然由跡以知其事，沿事以見其人，使後之學者有所觀慕感發，則地亦若與焉者。此青田書院之所為作也。謹按，陸氏居青田，至象山文安公時已十世，不異爨。先代復其賦，表其閭。文安公兄弟又以道德師表當世，而青田陸氏聞天下。中更寇燼，星分瓦解，陸氏先祠亦不能屋矣。……大德五年，公諸孫如山慨然謀諸賢士大夫，且懷牒郡庭以為請。……《傳》曰：「堯舜之道，孝悌而已。」使家皆陸氏，人皆文安弟昆，治民者豈復勞其心哉？亦既不然，而於風厲示儆之方又藐然，曾不誓省，是不亦可歎已乎。美哉！……公與徽國朱文公生同時，仕同朝，學同志；其不同者，立言有豐儉之間。是以今之知學之士知文公者甚眾，而知公者甚鮮。

知不知，非道之所計，然以義居數千指若，此不幸遇患又若，此行
道之人猶念之，況大賢之里居、政教之所急，而可藐焉略不甞省若
此乎？此無他，不知之過也。某雖未足以知公，抑甞知學。公甞有
云：「就使吾不識字，要當為天地間堂堂正正大丈夫。」……是役也，
以七年二月建，十月成。明年三月記。〔註50〕

此文寄託情感深刻，表達出對陸九淵理學的贊同欣賞。程鉅夫認為和其他
書院相比，青田書院的建立體現在陸九淵的理學精神對其的引領上。青田書院
使見之者思陸九淵，不自覺傾心於其理學思想。理學在此處被程鉅夫解釋為
「要當為天地間堂堂正正大丈夫」。

程鉅夫認為，要想實現理學主張，羨慕聖人的為人不如師法其心，居聖人
之所不如履行其道。師聖人之心，履聖人之道是實踐理想的關鍵。

3.《寧德縣重脩學記》——傳播朱熹理學

《寧德縣重脩學記》是程鉅夫到福州之後促成重修的縣學：

福州舊領縣十有二，二百年來，士學為東南最。寧德較他縣若
弗及。雖然，此以科舉之士言也，初無與乎人才之實。……一日，
詣余，請曰：「寧德自宋嘉祐始有學。近歲，邑再燬於寇火，將及孔
廟輒息，異哉！若或相之者。宋末，割長溪之半，置福安縣。國朝
遂升長溪為福寧州，而以寧德隸焉。……某竊惟，朱子以道鳴於建。
閩之士家藏其書，人誦其說，而能實傳其道者蓋鮮。前此猶曰有科
舉之累也，而今無之。有能一日實用其力者乎？謂朱子之後不復有
朱子，余不信也。……孫騃雲。至元甲午八月朔記。〔註51〕

寧德縣學的重修經歷了五年時間。之所以重修，是因為當時閩地士人藏朱
熹之書，傳誦朱熹的學說，但鮮有能傳播其學術思想的士人。為了改變這種局
面，重新繼承和傳播朱熹理學，程鉅夫作此文，勉勵後學有如孫騃一樣，從事
於經學世務。

4.《福寧州學記》——討論詞章和義理的關係

《福寧州學記》為隸屬於福建的州學。作於《寧德縣重脩學記》之後的三
年：

予為孫君騃記寧德縣學之三年，而又以記福寧州學為請。……

〔註50〕《雪樓集》卷12。
〔註51〕《雪樓集》卷11。

然予前記學，其說殊未竟。校庠序，古矣，明倫之外，無他說也。詞章勝，德行微。先儒有憂之，歸而求之性命。大雅不作，假性命之說以媒利達。而世道與人心俱往矣。夫詞章、性命之學猶不能無弊。聖朝一視遠邇，制度考文，嘉惠儒者。隸名者不役於有司，其以德行文學進者，胥此途出。新州者，新學之兆也。新學者，新士習之機也。士無科舉之累，盍亦思古人所謂明人倫者為何事，脩其孝悌忠信，於家為孝子，於鄉為善人，於國為忠臣，斯無負於國家設學之意。若夫工詞章而不窮其理，談性命而不踐其實，其不為功利智術之歸者無幾矣。吾為此懼。〔註52〕

該記主要討論了詞章和義理等性命之學的關係，古人重義理而輕詞章，程鉅夫認為詞章和性命之學都不是毫無弊端，偏廢任何一方都會橫生弊端。針對重義理而輕詞章的風氣，程鉅夫強調了辭章學問能夠起到管攝人心、扶植世道的作用。若缺乏詞章之學的薰陶，便會令人滋生功利心，弊端又會呈現。

5.《台州路學講堂記》——對真儒的呼喚

《台州路學講堂記》陳述了對周公之文、孔子之文、文章作用、人才、教授、科舉的看法以及程鉅夫自身的文學觀念：

夫子之道與天地並……某竊謂官先事矣，士不先志，可與不也？吾儒何儒？斯文何文？文王而下，惟周公謚文憲，夫子謚文宣。周公之文，製作之文也。夫子之文，雖不得位，而製作豈止性天道云乎哉？「文不在茲」之歎，豈止刪《詩》定《書》明《禮》正《樂》修《春秋》云乎哉？如有用我，東周可西。時輅冕舞，規模四代。泰伯堯曰，歷敘唐、虞、夏、商、周聖學之傳、治道之盛。此則吾夫子之儒之文。宇宙宏闊，學問浩大。今儒無科舉之累，而或昧辭遜羞惡之端，間有志理義之實，而或欠經天緯地之略。平居講貫，無半知解，異時臨事，必錯路歧。故不患百年之無善治，決不可一日而無真儒。……人材，器也。教授，造就人材官也。倘以余言朝夕誨儒書者，庶幾臺之人士一一成材，大器遠識，時乃之德。〔註53〕

文章追述到文王時代，論證了孔子教育在先秦時代一脈相承的連續性：周公謚文憲、孔子謚文宣，周公為製作之文、孔子之文為性天道之文。

〔註52〕《雪樓集》卷11。
〔註53〕《雪樓集》卷11。

　　程鉅夫肯定周公之文和孔子之文的楷模作用：周公之文為製作之文，而孔子之文規範了唐、虞、夏、商、周四代的文章，出現了「聖學之傳、治道之盛」的局面。當代的文章雖無科舉的羈絆，但「或昧辭遜羞惡之端」「或欠經天緯地之略」，因此學界出現了混亂的局面。

　　程鉅夫認為可以無善治，但不可以無真儒。學校教育可以傳播真儒學問。

　　程鉅夫修築魯齋書院，以延續許衡一派理學；作《青田書院記》，使陸學復著；促成重修寧德縣學，以傳播朱熹理學；作《福寧州學記》，以討論詞章和義理的關係；作《台州路學講堂記》，來呼喚真儒，以上都是其推崇傳統儒學和理學的表現。

（二）學校的重要作用

　　程鉅夫強調學校的重要作用。為勉勵致力於精進儒學的士人，他捐資興建興化路學；為重申學校的重要作用，他倡導修建漢川縣學；為勉勵重視學校教化功用的同僚，他作《閩縣學記》；為使賢能之士不斷湧現，他作《同文堂記》；為推崇孔子和朱學，作《高峯書院記》。

1.《題興化路學修造疏後》——程鉅夫捐資所建

《題興化路學修造疏後》：

> 按莆廟學，宋咸平間方著作儀所建。迄今三百餘年，屋老可想矣。往時士大夫談所學，必曰自孔氏；然稽之志載，儀創始後，未聞有出一語及改作事。……余於是且壯其志而嘉其來請也，因捐鶴俸（官俸），復書其後，為方今士大夫學孔氏者之勸云。〔註54〕

興化路學為宋咸平間方儀所建，程鉅夫捐官俸並作文，以勉勵致力於精進儒學的士人。

2.《漢川縣學記》——重申學校的重要作用

《漢川縣學記》：

> 「九澤既陂」（北方的湖泊），「雲土夢作乂」，然後其地始有人。漢川，其域也。土夏水長，人之歸者以佃以漁耳；有能興俎豆之事，視之當如卿雲景星，固不易遇也。予嘗行春斯邑焉，顧謂邑教季國珍曰：「庠序不飭不典，如政教何？」乃示以宮墻之制，俾與邑吏謀新之。……予語之曰：「邑於民最親，教於民最急。學校若無與而實

功也，且璽書相望下勸，敢有弗欽！聲教與土同敷，訖於四海，其
可自鄙？今爾令長、士民務所當先，宜矣，美矣。然立教之基、為
學之地义有在也。〔註55〕

《漢川縣學記》是程鉅夫倡導下在武昌修建的縣學，程氏之後為之作記。
主要表達「邑於民最親，教於民最急」的思想，學校是最重要的啟發民智的場
所。

3.《閩縣學記》——重視學校的教化作用

《閩縣學記》強調未有科舉之時，在偏僻之地，學校所起的重要作用：

元貞二年春，教諭韓君挺特定來，以興復為己任，謀於予。……
閩為福附庸，非深山窮谷比，士風之盛，五百年於此矣。科舉廢，
後生無所事，聰明日以放恣。詩書而刀筆，衣冠而皁隸。小有材者
溺愈深，居近利者壞愈速，不能不蹈先儒之憂。天朝嘉惠學校，隸
名者復其身，德行文學必繇此選。是學校重矣，況邑於民尤近哉！
今堂宇新，士習盍與之俱新？讀書窮理，必思聖人所謂教者何事。
充而仁義禮知之性，盡而君臣、父子、兄弟、夫婦、朋友之職，求
無愧於為人。由一邑之善士，為一國、天下之善，士庶幾庠序不徒
設，道德可盡信，且以解先儒溺深壞速之憂。是惟明時崇儒重學之
意，而亦司教化之責者所望於斯邑之士也。尚勉旃哉！韓君，故孝
廉孔惠公之子，家學有淵源，故於斯文篤意如此。〔註56〕

閩縣學地處九仙山之麓，重修縣學的意義在於閩地以往士風盛行，但廢科
舉後，年輕人無所事事，聰明者日漸荒廢學業，小有材者沉溺越深，趨利者變
壞愈速。修學校可以扭轉以上種種不良局面。

朝廷嘉惠學校，德行文學優厚者必由學校選出。學校非常重要，於民眾的
利益休戚相關。學校可以讀書窮理，思聖人之德；能夠充實仁義禮知之性；能
培養人才以出現天下之善的局面。

程鉅夫作此文是為了勉勵重視學校教化功用的同僚。因為學校的建立，程
氏對國家未來的局面充滿希望。

4.《同文堂記》——重申了修建學校的目的：使賢能之士不斷湧現

《同文堂記》再次重申了修建學校的目的——育化萬民，以統治全國：

〔註55〕《雪樓集》卷13。
〔註56〕《雪樓集》卷11。

　　若昔聖人之興，必有大製作，所以通神明之德。見天下之賾，
同人心而出治道也。……舉而措之天下之民，謂之事業，百姓日用
而不知。烏乎！至矣！乃建翰林院，設學校。道有提舉，郡有博士，
置弟子員。肄業者復之，業成者官之。際天薄海，蹈詠鼓舞。初，
福州路學客寄儒宮，校官漫不省。……儒論六書、七音之略，以音
諧聲，以字母部諸字，雖重百譯，而文義如出一口。……雖然，字，
藝也。學，道也。……學字從子，事先生，則為弟子必恭。事父母，
則為人子必孝。事君父，則為臣子必忠。《傳》曰：「車同軌，書同
文，行同倫。」今天下車同矣，文同矣。……賢者、能者，胥此焉
興。此聖朝教育之意也，諸君幸勉之哉。〔註57〕

　　文中強調，最合乎時宜的做法是「肄業者復之，業成者官之」。閩地儒學
的建設應將閩地語言規範化。而興建學校正可以消弭語言的隔閡，打通溝通交
流的障礙。這才能使舉賢任能具有統一的標準。從而達到人人皆有君子之行，
賢能之士不斷湧現出的教育目。

5.《高峯書院記》——推崇孔子和朱子理學

　　「高峰」最初為黃榦自命齋名，高峰書院與程鉅夫淵源頗深。程鉅夫叔父
程飛卿於當地為政時，以黃榦為效法對象，並捐俸興建高峰書院。程鉅夫對高
峰書院感情頗深。書院創建之始，延請程若庸為諸生講說：

　　高峯者，勉齋黃先生晚年所以名齋也。宋嘉定癸酉，勉齋宰新
淦。六十年間，流風未泯也。咸淳癸酉，先叔父西渠公寔來為政，
一以勉齋為法，致其尊慕，以示風厲。於是，捐俸錢三百緡，市曾
氏宅一區，為高峯書院。塈屋壁，建門廡，堂設勉齋像，朱子而上
別有祠。……大德戊戌（1298），臨川周棲梧奉行省命來為長，修廢
補敝，於勉齋祠側設侍讀公祠。……相與左右者，廖弘毅、楊景淵、
嚴志仁、張應樞、楊洪、張戊孫。書來，謁記。予昔者蓋嘗親見叔
父創始之勤，而慮善後者之難其人也。……西渠，希勉齋者也。勉
齋，希朱子者也。朱子，希夫子者也。由勉齋之學遡朱子之學，由
朱子之道遡夫子之道。有能一日誌於斯事者乎？不然，居於斯，遊
於斯，為之師者官滿而去，為之弟子者食已而出；今猶夫人也，後

> 猶夫人也，是豈勉齋之所以學於朱子，而西渠公之所以望於後人者
> 哉？〔註58〕

《高峯書院記》的寫作目的是為凸顯書院的作用。在程鉅夫的心目中，學術傳承的順序應該是這樣的：程飛卿沿襲黃榦的學問，黃榦延續朱子之學，朱子沿襲的學問是儒學。程鉅夫跟從程飛卿學習，傳承了儒家學說和理學思想。高峰書院設立的作用是讓更多士人繼承學習儒學、理學。

程鉅夫視學校為教書育人的重要場所，他捐資興建興化路學，以勉勵致力於精進儒學的士人；他倡導修建漢川縣學，來重申學校的重要作用；他作《閩縣學記》，以勉勵重視學校教化功用的同僚；作《同文堂記》，使賢能之士不斷湧現；作《高峯書院記》，來推崇孔子和朱子理學。

（三）師長應有的品德

程鉅夫重視師長品德的養成，為追求「求真務實」的精神，他作《東菴書院記》；為申明「勉勵學校，使臣之職」，作《忠武侯祠亭記》、《重修南陽書院記》、《又題名記》；為推崇「勤且賢」的品德，作《主一書院記》；讚美歷山公思慮周詳、愛民深厚的質量，作《歷山書院記》；肯定和讚賞私人辦學，作《代白雲山人送李耀州歸白兆山建長庚書院序》。

1.《東菴書院記》──追求「求真務實」的精神

《東菴書院記》指出人才所出是書院教育的重要作用。程鉅夫痛感世風的衰頹，使興辦書院的過程中出現種種腐朽氣息。書院的負責人為了邀寵有司，追求表面的聲明，不以教學為重，也不務實於學生的教導和培養：

> 世漸靡，法漸疏，賢否並進，義利易處，其教始大壞。近年，
> 書院之設日加多，其弊日加甚，何也？徒知假寵於有司，不知為教
> 之大；徒徇其名，不求其實然耳。翰林侍講學士渤海解君之構東菴
> 書院，其立義獨不然。……書院之建既不隸於有司，無勢以撓之，
> 歲時假給從己出，無利以汩之；又必擇良師友而為之教，則無厖茸
> 冗穢之患矣。故教者用其明，學者保其聰。教者循循焉而不知其所
> 化，學者充充焉而不知其所得。嗚呼！使天下之學他日不取法於此
> 耶？書院在居第之東偏，中樹高堂，為羣書之府；翼以東、西序，
> 為師友講習之地；阬以重門，為內外之別。中庭蔭以松栢，冬夏青

〔註58〕《雪樓集》卷11。

青。自延祐元年之冬至二年之秋，其經始、落成之歲月也。屋凡若
干楹。君名節亨，字安卿。東菴，亦其自號云。〔註59〕

東菴書院作為私學，與追求聲明的書院不同，主辦者能以求真務實來經營
書院，使仁義之風、詩書之澤在書院傳承。

東菴書院因不隸屬有司，有司無權干擾。東菴先生開設書院的目的，並非
為了利益。而是為了選擇良師以教學，師長也能保持其本心本性。因此書院沒
有像官學那樣的考核限制，教學效果顯著。程鉅夫希望開設類似的學校教育人
才。

大德四年（1300），程鉅夫任江南湖北道肅政廉訪使任上，仍熱切於當地
教育，對書院的重建也極為關心：「大德四年庚子，公年五十二歲。春二月，
拜江南湖北道肅政廉訪使。秋閏八月，至武昌視事」〔註60〕。

2. 南陽書院（《忠武侯祠亭記》、《重修南陽書院記》、《又題名記》）——傾慕安於躬耕、孤獨的讀書生活、申明「勉勵學校，使臣之職」

武侯祠亭於南陽書院修葺之時興建：

> 楚有材，尚矣，至於丞相忠武侯，遂為古今冠冕，南陽書院所
> 以名，所以祀者。書院成六十年而敝，部使者廣平程某來新之，內
> 外完好，祠亦補舊而加飾焉。……雖然，嘗試言之，使孔明生當建
> 武中元，事固未易可知。使玄德顧不至三，其亦終於躬耕而已。蓋
> 古之君子未嘗無志於天下，然亦不以所遇而制吾身之重輕。此孔明
> 所以不可及已。既與南陽者舊慨歎之餘，因俾刻之石，使學者知所
> 勉，且無忘楊君之美、趙君之勤。大德七年某月某日記。〔註61〕

武侯祠亭未修之時，武昌路學極為破敗。程鉅夫認為諸葛亮值得士人尊重
之處，在於其安於躬耕、孤獨寂寞的讀書生活，實現了自我人格的完成。因此
程鉅夫心繫學校事務，武昌路學，使得內外完好，並將祠堂祭祀之處做了修繕。
對當時參與興建書院的同僚，程鉅夫列出姓名表示感謝。

程鉅夫認為師長應有的品德為能安於躬耕、孤寂的讀書生活。

南陽書院為宋淳祐中孟忠襄所建：

> 南陽書院者，宋淳祐中，忠襄孟公所建也。時襄漢受兵，士之

〔註59〕《雪樓集》卷 11。
〔註60〕《程譜》。
〔註61〕《雪樓集》卷 12。

流徙者聚於鄂。公立學館六十間以處之，括田租地利以養之，聘賓
師，陳俎豆以教之，又肖祀先正諸葛武侯以表屬之，故名。……噫！
事未始不可為也。人秉此心，此屋豈使至此！今一倡而翕然悉心展
力，復底於成，庶足以稱表章之盛矣。然思往者，扶攜顛沛之人一
旦有所芘賴，中流一柱，蓋不足喻。上既不鄙夷之，且期以古人之
事；下亦相與求志達道，共守所學，以期無負。而今之悉心展力者，
往往其子孫也。詩云：「以似以續，續古之人。」蓋似之，斯能續之。
國家長育人材之意不在茲乎？嗟夫！君子之於學亦猶此屋矣。知恥
則學無不成，滅私則事無不集。〔註62〕

程鉅夫觀遊其中，能感孟氏之心。四十年後，元廷崇儒興學。大德五年冬，
重修南陽書院成。程鉅夫援引《詩經》中詩句重申建書院的目的是為了延續古
代的學問「以似以續，續古之人」。對後學提出了需「知恥」而「滅私」的期
望「知恥則學無不成，滅私則事無不集」。

此處程鉅夫認為師長的品德為知恥滅私。

《又題名記》敘述學校興辦的目的：「勉勵學校，使臣之職也。僕受命此
來，思服厥事。而南陽近在治所，殄剝荒圮最甚，乃弗獲已而一新之。念創始
之難、因循之害，伐石記其說矣。然是豈一手一足之力哉？協恭和衷，事以克
集，不可忘也。用紀名氏、歲月於右」。認為勉勵和興建學校為士人職責所在
「僕受命此來，思服厥事」〔註63〕表達了程鉅夫對學校建設和學校教育的關
注。同時他深感南陽的落後和偏遠，強調了在此興辦學校的重要意義。元代教
育發達之處在江浙和江西一帶，程鉅夫希望通過自己的努力，使偏遠和荒涼地
的學校建設興旺，從而改變當地的面貌。

此處程鉅夫認為師長具有的品德為甘於在落後偏遠地區的學校任職。

3.《主一書院記》──推崇「勤且賢」的品德

主一書院的所在地為湖南湘潭：

往年，豫章揭君某客武昌，懷省檄，詣主一書院為長，過予辭
行。予問：「主一何在？」曰：「湘潭。」「何為而有也？」曰：「自鍾
氏。」又問，而未能知也。今年，自主一來予盱上，手一錄目，請予
文。……今鍾氏非怵於威，利於贏也，而若此，可不謂勤且賢乎？

〔註62〕《雪樓集》卷11。
〔註63〕《雪樓集》卷11。

然予知鍾氏之志不止此也。不止此而欲進於此焉，則是有在彼而不
在此者矣。是雖鍾氏之志而亦鍾氏之事，而教之與學之者咸不可不
求，以稱其事焉者。不然，崇居豐養，誨惰誨貪，誠不若相忘於寂
寞之濱之愈也。君往而訊之，不疑吾言，則以為記。〔註64〕

程鉅夫作記的目的是讚頌鍾姓修建書院者。後輩為了紀念「師顏」，用其
名來命名書院，故為「主一書院」。之後鍾氏重修書院。程鉅夫感歎鍾氏具有
「勤且賢」之為師品德，實屬不易。

4.《歷山書院記》——讚美歷山公思慮周詳、愛民深厚的質量

《歷山書院記》講述歷山書院興建舊事，同時表達了程鉅夫對學問和書院
的看法。歷山書院為歷山公千奴所建，其曾與程鉅夫同為宿衛。歷山公當時任
嘉議大夫、參議中書省事，篤於學問，博通古今，有經濟之器：

> 歷山書院，歷山公所建也。……歷山公以名臣子奉宿衛，受世
> 祖皇帝眷知，起家，持憲節，歷七道。入尹神皋，參宥府，勤於勸
> 學，所至必先之。蒞官之餘，且淑於其鄉，而歷山書院以成。聚書
> 割田，繼以廩粟。以曹人范秀為之師，其子弟與鄉鄰凡願學者皆集。
> 又慮食不足，率昆弟歲捐粟麥佐之。提刑公之封樹在焉，則為書，
> 與昆弟約，謹烝嘗，護松檟，相與為忠信孝悌之歸。又與子姪約，
> 凡勝衣者悉就學。暇日習射御，備顏行，曰：「毋荒毋逸，毋為不善，
> 以忝所生也。」又曰：「再捨而謁醫，若疾何？」復藏方書，聘定襄
> 周文勝為醫師，以待願學者與鄉之求匕劑者。於是，郡邑上其事，
> 有司乃定名曰歷山書院，就俾范秀為學官而督教事焉。廣平程某聞
> 而歎曰：「斯古人之事也，有三難焉：非其時而為其事，難也。崛然
> 特為於眾所不顧，又難也。絜資非有餘，而黽勉為之。噫！難哉！
> 其慮之周，者愛之厚也。愛之厚者，以君之所仁，親之所親也。推
> 親親仁民之心以及是，忠孝之道備焉。且彼知舜之當祀，必知舜之
> 當法故也。雞鳴而起，孳孳為善，獨非舜之徒歟？顧善教善繼何
> 如？」……歷山公名齊諾，今為嘉議大夫、參議中書省事，篤於學
> 問，博通古今，有經濟之具，其家方大云。〔註65〕

歷山書院特殊之處在於重視醫藥書籍的藏儲和醫藥人才的教學。書院聘

〔註64〕《雪樓集》卷12。
〔註65〕《雪樓集》卷12。

請醫師,既傳授醫學知識,也相助求藥之人。因此本文對歷山公極為讚賞。其能特立獨行不為眾議影響,在缺乏資金的情況下,能黽勉為之,實屬難得。

5.《代白雲山人送李耀州歸白兆山建長庚書院序》——對李耀辦學的肯定和讚賞

《代白雲山人送李耀州歸白兆山建長庚書院序》中,程鉅夫屢次強調學校的重要性「國家樹教育材之本,莫先於學校」。批判了教育現狀,目前的學校重視經營太過,對教學活動卻多有懈怠:

> 國家樹教育材之本,莫先於學校。而天下之學廩稍不足者,既無所於養;廩稍之有餘者,祇益郡縣勾稽覬望之資。教官率以將迎為勤,會計為能,而怠於教事。非其人皆不賢,其勢然也。……皇慶二年,春君赴調京師,南還,割田二頃,建河南書院,乃二程先生之父作尉之邑。予語君曰:「君居白兆山,非君家太白所遊歷乎?獨不可建書院,為教育之地哉?」君慨然曰:「此吾志也。願歸割應城田四百畝,建長庚書院,聘名師,教鄉里子弟,以成公之命。」予既韙之,行有日,重為告曰:「今天子仁聖,夙夜孜孜以樹教育材為務。君力是舉,既無城邑之累,而有江山之勝,士又得所養。而不隸有司,教可專也。審矣,利莫大焉。德安文物之盛,必自君始。」〔註66〕

程鉅夫對馮翊、李仲章的辦學表示讚賞之意。程鉅夫對教育也有自己的獨特觀點:教育脫離了有司的管轄,才使得教授可以專注於教學。

此處,程鉅夫認為,為師者應具備的品德為專注於教學。

在為師品德方面,程鉅夫提出了自己的期盼,身為人師責任重大,需要具備求真務實、安於讀書生活、知恥滅私、甘於在偏遠地區的學校教學等品德。

程鉅夫認為學校師長具有的品德也不容忽視。他作《東菴書院記》,來追求「求真務實」的精神;作《忠武侯祠亭記》、《重修南陽書院記》、《又題名記》,以申明「勉勵學校,使臣之職」;作《主一書院記》,來推崇「勤且賢」的品德;作《歷山書院記》,以讚美歷山公思慮周詳、愛民深厚的質量,作《歷山書院記》;作《代白雲山人送李耀州歸白兆山建長庚書院序》,來肯定和讚賞私人辦學。

〔註66〕《雪樓集》卷24。

（四）學習者的素養

對求學者的素養，程鉅夫也提出了要就。他勉勵後學，主張「修身修心」，為作《南城縣重修學記》；明確學習效果的大小最關鍵的決定因素在於學習者本人，為此作《南湖書院記》。

1.《南城縣重修學記》——主張「修身修心」

《南城縣重修學記》為程鉅夫在故鄉——豫章大郡南城修學史事：

> 南城，漢豫章郡之大縣也。……予曰：「修學者，非扶木比瓦，塗墍而丹艧之之謂也；而居庠序者率以此為功，陽享其名，陰享其實。眾又從而誇之曰：『是善於其職。』嘻！可笑哉！然不猶愈於坐享而坐視者？果若君言，君亦難矣乎。抑今之所謂修者在人目，古之所謂修者在人心，俱毋以碑為也。」黎君曰：「不然。僕政以學者不聞斯言是憂。願金石刻之。」予曰：「未也。前之所謂大者，非吾學之所謂大也。天地囿於其中，而況於一棟宇之間乎？苟能知之，則富貴不能淫，貧賤不能移，威武不能屈。是之謂大丈夫。十室之邑，豈無其人？顧好學善教何如耳君？其毋謂邾小。」〔註67〕

程鉅夫雖然並未親自參與學堂的修建，但對當時迷信學堂建築結構的傾向，提出了反對意見。並表達出自己的主張：有修為的士人在於修心，士人需要有廣闊的胸懷。並告誡書院教師，毋作「邾小」，成為別人要挾的對象。

2.《南湖書院記》——學習效果的大小，最關鍵的決定因素在於學習者本人

《南湖書院記》起於宋季，歲久而敝，幾無全貌：

> 予為之言曰：「文武之道在人，非徒入而欞星，而大成，而高堂，而修廡之謂學也。……今書院、郡縣學星分碁布，國家所以責望化民成俗者在是，可無勗哉？夫文武之道，佈在方冊，人患不求之；求之有餘。溫故知新，亦在乎加之意而已。趙君年方壯，材方茂，學方進而不休。能修其文，必思其實。予豈獨以南湖之師望之，而亦豈獨為南湖之學言之。君歸而刻之乎。異日過而視之，所見進於吾之所言，則南湖為有人矣。」〔註68〕

〔註67〕《雪樓集》卷12。

〔註68〕《雪樓集》卷12。

文中載「大德五年春，予行，春至其邑，乃俾經營之。」據此知南湖書院
的由廢而興，由程鉅夫促成。程鉅夫認為：學習效果的大小，關鍵因素在於學
習者本人，而非學習場所「文武之道在人，非徒入而櫺星，而大成，而高堂，
而修廡之謂學也」。

程鉅夫對書院的學生也提出了要求：為學需要修身修心，學習效果的大
小，最關鍵的決定因素在於學習者本人。以此來勉勵後學，成為程鉅夫為官之
時的習慣。

程鉅夫經常對後學進行勉勵，對學習者的素養，提出了自己的要求。他作
《南城縣重修學記》，以主張「修身修心」；作《南湖書院記》，明確學習效果
的大小最關鍵的決定因素在於學習者本人。

總而言之，在學校教育方面，程鉅夫有著自己全面而獨特的見解，他推崇
傳統儒學和理學、重視學校的重要作用、強調師長應有的品德、學習者的素養，
並在實踐中貫徹自己的思想。為科舉的實施準備了人才基礎。

三、修建藏書閣

成宗大德八年（1304）秋，程鉅夫建居室於旴江城西麻源第三谷，專為藏
書之用，藏書數千卷。匾額為「程氏山房」，並作《藏室銘並序》：

> 讀書名山，古人之事也。三島之藏室，老氏之藏也。三谷之藏
> 室，程氏之書之藏也。藏之云乎，亦讀之云乎。銘曰：前數千載在
> 方策，如見其人。後數千載有方策，此心此身。孰不靈於物，乃謂
> 席珍。孰匪秉彝，而曰覺斯民。吾愛吾廬，豈以專壑。讀書名山，
> 尚友先覺。方丈瀛洲，玉室金堂。遠莫致之，吾有華岡。插架非藏，
> 占畢非讀。諮爾朋來，問津三谷。大德八年歲在甲辰暮春之初，華
> 岡子書。〔註69〕

程鉅夫在《藏室銘並序》中敘述了自己建藏書室的目的和願望及欣喜之
情。名山藏書讀書，是千古傳誦的美事。以往老子在三島仙境〔註70〕藏書，今
日程鉅夫在三谷之室藏書，為的是「諮爾朋來，問津三谷」。

程鉅夫感慨，閱讀以前的典籍，如同見到了古人之間的對話，讀當代的典

〔註69〕《雪樓集》卷23。
〔註70〕指傳說中的蓬萊、方丈、瀛洲三座海上仙山。亦泛指仙境。唐鄭畋《題緱山王
子晉廟》：「六宮攀不住，三島互相招。」

籍，投入身心，如同獲得了儒宴珍寶〔註71〕。他表達了對自己藏書室的喜愛之
情「吾愛吾廬，豈以專壑」。因為此處不僅有藏書，並且可以與志趣相投的朋
友相聚此處「讀書名山，尚友先覺」。所以程鉅夫覺得藏書室是仙山，是最理
想的居所。

程鉅夫熱衷於藏書、讀書，喜愛與友唱和於藏書之室。身體力行是程鉅夫
對關切教育、興建書院的最好詮釋。

參與燕集的士人有牟巘、鄭松、揭傒斯、何中、曹璧等人。

關於程鉅夫的藏書室，與他同遊的後輩學者揭傒斯有兩組詩表達自己喜
愛之情。揭傒斯《奉陪憲使程公遊麻原第三谷宴藏書山房白雪樓時三月三日》、
《遊麻姑山五首並序》講述了遊覽的時間地點和遊覽環境與遊覽者的心情。

何中也是參與燕集的雅士之一。《程氏山房燕集是麻源第三谷》描寫曲徑
通幽後進入幽居之地，何中聯想到謝靈運遊覽此處的情景「康樂公奇蹤此，周
旋詎知」〔註72〕。

雖未找到曹璧為此次燕集所寫詩歌，但從吳澄所作序中得知，當時曹璧與
吳澄同遊，曹璧遊覽麻源第三谷後作詩一編。《曹璧詩序》載「乙巳春，予客
旴，白雪樓公以余遊麻源第三谷。澍雨中，有士至。問其姓名，曰曹璧。」〔註
73〕乙巳春為大德九年1305，即上次燕集的第二年，吳澄客居於旴，恰曹璧也
到此，三人同遊麻源第三谷。

麻源第三谷為謝靈運曾經遊覽之地，歷代學者如南北朝蕭統《文選箋證》、
清代紀大奎《縣志銅山跋》對當地的地理環境、地貌等等都有過考證。〔註74〕

程鉅夫所修建的書室地處麻源第三谷，此地歷史悠久，留有魏晉風度與前
古文士雅趣的傳說。程氏山房環境優雅，程鉅夫時常邀請志趣相投的文士在此
雅集，此書室已經成為一個文化的象徵。在此，程鉅夫對書籍和文化的熱愛表
現的淋漓盡致，也許程氏重視學校和教育正是根源於自身對文化的熱愛。

無論是程鉅夫自作《藏室銘》，還是揭傒斯、何中等參與士人的應和之詩，
都透露出當地環境的清幽和參與者沉醉於讀書交友的愉悅之中的意趣。

程鉅夫所做關於書院的文章，體現出其學術思想和關於教育的理念。

〔註71〕席珍：亦稱「席上珍」。《禮記‧儒行》：「儒有席上之珍以待聘。」坐席上的珍
　　　　寶。比喻儒者美善的才學。
〔註72〕何中《知非堂稿》卷2清文淵閣四庫全書本。
〔註73〕吳澄《吳文正集》卷15，清文淵閣四庫全書本。
〔註74〕〔清〕紀大奎《雙桂堂稿》續稿卷11，清嘉慶十三年刻紀慎齋先生全集本。

　　如《東菴書院記》中指出治學應該本著「求真務實」的精神；《忠武侯祠亭記》傾慕安於躬耕、孤獨寂寞的讀書生活；《南城縣重修學記》指出修身修心為學者的素養；《主一書院記》推崇勤且賢的品德；《題興化路學修造疏後》表達了其對書院的重視；《南湖書院記》強調學習效果的大小最關鍵的決定因素在於學習者本人；《寧德縣重脩學記》表現出對朱子理學的推崇；《福寧州學記》論述了對詞章和性命之學的討論；《台州路學講堂記》呼喚夫子之文和真儒的出現；《閩縣學記》強調重視學校的教化作用。

　　書院為培育人才之地，人才的培育有助於蒙元大一統國家的強盛。然而程鉅夫修建書院、重視學校的目的不僅僅在於此，為科舉做好準備也許是程鉅夫重視教育的真正目的所在。在其文章中，程鉅夫批判了宋末科舉的弊端，提出了自己的科舉觀，程鉅夫倡導興建書院與其倡導重開科舉關係密切。